国際交易と古代日本

田中史生著

吉川弘文館

目次

序論　本書の課題と構成

一　「海商の時代」の可能性

日本の遣唐朝貢使船が最後の航海を迎える九世紀、東アジアの海域では民間商船の往来が頻繁にみられ、列島社会の史的展開にも大きな影響を与えるようになっていた。そしてこれ以降の東アジアの国際関係を、歴史学界は長らく、政治のかかわりが大きく後退する一方、私貿易を中心とした経済的結びつきが強まっていく時代と理解してきた。しかし近年、文献史学・考古学の両面でその評価が大きく変わりつつある。

文献史学において、こうした見直しの契機となった研究の一つに、一九八〇年代前半の石上英一の論考がある。石上は、石母田正が提起した「国家成立史における国際的契機」を発展的に継承し、一〇世紀史にも「内政と外政」の不可分の関係があることを確認しながら、平安期日本の国際関係を経済中心、あるいは消極的と評価する西嶋定生や森克己の説を強く批判した(1)。次いで石母田の「東夷の小帝国」論も用いて、その前史としての九世紀の画期性を検討し、「東夷の小帝国」秩序の空洞化と日本・唐・新羅間の複合的な経済関係が九世紀前半の日本の支配層に精神的交通の開放をもたらしたが、新羅の混乱の日本国内への波及を経験した九世紀後半からは、国際社会に対し排外主義と積極的孤立策を推進するようになったとした。そして、「国内治安の乱れ、内政上の混乱が、「隣国」の介入を招くという認識を、日本は九世紀後半になってはじめてもった」とも指摘した。(2)以後の古代史研究は、石上の諸説を批判的に継承しつつ、基本的には平安期の内政における国際的契機の作用を積極的に認める方向で議論が深化している。(3)

ただし、石上が「国内治安の乱れ、内政上の混乱が、「隣国」の介入を招くという認識を、日本は九世紀後半になってはじめてもった」とすることについては、これと似た状況を倭国史からも拾い出すことができる。国際社会と多様に結びつく倭人諸社会の矛盾を、日本律令国家はその成立当初、中華的な天皇制を導入し、その一元的支配体制の構築によって克服しようとしていた。(4)したがって、「日本」の対外関係を支配下・管理下に置いたはずの律令国家が、九世紀になって国際社会の矛盾と内政矛盾との深刻な連結を許したのであれば、そこに表出する国際的契機とは、古代国家形成期のそれとは異なる構造的特質を持っていたとみなければなるまい。

この問題と関連して注目されるのが、九世紀に列島周辺でも動きを活発化させた海商の存在である。実際、近年の研究は、国家の仕立てた外交使節船団の往来が先細るなか、人・モノ・情報を国際的に流通させた海商が、経済的側面だけでなく政治的側面でも「各国史」に重要な役割を果たしていたことを様々に指摘する。文献史学においてこうした事実の掘り起こしは、一〇～一一世紀の「日本」の国際交易の実態が、博多を舞台に政府管理のもとで展開していたことを実証的に論じた山内晋次の研究以降、特に前進した。(5)また山内は、平安期の国家が中国海商を化外からの「朝貢」と捉えていたことも明らかにし、九世紀初頭前後から進行する日本の中華的実態の喪失と「貿易加熱状況」下での対外交易の国家管理・統制の動揺が、一〇～一一世紀の独善的で自国中心意識を充足させるような、あるいは支配層が唐物の独占的・優先的入手の特権を維持できるような国家管理交易を生み出したと推論した。(6)そして、交易の安全保障を求める海商と、政治的・経済的メリットを求める王権・国家との密接な関係は東南アジアや高麗においても見出されるとして、当該期にみられる経済的側面と政治的側面が不可分な広域的交流圏は、国家・海商両者それぞれの思惑が結び付いて形成されたものと結論づけた(7)。

右の山内の議論は、九〜一一世紀の国家と国際社会の関係史を、国家と海商の双方向的な関係のなかで捉えようとした点で注目される。最近では中世史からも、例えば榎本渉が同様の視角から九世紀以降の日中交流史に分析を加えている(8)。これら、複数の地域・国をまたぐ海商の主体性に目を向けた研究によって、平安期の「日本」を取り巻く国際社会は、レヴェルの異なる複数の主体の「内」と「外」が重層的につながる関係史として浮かび上がってきた。またこうした成果は、一九八〇年代に国民史的枠組みの相対化を目指して開花した地域論とも結び付き、「海域史」という一つの大きなテーマ研究としての視角・方法論を鍛えつつある。その動きは、「海域史」の視点から研究史を総括した、最近の桃木至朗編『海域アジア史研究入門』にもみることができる(9)。平安「日本」の国際的契機論には、そしてそれ以前・以後の「日本」の国際的契機論にも、「日本史」の「内」と「外」を相対化する多様・多元的で広域的・重層的な関係史を踏まえた検討が求められている(10)。

二　本書のねらい

ただし、『海域アジア史研究入門』が九世紀以後を対象として研究史を総括したように、列島史ともかかわる海域史研究・国際交易論の新たな成果は、主に、アジア海域で海商の動きが活発化した九世紀以後の実証研究を土台としている。したがって、その前段階の歴史、例えば列島史にも影響を及ぼす海商がどのように登場したかなどについては依然不明な点が多い。また、古代の「日本」国家に対外政策の見直しを迫ったとされる九世紀の「貿易加熱状況」の背景についても、九世紀の「海商の時代」の到来や国際環境の変化だけでなく、「貿易加熱状況」を生み出す列島の政治的・社会的環境や、国家と国際交易の関係性・関係史などが問われなければならないが、そこには九世紀の画期性だけでは断ち切れない、日本律令国家の成立史にまで遡りうる構造的な問題も含まれるとみられる。

以上の問題関心のもと、本書は、筆者が一九九七年の『日本古代国家の民族支配と渡来人』（校倉書房）後に発表した十数編の論考を基に、古代「日本」の国家・社会の展開と、アジア海域の国際交易者たちの活動との関係性を、九世紀以前も視野に含んで捉え直してみようという試みである。したがって、本書で取り上げる具体的な歴史資料・題材とその分析は、筆者の近年の既発表論文に依拠する。しかし、それらの本書への収録に際しては、思い切った補訂・改変を加えた。その理由は、一つに、問題関心の異なる複数の旧稿を本書各章のテーマに沿って統合・再編したためであり、もう一つは、研究の進展が目覚ましい当該テーマにおいては、旧稿以降の新しい研究成果も積極的に取り入れるべきと考えたためである。そこで、以下に本書の構成と各章の旧稿との対応関係などについて簡単に述べておきたい。

第一部「日本律令国家と国際交易」は、国際交易が日本律令国家の支配体制にどのように組み込まれたかを、制度とその運用実態、さらには支配層の国際交易へのかかわり方などから検証するものである。

その第一章「国際交易の中心と周縁―日本律令国家の国際性と周縁性・多元性―」は、日本律令国家の中央集権的な対外政策に、国際交易を介して繰り広げられる国際的・多元的な政治主体の中心と周縁をめぐるせめぎ合いが、規定的作用を及ぼしたことを述べる。本章は、二〇一〇年五月にアメリカ・オレゴン大学美術館で開かれた、同大学主催シンポジウム Nara, City of East Asia: Cosmopolitanism and Localism in 8th-Century Japan の発表原稿「古代日本における国際交流の中心と周縁―日本律令国家の国際性と周縁性・多元性―」、並びに二〇一一年の荒野泰典・石井正敏・村井章介編『日本の対外関係』二（吉川弘文館）所収「対外交流の進展と国際交易」の一部に基づく論考である。

第二章「新羅人の交易活動と大宰府」は、日本古代国家の、来航海商に対する大宰府鴻臚館を用いた積極的な管理交易体制の基礎が、新羅人の交易船を対象とした天長八年（八三一）太政官符を契機に築かれたことをみる。これは、二〇〇五年十一月に中国泉州海上交通史博物館で開かれた中国浙江大学韓国研究所主催・韓国海上王張保皐記念事業会後援「古代中韓海上交流学術検討会」において、中国語に翻訳されて発表した拙稿「新羅人与大宰府交易」を、日本語にあらためて収録したものである。なお中国文の拙稿は、後に金健人・陳輝編『中韓古代海上交流』（遼寧民族出版、二〇〇七年）に収載された。

第三章「九世紀日本の内政と国際交易―文室宮田麻呂・張宝高・唐物使―」は、九世紀日本の政治と国際交易の結び付きを、国際交易や唐物に政治・社会的意味を見出す支配層の政治的・身分的動機から論じる。本章の基となる拙稿は、二〇〇一年度～二〇〇四年度科学研究補助金基礎研究（C）（2）研究成果報告書『『入唐求法巡礼行記』に関する文献校定および基礎的研究』（研究代表者田中史生、二〇〇五年）所収「承和期前後の国際交易―張宝高・文室宮田麻呂・円仁とその周辺―」である。ただしこの論考後、注目すべき関連研究がいくつか発表され、それらにも触れる必要があったため、前述の「対外交流の進展と国際交易」の一部と、遣唐使船再現シンポジウム編『遣唐使船の時代』（角川学芸出版、二〇一〇年）所収の拙稿「最後の遣唐使と円仁の入唐求法」の一部も組み込んだ大幅な補訂を加え、旧稿の論旨をより明確にした。

次に、第二部「国際交易者と古代日本」は、日本に来航し対日交易を行った国際交易者たちの実態について考察するものである。

その第一章「筑前国における銀の流通と国際交易―銀流通の前提を再考する―」は、古代列島社会の銀流通の背後にある、国際環境や交易者たちの動きについて検証する。先に筆者は、『日本古代国家の民族支配と渡来人』第二編第三章において、九世紀に東アジアで活躍する新羅交易民の萌芽が八世紀半ばの新羅流民の動きに求められることを指摘した。本章では倭国史に遡って銀流通の国際性と列島の特性を考察するとともに、史料的根拠も新たに追加して、東アジアにおける新羅交易民の発生について再論する。本章には、科学研究費補助金基盤研究（B）（2）「富本銭と和銅開珎の系譜をめぐる比較研究」二〇〇二年度研究集会報告書として刊行された松村恵司・栄原永遠男編『古代の銀と銀銭をめぐる史的検討』（二〇〇四年）に収載された同タイトルの拙稿を、一部補訂して収録した。

第二章「江南の新羅系交易者と日本」は、唐の対日交易拠点が九世紀半ばに揚州～山東半島沿岸部から長江以南沿岸部へと移動した背景について、これまで指摘されてきた中国史の問題としてだけでなく、在唐新羅人や、これとつながる日本人・江南唐商たちの動向などから捉えるものである。本章には、佐藤信・藤田覚編『前近代の日本列島と朝鮮半島』（山川出版社、二〇〇七年）所収の拙稿「江南の新羅人交易者と日本」を、一部補訂して収録した。

第三章「唐人の対日交易―『高野雑筆集』下巻所収「唐人書簡」の分析から―」は、『高野雑筆集』下巻所収の「唐人書簡」にあらわれた、九世紀半ばの唐人の対日交易の実態について考察するものである。本章は、二〇〇六年に『経済系』二二九号で発表した同名の拙稿に依るが、その後、そこで論じた書簡の年代や唐物使について異論が出され、筆者自身もこの書簡について、二〇〇七年度～二〇一〇年度科学研究費補助金基盤研究（C）「入唐僧慧蕚の求法活動に関する基礎的研究」成果報告書『入唐僧恵蕚の求法活動に関する基礎的研究』（研究代表者田中史生、二〇一一年）で再検討する機会を得た。本章では、こうした新しい成果も積極的に取り込んだ。これによって、書簡の文字や年代については、旧稿を一部修正したところがある。

次に第三部「島嶼地域と国際交易」は、九世紀以後の南路（大洋路）上の島嶼地域、ならびに七世紀以後の奄美・沖縄諸島から、国際交流・交易史と島嶼の地域史との関連性を考えるものである。

その第一章「南路（大洋路）の島嶼地域と古代の海商」は、九世紀以後の海商船が用いた南路（大洋路）上の島嶼域の、海商たちの活動実態について検討するものである。本章は、関東学院大学総合研究推進機構『「東アジアにおける安全保障の研究」プロジェクト報告書』（二〇一一年）に掲載した同名の論考による。なおその成果の一部は、二〇一一年公刊の鈴木靖民・荒井秀規編『古代東アジアの道路と交通』（勉誠出版、二〇一一年）において、「海上のクロスロード―舟山群島と東アジア―」と題し公表している。

第二章「七～一一世紀の奄美・沖縄諸島と国際交易」は、近年の考古学の成果を踏まえ、七～一一世紀の奄美・沖縄諸島が、国際的な交流・交易関係のなかで社会変容を遂げたことを文献史学の立場から捉え直すものである。本章の基となる拙論は、二〇〇五年の「七～一一世紀の奄美・沖縄諸島と国際社会―交流が生み出す地域―」（『自然・人間・社会』三八号）、二〇〇七年の「九～十一世紀東アジアの交易世界と奄美諸島」（『東アジアの古代文化』一三〇号）、二〇〇八年の「古代の奄美・沖縄諸島と国際社会」（池田榮史編『古代中世の境界領域』高志書院）の三編である。本章では、これらを統合・再構成するとともに、その後の知見に基づく補訂も加えた。

最後に、以上の本書の具体的な検討結果を踏まえ、終論「平安期の国家と国際交易者―遠距離交易の安全性・信頼性を担保するもの―」では、平安期の国家と国際交易者の史的関係性を捉え直し、当該期の国際交易を成り立たせた多元構造について整理した。この終論は、本書のまとめとしての位置付けを与えた新稿である。

なお、本書のタイトルに「貿易」ではなく「交易」の語を用いたのは、経済外の領域も含み込んだ相互行為を議論できる「交易」という語をより積極的に用いることで[11]、贈与なども取引材料とした交易者たちの多様な様態・実態を汲み上げたいと考えたからである。

註

（1）石上英一「日本古代一〇世紀の外交」（井上光貞他編『東アジア世界における日本古代史講座』七、学生社、一九八二年）。
（2）石上英一「古代国家と対外関係」（歴史学研究会他編『講座日本歴史』二、東京大学出版会、一九八四年）。
（3）木村茂光『「国風文化」の時代』（青木書店、一九九七年）、保立道久「平安時代の国際意識」（村井章介他編『境界の日本史』山川出版社、一九九七年）、山崎雅稔「承和の変と大宰大弐藤原衛四条起請」（『歴史学研究』七五一号、二〇〇一年）、同「貞観十一年新羅海賊来寇事件の諸相」（『國學院大學大學院紀要—文学研究科—』三二号、二〇〇一年）など。
（4）拙著『倭国と渡来人—交錯する「内」と「外」—』（吉川弘文館、二〇〇五年）。
（5）山内晋次『奈良平安期の日本とアジア』第二部第一章（吉川弘文館、二〇〇三年、初出は一九八九年）。
（6）山内晋次前掲註（5）書第二部第二章（初出は一九九三年）。
（7）山内晋次前掲註（5）書第二部第三章（初出は一九九六年）。
（8）榎本渉『東アジア海域と日中交流—九～一四世紀—』（吉川弘文館、二〇〇七年）、同『僧侶と海商たちの東シナ海』（講談社、二〇一〇年）。
（9）桃木至朗編『海域アジア史研究入門』（岩波書店、二〇〇八年）。
（10）拙稿「揺らぐ「一国史」と対外関係史研究」（『歴史評論』六二六号、二〇〇二年）。
（11）「交易」の概念については、今村仁司『交易する人間』（講談社、二〇〇〇年）参照。

第一部　日本律令国家と国際交易

第一章　国際交易の中心と周縁

——日本律令国家の国際性と周縁性・多元性——

はじめに

七世紀以前の倭国の国際交流では、大王だけでなく大王を支える各地の首長たちも、朝鮮諸王権との間に独自の外交チャンネルを持ち、それを基盤に王権外交に関与していた。しかしこの独自のチャンネルが、彼らを個別に国際社会の矛盾の渦へ引き込むラインともなった。新羅王権と結びついた倭臣が、新羅と対立的な倭王の外交を混乱させるなど、これが倭国内部の対立を先鋭化させる導火線となることも少なくなかったのである(1)。このため、七世紀後半の大動乱時代を経て姿をあらわした日本律令国家は、中華思想に基づく天皇中心の世界観とともに、天皇とその官が対外関係を独占する体制づくりを目指した。王権を相対化しかねない前代までの東アジアに広がる多元的で多様な諸関係を、古代天皇制の一元的支配体制の中に押し込め、管理しようとしたのである。

しかしもちろん、奈良時代の日本の国際交流は、天皇を軸とする同心円的な世界だけが規定したわけではない。律令国家がいかに一元的な支配体制をとったとしても、国際交流それ自体は、一国を超えた双方向的・多方向的な関係に規定されることを免れないからである。本章では、主に八世紀以降の日本の国際交流から、日本律令国家の権力構造を規定した中心と周縁の広域的で多元的な関係を捉えたいと思う。

一　律令国家と国際交易

百済・高句麗の滅亡、白村江の敗戦、壬申の乱など、七世紀後半の大動乱時代を経て姿をあらわした日本律令国家は、天皇とその官による対外関係の独占を特徴の一つとした。この姿勢は法制度にも明瞭にあらわれる。例えば養老職員令大宰府条は、九州北部で対外業務を担う大宰府が対応すべき国外からの流入者について、外交使節である「蕃客」と、自らの意志で天皇の民となることを願う「帰化」の二種類のみを定める。「蕃客」も「帰化」も、文明世界を束ねる中華天皇の徳を慕い、野蛮世界から渡来する者とされる点は同じである。そして、この二種に対する規定しか持たないために、例えば漂着者も、漂着ではなく「帰化」として扱われた(2)。また律令国家の時代は、倭国の時代にはみられた贈与や略奪による渡来も表面上は姿を消す。「蕃客」と「帰化」の区分しか持たない成立期の日本律令国家は、様々な契機で渡来する人々をすべて天皇中心の中華的世界に取り込もうとしていたとみられる(3)。

こうして、渡来した「蕃客」や「帰化」申請者は、中華天皇の威・徳を示す荘厳な客館に安置され、衣食の支給が保証された。しかしこれも、国家が彼らを閉鎖的空間へ隔離し、独占的に管理する体制と抱き合わせであった(4)。八世紀、こうした客館は、博多湾に面した筑紫、大阪湾に面した難波、平城京の三ヵ所に設けられている。

律令国家が対外関係を管理下に置く姿勢は、国際交易にも厳しく及んだ。養老関市令官司条には「凡官司未二交易一之前、不レ得下私共二諸蕃一交易上。為レ人糺獲者、二三分其物一、一分賞二糺人一。一分没官。若官司於二其所部一捉獲者、皆没官」とある。国外からもたらされる物品について、まず官司が優先的に国家必要品を買い上げる先買権を明確にし、これに違反し官司よりも先に交易を行った場合、その交易品は没収されることになっていたのである。『類聚三代格』巻一九・延喜三年（九〇三）八月一日太政官符所引律逸文に「律曰。官司未二交易一之前私共二蕃人一交易者准レ盗論」とあることによって、律は、その違反者を盗に準じて処罰することを定めていたことも知られる。

この日本律令が定める官司先買の原則は、主に「蕃客」の動きに留意し整備されたものであった。[5] この点、唐制も国際交易は皇帝の専権事項で、諸国王の交易要求以外の交易は原則的に許可しなかったらしいから、[6] 唐に似るともいえる。ただし、律令制定時の日本は、唐と異なり民間の国際商人の流入がまずない。倭国時代に活発だった国内諸勢力の国際交流を、天皇制のもとに一本化した日本律令国家にとって、国際交易は外交使節によるものを想定しておけばほぼ間に合ったはずである。

一方、日本の貴族たちも、官司先買を守れば「蕃客」との交易の機会が公的に与えられた。しかしそれも、「蕃客」と直接自在に交渉して行うものではなかったと考えられる。例えば、七五二年（天平勝宝四）来航の新羅使と日本貴族との間の交易実態を伝える正倉院文書の「買新羅物解」からは、関係官司が五位以上の有位者の購入申請書をとりまとめてこれにあたっていたことがわかる。[7] 交易参加者の階層を絞り、しかも交易当事者間に官を介在させることで、両者の関係は間接化され、管理されたのである。

これに関連し、『続日本紀』（以下『続紀』と記す）神護景雲二年（七六八）十月甲子条に次のようにあることも注目される。

賜二左右大臣大宰綿各二万屯、大納言諱・弓削御浄朝臣清人各一万屯、従二位文室真人浄三六千屯、中務卿従三位文室真人大市・式部卿従三位石上朝臣宅嗣四千屯、正四位下伊福部女王一千屯一。為レ買二新羅交関物一也。

右によれば、この時天皇は、諸臣に「新羅の交関物」購入用の大宰府の綿を支給したが、その支給量は、左大臣・

右大臣に二万屯、大納言に一万屯、政界を引退した前大納言に六千屯、中務卿・式部卿に四千屯などと、政治的地位の上下に則したものとなっている。この記事については、対応する新羅使節の来日記事がないことから、新羅使ではなく新羅商人との交易の可能性も指摘されているが(8)、いずれにしても、支配層の外来品への接近や確保が、天皇を核とした官僚制的な政治世界の地位に比例していることが留意される。

以上のように、律令国家が想定する外来者との交易は、まず天皇とその官のもとに優先的に優品が集められ、国家管理のもと、特権的地位を持つ貴族層にも交易が許可された。律令国家における国際交易は、天皇中心の同心円的な官僚制的身分社会を内外に印象づける、強い政治性を帯びたものとなっていたのである。その結果、支配層のこれらモノへの接近が、天皇を軸とした政治世界における中心への接近と重なり意識されることとなる。

しかしこうした日本の交易管理を、唐の制度・体制と比較すると、日本古代国家の別の顔もみえてくる。すなわち、唐制の国際交易の管理は、流入品の官司先買よりも、唐朝の文化的優位性を示す国内優品の国外流出を防ぐことに関心があったとされている(9)。日本の厳格な官司先買制は、唐制の単なる模倣ではない。

そしてこの日本律令国家の特徴には、倭国時代からの経験が踏まえられていたと考えられる。政治・経済・文化のあらゆる面で西方諸地域から渡来する人やモノに大きく依存した倭人の社会では、外来文物の集約と分配が権力の所在を示す象徴的な意味を持っていた(10)。このため、列島各地の首長たちが独自の外交チャンネルや、他王権からの贈与によって入手した外来文物が、大王権力を揺るがす力を持つことも度々であった(11)。このために倭王権は、六世紀後半から七世紀半ばにかけて、他王権から大王周辺の支配層に個々に贈られる贈与物を、大王と群臣らで確認し、こうした関係が個別化するのを防止しようと試みている。けれども、新羅との間でこの体制は有効に働かなかったらしい(12)。律令国家が、来着する「蕃客」を客館に閉じこめ、彼らとの贈答・交換を天皇国家の独占・管理下に置こうとしたことは、以上のような倭国時代の外交のあり方を律令国家が矛盾と捉え、また警戒していたことのあらわれであろう(13)。すなわち、唐律令と日本律令の交易管理体制に対する姿勢の差は、自らの持つ高度な文明を広く国際社会に分配することで権威を得る「中心」の王権と、外来文明を優先的に身にまとい、渡来の人・モノ・文化を国内諸勢力に分配することで権威を得る「周縁」の王権との差の反映ともいえる。

そしてこの観点から日本の隣国をみるならば、同時期の新羅王権や渤海王権にも、日本王権同様、東アジアの「周縁王権」としての性格があらわれている。新羅・渤海王権もまた、対外交易を管理・独占しながら、国内支配層を対外交易に参加させ、そこで得られた財物を支配層に分配して権力強化をはかったとみられるからである(14)。ここからは、八世紀の日本・新羅・渤海の、国内諸勢力に対する王権の中心性が、いずれも中国の周縁部という位置関係に規定されていた姿が浮かび上がる。

しかも、その新羅や渤海は、日本と同じく中国の中華思想の影響を受けながら、他国を野蛮国とみなす自国中心の世界観を持っていた(15)。つまり、中国の影響を受けた東方の周縁諸王権にとって、中国に発する中華的な政治・文化は、自己の正当性を普遍的・越境的に表現できる最も有効な手段とされていたのである。

ただし、日本は唐をも「蕃」としたが、新羅や渤海は唐を表だって「蕃」とはしないから、日本と新羅・渤海では、唐の位置付け方に差も認められる。しかし実は日本でも、唐を明確に「蕃」と位置付けていたわけではない。日本の支配層は唐の優越性をはっきりと認めていた(16)。中華国日本から野蛮国への使者として送り出されたはずの遣唐使が、唐で「蕃客」としてふるまったように、対唐関係では、国内的に天皇中心の中華国としての体面を、国際的に中華の周縁にある文明国としての体面を、それぞれ使い分けることで対応したというのが実態に近い。結局、日本天皇が国内的に唐を「蕃」と位置付け得たのは、国境を接した唐朝からの冊立が王権の安定化・正当化と結びつく新羅・渤海王権と異なり、その外側に位置して、国内政治に対する唐朝の影響がより間接的なものにとどまっていたからであろう。実際、七世紀後半の律令国家成立期、列島の王権に直接文化的な影響を与えていたのは、唐よりも新羅や朝鮮半島からの渡来人であった[17]。その意味で、日本王権は、新羅・渤海よりもさらに「周縁」の王権であった。

二　競い合う中心と周縁

以上のように、東アジアに生まれたいくつもの政治的な中心と周縁は、いずれも、圧倒的な政治力・文化力を持つ中国の影響を受けていた点で、西方の中国を中心とした世界に包摂されうるもののようにみえなくもない。中国の東方諸地域への強い政治的影響力を背景に、中国を中心とする一つの文化圏としての「東アジア世界」が生み出されたとする、西嶋定生氏らの有力な学説も、この点に着目したものであった[18]。

しかし、上記の複数の政治的中心—周縁の関係は、中国を中心とする一つの政治世界や一つの政治構造に統合されない点に留意が必要である。古代東アジアの実態は、各地の政治的中核となる権力体がそれぞれの意図のもとに互いにつながり合う、多元的世界である。越境的な力を持つ中国の政治・漢字文化は、それらをつなぐための唯一共通の言語・価値として受容されたが、そこには各政治主体が自己の都合で再解釈を加えることのできる寛容性があった。漢文の外交文書の形式や表現をめぐり、日本が新羅や渤海の「無礼」をしきりに責めるのはその典型例である[19]。ここでの漢字を用いた外交的な競い合いに、唐は関知していない。日本の外交担当者が新羅使や渤海使と漢詩を贈り合う場でも、自国優位を示そうとする意識や、相手国への対抗意識が顔をのぞかせる[20]。東アジアにおいて中国に発する文化は、中国王朝の国際秩序とは別の次元で、文明を競い合う道具として用いられたのである。そしてこのことが、中国王朝の周縁に組み込まれた諸王権に、国際的にモノが移動する場面でも、それぞれの立場から互いに競い合う条件を与えたとみられる。

例えば、七・八世紀の新羅は、唐に対し金銀、絹織物、薬物、動物などの新羅特産物を贈り、自国の交易の乏しさ、産物の貧困を訴える一方、倭・日本に対しては新羅物産だけでなく、仏具、金属器物、高級絹織物など、むしろ唐が新羅へ贈った品々と重なる国際色豊かなモノを贈り、自国の交易圏の広さ、先進性を示そうとしている(21)。そこには、東アジアにおける唐朝の中心性を利用し、日本が新羅のさらに周縁部にあることを印象づけるねらいもあったと考えられる。しかも日本では、新羅特産品も新羅優位を示すメッセージとなり得た。『日本書紀』（以下『書紀』と記す）が新羅を「財の国」「金銀の国」などと呼ぶように、日本にとっては金銀に代表される新羅物産も、新羅の豊かさの象徴だったからである。そしてそれが、前述の「買新羅物解」で著名な七五二年の新羅使との交易においても焦点となった可能性がある。

七五二年の新羅使は、外交形式などをめぐり日羅関係が悪化するなか、天平十五年（七四三）来航の新羅使が筑紫から放却されて以来、実に九年ぶりの使節であった。『続紀』によれば、この使節は王子金泰廉を擁し総勢七〇〇人というこれまでにない規模を誇っただけでなく、日本の中華的世界観に沿った異例の言動をとったという。当時、新羅は渤海と緊張関係にあり、対日関係を改善しておきたいとの思惑が働いた可能性はあるが(22)、その翌年の新羅は、日本の送った遣新羅使を傲慢・無礼とし、新羅王との接見すら許さず（『三国史記』新羅本紀）、以後、日羅関係は暗礁に乗り上げる。したがって、新羅使の日本での従属的な言動もそのまま新羅本国の真意とするわけにはいかない。『続紀』の記事には、滞日中の活動を円滑にしたい新羅使や日本側の調整・潤色が疑われてよいのである。

そして実際、新羅使の交易品からは、『続紀』が描くような新羅の日本への従属的な姿勢と異なる、別の政治的メッセージを読み取ることができそうである。それは、新羅使の来航が、東大寺の大仏開眼会と時期的に重なることから浮かび上がる問題である。

『東大寺要録』巻一によれば、東大寺の盧舎那大仏は天平十九年（七四七）九月に鋳造が開始される。しかし日本王権にとって、大仏に塗金する大量の金の確保が悩みの種となっていた。ところが天平勝宝元年（七四九）、陸奥で黄金が発見される。『続紀』天平勝宝元年四月甲午朔条によれば、その報に接した聖武天皇は皇后・太子とともに東大寺に行幸し、大仏の前殿において、「此の大倭国は天地開闢以来に、黄金は人国より献ることはあれども、斯の地は無きものと念へるに」と語って、その発見に驚き悦んでいると、その正直な気持ちを述べている。金泰廉一行が来日したのは、この大仏の開眼の儀が挙行される直前の閏三月であった。結局金泰廉らの入京は四月の開眼会には間に合わなかったが、六月十四日には孝謙天皇へ奏上・貢献を行い、二十二日には東大寺に出向き大仏を礼拝している。

現存する「買新羅物解」の日付は六月十五日から七月八日までの間のもので、両国の交易はこの大仏礼拝の日前後に行われたことがわかる。しかもそこに記録された新羅の交易品には、大仏鋳造で注目を浴びた黄金と、香薬・香炉・錫杖などの仏教関連品が多く含まれている。金泰廉らが大仏礼拝を行った日、東大寺写経所は彼らから『法華経』『梵網経』『頭陀経』を請い受けたことも確認できる（『大日本古文書』一二）。この時の新羅使は、大仏開眼会で盛り上がる日本の外来品需要の実状をしっかりと把握していたようだ。対日関係の改善も意識したであろう新羅使は、外交形式での争いは避けつつも、自国の国力とその重要性・必要性をモノによって誇示していたのである。

これに対し、日本は陸奥の黄金で輝く大仏で、新羅＝「財の国」の優位性を覆そうと試みたとの指摘がある(23)。前述の日本における新羅産金銀の意味を考慮するならば、その可能性は高いと考えるが、しかしその日本の意図を、新羅がそのまま了解したとは思われない。この時の大仏はまだ同年三月に塗金が開始されたばかりで、開眼会もその作業が途中のまま挙行されている（『東大寺要録』二）。新羅使のみた日本の大仏は、部分的に金が塗られた程度にとどまっていたのである。しかも、「買新羅物解」が記録した日本貴族の金購入の事実は、日本の金需要が依然輸入品に頼らざるを得ない実情を露呈させている。後述のように、後に日本は対外交易に陸奥の黄金を用いるようになるのだが、この時はまだ、国内の金需要を国産品だけではまかなえなかった。黄金の競い合いで、日本は依然、対外交易に黄金を拠出できる新羅に及ばなかったのである。ましてや大仏を擁する東大寺が、重要な仏具・経典まで新羅使から入手していては、日本が塗金大仏に込めた日本優位の政治的メッセージも色あせよう。翌年、日本派遣の遣新羅使が傲慢・無礼と新羅に追い返された「事件」は、この両者の認識のズレが表出したものとみられる。

同様の競い合いは、日本と高句麗・渤海の間でも繰り広げられている。例えば『書紀』斉明五年（六五九）是歳条に、来倭した高句麗使人が羆の皮一枚を綿六十斤で売却しようとして倭の「市司」に相手にされなかったという話が載っている。その後、使人が高麗画師子麻呂という人物の家を訪ねると、子麻呂は官から借りた羆の皮七十枚を敷いてこの使人を接待したので、使人は毛皮を高値で売却しようとした自分の行為を恥じ、また不思議がったという。斉明五年のこととして描かれたこの話は、実際は斉明六年の高句麗使滞在時のものとみられるが[24]、その内容は要するに、高句麗の特産品を誇示しようとする高句麗使に対し、日本（倭）保有の羆皮を示した子麻呂が競い勝ったという逸話であるから、『書紀』編者は、これを日本（天皇）の国際的優位性をあらわす話として採録したと考えられる。

そしてこれと同様の構造が渤海との交流にも引き継がれる。例えば醍醐天皇皇子重明親王は、渤海特産の貂の毛皮を八枚も重ね着して渤海使の前に立ちあらわれ、使者たちを恥じ入らせたという[25]。また九世紀の『内裏式』によれば、渤海使を宮殿に迎えた正月七日の儀式では、羆皮を敷きつめることになっていた。これの外交上の意味が渤海に対する日本の優位性を表明するものであったことは、先の斉明紀の記事からも明らかであろう。

このように、国際的に流通する特産品・交易品も、外交の場では、その保持と保有量が国際政治上の競い合いとして読み解かれる性格を持つ場合があった。外交とかかわり移動するモノの政治的価値は、一つの政治的主体によって一方的に決定されるのではなく、双方向的・多方向的、さらには競合的な関係に規定されているのである。

三　宮都と九州北部

以上の、中心と周縁の複雑な関係は、そこを行き交うモノだけでなく、列島の中央と地方の関係にも影響を与えた。このことは特に、宮都と九州北部の関係に明瞭にあらわれる。

律令国家の論理からみれば、中華日本の列島における中心地は天皇の居所の置かれた宮都である。一方、「化内」と「化外」が接する境界領域は「辺」と呼ばれ[26]、都から「辺」まで官道が延びていた。九州北部の日本の「辺」に到着した「蕃客」は、日本の中心地たる都へのぼり天皇に謁見する。こうして「化内」の国土は、天皇の都を中心、「辺」を周縁とする、同心円的な広がりとして編成されていたのである。

一方、国家管理のもとに行われる「蕃客」との交易は、『延喜式』大蔵省式・蕃客条に「凡蕃客来朝、応交関者、丞録史生、率蔵部価長等、赴客館」とあることなどから、客館で行われたことが知られており、一般には畿内の客館だけでなく、大宰府の客館もこれに該当すると考えられてきた。しかし近年は、こうした通説を疑う見解も出されている。すなわち松原弘宣氏は、令や式の「蕃客」との交易規定は実例からみても入京を前提とした難波館か京の鴻臚館を想定したものであり、これらを筑紫館での対外交易の根拠とすべきではないとし[27]、渡邊誠氏も、朝廷の官司先買権は、使節入京後の一連の外交儀礼が行われる期間中に行使され、『延喜式』玄蕃寮式によれば来着地に残される京進物以外の物品も国の管理下に置かれて帰国時に返却されることになっていたから、地方における交易は基本的に許されていなかったと指摘する。(28)確かに、律令条文が規定する大宰府の「蕃客」への対応も、所持品検査、遠方殊俗人入朝の場合の容貌などの報告、饗宴のみで、(29)交易に関するものはみえない。そもそも「蕃客」との交易における官司先買、その後の階層を絞った支配層の交易は、これ自体、宮都の支配層に優位に働くものであるから、律令の原則は、「化内」の中心地が対「蕃客」交易の場としても優位性を保つ運用を求めていた可能性が高い。

けれども前述のように、都の貴族たちは、自らが唐を中心とする東アジアの周縁にあることを意識していた。そして地理的にみれば、近畿の宮都よりも九州北部の方が東アジアの「文明」世界に近い。西から東へ移動する「文明」の大局的な流れにあって、宮都の地理的位置は「化内」の「辺」たる九州よりもさらにその東方の外縁部にあった。このため、以上の体制の維持には九州北部の掌握が重要な課題となる。しかしそれは、律令国家の構造的特質というよりも、近畿を拠点とした倭王権の、古墳時代以来の課題でもあった。

近年の考古学は、前方後円墳の出現期をめぐる研究や、纏向遺跡の調査の進展などにより、邪馬台国を奈良盆地に求める見解が有力となる一方、朝鮮半島から輸入される鉄の保有などでは、九州北部が依然優位的立場にあったことを認めている。(30)博多湾に面した福岡市の西新町遺跡では、三世紀から四世紀、近畿系・山陰系・在地北部九州系の人々と渡来人とが混住し、鉄交易なども行った、国際交流港としての様相も確認されている。(31)近畿に列島規模の王権が形成されても、中国・朝鮮半島との交流で地理的優位性を持つ九州北部は、列島の国際交流拠点として、各地の人々が集う突出した存在であった。

これと関連し、著名な『魏志』倭人伝は、玄界灘や博多湾を睨む九州の糸島半島に比定される伊都国について、「郡使往来常所㆑駐」と記し、朝鮮半島から壱岐・対馬を経由して来た魏使が、ここに滞在して「親魏倭王」卑弥呼と交流するための準備を整えたことが知られる。さらにこの伊都国には「一大率」（もしくは「大率」）が置かれ、倭王と魏や朝鮮諸国との間で交わされる「文書・賜遺之物」を厳しく管理したという。加えて「一大率」は「諸国」の「検察」も行い、「諸国」はこれを「畏憚」したとあるが、邪馬台国を近畿に求めると、九州北部で「一大率」の行った「検察」も、倭王の対外交流とかかわるものと解釈するのが妥当である。すなわち西新町遺跡などに示されるように、九州北部には古墳時代前期に列島各地の人々が集まる国際交流拠点が築かれたとみられるが、こうした「諸国」の集まる九州北部の交易拠点を「一大率」が「検察」していたということであろう。

一方、大阪湾岸など、政治的中心と近接する近畿方面にまで国際交流拠点が積極的な広がりをみせるのは、東アジアの軍事的緊張に倭王権が積極的に介入するようになった四世紀後半以降を待たねばならない[32]。けれども、六世紀前半、継体王権の外交政策に対する九州の大首長磐井の抵抗が王権を大きな危機に陥れ、またこの鎮圧に成功した倭王権が、九州北部を支配下において国家形成を一気に進めたように[33]、九州北部の支配が近畿の王権の安定と直結する状況は変わらない。中国や朝鮮半島に由来する文物の保有が政治的優位性と結びつきやすい列島の古代社会では、近畿にある宮都の政治的中心性が、その周縁に置かれるべき九州北部の東アジアと結び付いた動きによって、周縁化され相対化される危険を孕んでいた。このために律令国家も、九州については、他地域とは異なり、大宰府を介した特異な支配体制を必要とした。特に、九世紀以降、国際交易の比重が国家間交渉をともなう外交使節による交易から海商船による交易に移り、国内の国際交易の場の比重も宮都から九州北部へ移ると[34]、律令国家の置いた大宰府による交易管理体制の強化が重要な課題とならざるを得ないのである。

史料上、律令国家が大宰府に対し、海商との管理交易体制の整備を命じた初見は、以下の『類聚三代格』巻一八・天長八年（八三一）九月七日太政官符である。

応レ撿二領新羅人交関物一事

右被二大納言正三位兼行左近衛大将民部卿清原真人夏野宣一稱。奉レ勅。如レ聞。愚闇人民傾二覆櫃運一、踊貴競買、物是非レ可レ韜レ遺弊則家資殆罄。躭二外土之声聞一、蔑二境内之貴物一、是実不レ加二捉溺一所レ到之弊。宜下二知太宰府一厳施二禁制一、勿上令二輙市一。商人来着、船上雑物一色已上、簡二定適用之物一、附レ駅進上。不レ適之色、府官撿察、遍令二交易一。其直貴賤、一依二估價一。若有二違犯者一、殊処二重科一、莫レ従二寛典一。

右の官符は、「愚闇人民」の国産品を軽んじて外来品を競い買う風潮を誡めつつ、大宰府にこれを厳しく取り締まるよう命じたもので、その管理手続きは、大宰府が海商船内の貨物を調べて国家必要の物品購入とその京進を行い、以外は府官検察のもと估価に依る民間交易を許可するというものである(35)。

この、海商のもたらす外来品に群がる「愚闇人民」には、宮都の王臣家などともつながる官人層が多く含まれていたとみられる。それは、『類聚三代格』巻一八・天長五年（八二八）正月二日太政官符に次のようにあるからである。

一　応レ禁二交関一事

右蕃客賷レ物私交関者、法有二恒科一。而此間之人必愛二遠物一、争以貿易。宜下厳加二禁制一莫上令二更然一。若違レ之者、百姓決杖一百。王臣家遣レ人買、禁二使者一言上。国司阿容及自買、殊処二重科一。不レ得二違犯一。

以上は、前年末の但馬国への渤海使来着を受けて出されたもので、ここでは王臣家の、人を派遣した交易に加え、これを黙認し、さらには自らも交易に参加しようとする国司の動きが警戒されている。これと似た動きは、海商が次々と来航するようになった同時期の大宰府管内でも起こっていたとみられる。『日本三代実録』（以下『三代実録』と記す）仁和元年（八八五）十月二十日条に「先レ是、大唐商賈人着二大宰府一。是日、下二知府司一、禁下王臣家使及管内吏民、私以二貴直一、競中買他物上」とあるのは、この問題が唐海商の動きが活発化した九世紀後半でも相変わらずであったことを示している。

しかも九州北部では、この課題が一〇世紀になっても引き継がれたことが、以下の『類聚三代格』巻一九・延喜三年（九〇三）八月一日太政官符によって知られる。

応レ禁二遏諸使越レ関私買二唐物一事

右左大臣宣。頃年如聞。唐人商船来着之時、諸院諸宮諸王臣家等、官使未レ到之前遣レ使争買。又墎内富豪之輩心愛二遠物一踊レ直貿易。因レ茲貨物價直定准不レ平。是則関司不レ慥二勘過一、府吏簡二略撿察一之所レ致也。律曰、官司未二交易一之前私共二蕃人一交易者准レ盗論、罪止二徒三年一。令云、官司未二交易一前不レ得下私共二諸蕃一交易上。為レ人糺護者、二二分其物一、一分賞二糺人一、一分没レ官。若官司於二所部一捉獲者、皆没官者。府司須下因二准法條一慎中其撿校上、而寛縦不レ行、令二人狎侮一。宜下更下知公家未二交易一之間厳加二禁遏一勿中復乖違上。若猶犯レ制者、没レ物科レ罪。曾不二寛宥一。

右の官符は、「唐人商船」が来着すると院宮王臣家が官使到来前に使者を派遣し「唐物」を争い買い、郭内富豪層が高値で貿易するので、貨物の価が上昇していると指摘し、これが関司・府吏の責任であるとして、官司先買とその違反者への罰則を定めた律令を府司が遵守するよう強く求めたものである。唐商来着の情報が院宮王臣家や郭内富豪層の間に直ちに広がり、「唐物」を目指して諸階層の争い集まるその場所とは、特定諸氏によって囲い込まれた荘園などではあり得ない。唐商の安置される博多湾、もしくは九州北部の唐商船停泊地の状況を指していると思われる。しかも府司・関司はこうした実態を放置・容認していたらしく、厳しく譴責されている。中央の王臣家と、現地で管理を担う地方官との個別の結びつきが、国家の交易管理体制を絶えず揺さぶっていたのである。

こうした支配層の動きは、天長八年官符に「物是非レ可レ韜レ遺弊則家資殆罄」とあるように、商業的動機によるものではなく、むしろ消費行動として理解すべきものである。前述のように、律令国家にとって外来品の入手は、天皇中心の同心円的な身分社会と結びついたものとしてあったから、この同心円的身分社会に位置付けられた官人らには、頻繁に来航する海商船を前に、国家から与えられた職権を「不正」に用いても外来品を確保しようとする政治的動機があった。[36]要するに、外部財の保有と分配の優位性が権力と結び付く倭国以来の権力構造を中央集権的に体制化した律令国家は、国家周縁部と国際社会との結びつきが国家の中心性を相対化しかねない、周縁王権・国家としての矛盾を構造的に抱え込んだ国家であったということもできるだろう。

むすび

古代日本は、律令制の導入とともに、天皇中心の同心円的な政治体制を築き、都を中心にその世界観を国土設計にも反映させようとした。本章では、こうした日本古代国家の中央集権体制に対応した対外政策に、国際交易を介し、一国を超える多元的な中心と周縁のせめぎ合いが規定的作用を及ぼす構造が内在していたことを述べた。

倭国の時代に比べれば、日本律令国家がその対外関係、対外交易を王権の管理下に置くことに成功したのは確かである。しかしそれでも、その意味・性格・あり方は、律令国家の「内」の問題・矛盾からのみ規定されない。そこには、古代日本が、アジアの多様で多元的な関係を内包する地域史・周縁史としてあった実態が示されてもいるだろう。

註

（1）　拙著『倭国と渡来人―交錯する「内」と「外」―』（吉川弘文館、二〇〇五年）五七～七五頁・一〇二～一五四頁。
（2）　山内晋次『奈良平安期の日本とアジア』第一部第三章（吉川弘文館、二〇〇三年）。
（3）　拙著前掲註(1)。

（4）田島公「大宰府鴻臚館の終焉―八世紀～十一世紀の対外交易システムの解明―」（『日本史研究』三八九号、一九九五年）。
（5）拙著『日本古代国家の民族支配と渡来人』第二編第三章（校倉書房、一九九七年）。
（6）榎本淳一『唐王朝と古代日本』第一部第四章（吉川弘文館、二〇〇八年）。
（7）東野治之「鳥毛立女屏風下貼文書の研究」『正倉院文書と木簡の研究』第三部（塙書房、一九七七年）。
（8）李成市『東アジアの王権と交易』Ⅵ章（青木書店、一九九七年）。
（9）榎本淳一前掲註（6）書第一部第三章・補論三。
（10）拙著前掲註（1）六七～七五頁。
（11）拙著前掲註（1）一〇二～一五四頁。
（12）拙著前掲註（1）一八八～一九〇頁。
（13）佐藤信「古代の「大臣外交」についての一考察」（『境界の日本史』山川出版社、一九九七年）は、七世紀後半～八世紀の大臣の外交への関与から、天皇・国王に一元化しえない国家間外交の複線的・重層的システムが「伝統的」に存在したと指摘し、「大臣外交」の概念を提起する。ただしこの段階の「大臣外交」は、饗宴や漢詩の贈答を除き、『日本書紀』などが「賂」と呼んだような外交の場面での大臣・群卿らへのモノを介した表立った贈与関係がその姿を消すから、それ以前の各地首長も加わる王権外交に比して、外交の次元に与える個々の人格的影響が相対的に弱められている点にも留意が必要である。
（14）李成市『東アジアの王権と交易―正倉院宝物が来たもうひとつの道―』Ⅲ章（青木書店、一九九七年）。同『古代東アジアの民族と国家』第一二章（岩波書店、一九九八年）。
（15）酒寄雅志『渤海と古代の日本』終章（校倉書房、二〇〇一年）。
（16）森公章『古代日本の対外認識と通交』第一部第二章（吉川弘文館、一九九八年）。
（17）鈴木靖民『日本の古代国家形成と東アジア』Ⅰ第四章（吉川弘文館、二〇一一年）。
（18）李成市『東アジア文化圏の形成』（山川出版社、二〇〇〇年）七～一九頁。
（19）石井正敏『日本渤海関係史の研究』第四部第一章（吉川弘文館、二〇〇一年）。
（20）村井章介『東アジア往還』第一章（朝日新聞社、一九九五年）。
（21）新川登亀男『日本古代の対外交渉と仏教―アジアの中の政治文化―』第一章第一節（吉川弘文館、一九九九年）。

(22) 酒寄雅志前掲註(15)書第五章。
(23) 吉田孝『日本の誕生』（岩波書店、一九九七年）一四七〜一五〇頁、保立道久『黄金国家—東アジアと平安日本—』第一章（青木書店、二〇〇四年）。
(24) 蓑島栄紀『古代国家と北方社会』第一編第三章（吉川弘文館、二〇〇一年）。
(25) 『江家次第』巻第五・二月春日祭条。
(26) 大日方克己「古代日本における国境の形成と日本」（『歴史評論』五五五号、一九九六年）。
(27) 松原弘宣「鴻臚館交易について」（『愛媛大学法文学部論集』〈人文学科〉一〇号、二〇〇一年）。
(28) 渡邊誠「日本古代の対外交易および渡海制について」（『専修大学東アジア世界史研究センター年報』三号、二〇〇九年）。
(29) 森公章『古代日本の対外認識と通交』第三部第二章（吉川弘文館、一九九八年）。
(30) 白石太一郎「倭国誕生」（同編『倭国誕生』〈『日本の時代史』一〉吉川弘文館、二〇〇二年）。
(31) 武末純一「加耶と倭の交流—古墳時代前・中期の土器と集落—」（『国立歴史民俗博物館報告』一一〇集、二〇〇四年）。
(32) 拙著前掲註(1)五七〜六三頁、拙稿「五・六世紀の大阪湾岸地域と渡来人—河内を中心に—」（『歴史科学』一七五号、二〇〇四年）。
(33) 山尾幸久『筑紫君磐井の戦争』（新日本出版社、一九九九年）。
(34) 渡邊誠前掲註(28)論文。
(35) この天長八年官符による来航海商への管理手続については、本書第一部第二章で詳しくみる。
(36) この点は本書第一部第三章でも詳しくみる。

第二章　新羅人の交易活動と大宰府

はじめに

新羅では、七四〇年代～七五〇年代の飢饉・疫病の蔓延を契機に、多くの人々が国外に流出し、その一部は交易者としても九州北部へたどり着いた。[(1)] これに対し、七五〇年代末から七六〇年代の初頭、新羅出兵を計画していた淳仁王権は、大宰府管内に留まる大量の新羅人を警戒し、彼らの放還や東国移配を進めた。しかし淳仁を支える藤原仲麻呂政権の崩壊とともに、その施策も一時的なものに終わったらしい。それから暫くして、宝亀五年（七七四）五月、日本は「帰化」以外の新羅人来航者を「流来」に区分し放還する「永例」を立て、その実行を大宰府に命じた。この「流来」に対する措置について、かつて筆者は、新羅人による私交易活動の拡大を封じる目的があったと推断したことがある。[(2)] しかし最近保立道久氏は、これを商人に対する「安置・供給」などの出入国管理の法的出発点としても評価すべきと指摘している。[(3)] また、天長八年（八三一）に日本は大宰府を窓口として新羅人への交易管理体制を本格的に整えたが、これを大宰府鴻臚館を利用した体制とみる従来説に対し、[(4)] 近年松原弘宣氏は、大宰府鴻臚館での交易は九世紀第3四半期の唐商に対して始まるとし、九世紀前半の新羅人との管理交易には基本的に鴻臚館が使用されていないとする新説を提示している。[(5)]

以上のように、九世紀前後にその活動を活発化させた新羅人と日本古代国家との関係については、特に大宰府におけるその管理体制をめぐって、未だ評価が一定しない。そこで本章では、九世紀日本における新羅の交易者たちの法的・政治的位置と、大宰府管内における新羅人の交易実態についてあらためて検討を加えたいと思う。

一　「帰化」と交易

宝亀五年（七七四）の「流来」に対する措置は、以下の『続紀』と『類聚三代格』にそれぞれみえる。

〔史料1〕『続紀』宝亀五年五月乙卯条

勅二大宰府一曰、比年新羅蕃人、頻有二来着一。尋二其縁由一、多非二投レ化一。忽被二風漂一、無レ由二引還一、留為二我民一。謂二本主何一。自レ今以後、如レ此之色、宜三皆放還、以示二弘恕一。如有二船破及絶レ粮者一、所司量レ事、令レ得二帰計一。

〔史料2〕『類聚三代格』巻一八・宝亀五年五月十七日太政官符

応三大宰府放二還流来新羅人一事

右被二内大臣宣一稱。奉レ勅。如レ聞。新羅国人時有二来着一。或是帰化、或是流来。凡此流来非二其本意一。宜下毎レ到放還以彰中弘恕上。若駕船破損、亦無二資粮一者、量加二修理一、給レ粮発遣。但帰化来者、依レ例申上。自今以後、立為二永例一。

両史料は史料1が「新羅蕃人」、史料2が「新羅国人」とするなど、表現上の差違があり、史料2には弘仁格編纂の際の修正が加えられた可能性も疑われている[6]。しかし、史料2の「応三大宰府放二還流来新羅人一事」という官符事書にまで修正や書き換えが及んだとは考えがたいから、史料2にのみみえる「流来」の語も、実際の宝亀五年太政官符の表記に基づくものとしてよいだろう。要するに、宝亀五年、大宰府に対しては新羅人の「帰化」と「流来」を区別するよう命じる官符が出されたのであって、史料1で省かれた史料2最後の「但帰化来者、依レ例申上。自今以後、立為二永例一」も、実際に宝亀五年の官符の内容を伝えたものだろう。以上を前提に、宝亀五年勅の内容を整理すると、以下のようになる。

(イ) 近年新羅人来着の事例が増えているが、その多くは「帰化」ではなく「流来」である。

(ロ) なかには帰る手段がなく、「流来」であるのに「我民」となる者もある。

(ハ) 今後「流来」は「放還」することにし、「弘恕」を示すこととする。

(ニ) もし船が破損し粮がなければ、所司が便宜をはかり帰国できるようにせよ。

(ホ) ただし、「帰化」の場合は例に依り申上せよ。

この法令に従うならば、渡来の新羅人のなかに交易者がいた場合でも、「帰化」でなければ「流来」として扱われるから、大宰府によってすぐさま放還の措置を受けるはずである。ところが史料による限り、この法令後も、放還されないまま長く大宰府管内に留まる新羅人の交易従事者があった。

『入唐求法巡礼行記』（以下『行記』と記す）会昌五年（八四五）九月二十二日条は、当時中国山東半島赤山院に居住し、通事として日本僧円仁らの世話を行った新羅還俗僧李信恵が、弘仁六年（八一五）に大宰府に来航し、そのまま八年間（九年間？）在留し続けた経歴を持つこと、この間筑前国太守の「須井宮」の「哀憮」を受けたこと、その後天長元年（八二四）来日の「張大使」に従い渡唐して、新羅人の交易活動を主導した張宝高（保皐）創建の赤山法花院に入ったことなどを記している。筑前にあった李信恵が「張大使」（張宝高もしくは張詠）の招きで赤山院に入った事実は、彼が筑前滞在中から宝高勢力と関係していたことを物語る。大宰府管内に八年も留まった彼が、交易活動に従事していたことは間違いない。しかし㈡にあるように、「帰化」以外の新羅人でも船の修理などを口実に九州北部に暫く留まることは可能であるが、八年もの滞日をこれで説明することはできない。

ここで注目すべきは、李信恵が離日した年である。この天長元年（八二四）は、日本において、大宰府管内に留まる新羅人らに一つの法令が出された年でもあった。

〔史料3〕『三代実録』貞観十二年（八七〇）二月二十日条

勅二大宰府一。令乙二新羅人潤清宣堅等卅人及元来居下止管内上之輩一、水陸両道給二食馬一入京甲。先レ是彼府言。新羅凶賊掠二奪貢綿一。以二潤清等一処二之嫌疑一、禁二其身一奏レ之。（中略）潤清等久事二交関一、僑二寄此地一。能候二物色一、知二我無備一。令レ放二帰於彼一、示二弱於敵一、既乖二安不レ忘レ危之意一。又従来居二住管内一者、亦復有レ数。此輩皆外似二帰化一、内懐二逆謀一。若有二来侵一、必為二内応一。請准二天長元年八月廿日格旨一、不レ論二新旧一、併二遷陸奥之空地一、絶二其覬覦之奸心一。従レ之。

史料3は、貞観十一年（八六九）に博多津で発生した新羅「海賊」の官船襲撃事件を受け、この事件の関係者として捕らえられた新羅人潤清ら、及び大宰府管内居留のその他の新羅人の処分に関するものである。それによれば、彼らは表向き「帰化」を称して大宰府管内に「居住」する者たちだが、「久事二交関一、僑二寄此地一」とあるように、その実態は交易者であった。そして、こうした新羅人を「新旧」を論ずることなく陸奥の空閑地に移配することとしたが、これは「天長元年八月廿日格旨」に準じた措置だという。ここに、李信恵が離日した天長元年に、大宰府管内に居留する新羅人を、陸奥へ移配する格が出されていたことを知ることができる。

六国史の記録によれば、李信恵が滞日した時期の新羅人「帰化」は確かに頻繁である。すなわち、信恵の来日した八一五年からの八年間だけでみても、中央への新羅人「帰化」の報告は四件計四〇〇人を超える。しかもこの間の弘仁十一年（八二〇）二月、遠江・駿河両国移配の新羅人七〇〇人が反乱を起こし、伊豆国の穀物を奪って船で海に入り、相模・武蔵など七国軍に鎮圧される事件も起こった（『日本紀略』）。船で海上に漕ぎ出し七国軍と衝突した七〇〇人の新羅人には海民としての性格を重ね合わせることもできるが、いずれにしても、このころの新羅人「帰化」の実数は六国史が伝える来到数を大きく上回っていたとみなければならない。この反乱の背景は不明だが、佐伯有清氏は日本の班田制の崩壊などにより、十分な土地の支給を受けられなかったことが乱の引き金になったと推測する。[7]事実、穀物強奪が起こっているから、こうした大量の「帰化人」に、受け入れ地となるべき東国では食料支給もままならなかった状況を読み取ることができよう。しかも『類聚国史』巻一七一・地震項には、弘仁九年（八一八）七月、「相模・武蔵・下総・常陸・上野・下野等国」で極めて強い地震が発生し、「山崩谷埋数里、圧死百姓不レ可二勝計一」とあり、八月庚午には諸国に使節を派遣しその被害を確認させ、被害に応じて租調の免除が行われている。このころの東国に、大量の「帰化人」を受け入れる余裕はなおさらなかったはずである。したがって、「帰化」を称して次々と九州北部に来着する新羅人らの東国への移配手続きも滞りがちであったと推察される。

ところが、新羅人の「帰化」を窺わせるものは、その後、『類聚国史』巻一五九・口分田項にみえる天長元年（八二四）五月己未条の「新羅人辛良金貴、賀良水白等五十四人、安二置陸奥国一。依レ法給レ復、兼以二乗田一充二口分一」を最後に史料上は突如その姿を消す。[8]この時の新羅人の陸奥移配は同年の「八月廿日格」を先取りした「帰化人」への措置とみられ、以後、新羅人の「帰化」が空白となるのも、こうした天長元年に始まる「帰化人」政策の影響によるものだろう。ただしその移配措置は、「依レ法給レ復、兼以二乗田一充二口分一」を前提とするものだから、こうした日本側の政策を嫌う「帰化人」を単に本国の生活に困窮した亡命者とみることはできない。むしろ史料3に、外見上は「帰化」に似る大宰府管内の新羅人の交易従事者らを「天長元年八月廿日格旨」に准じて「陸奥之空地」に移配するとあることを踏まえるならば、天長元年格も、「帰化」を称して大宰府管内に居留する新羅の交易者たちを陸奥へ移配する内容だったとみるべきである。そしてこうした内容が、実際は交易を目的に「帰化」を申請していた新羅人たちを遠ざけることになったと考えられる。すなわち、宝亀五年の法令があるにもかかわらず信恵が八年も筑前に滞在できたのは、「帰化」を称すことで「流来」に区分されることを避けていたからであり、天長元年の信恵の離日は、「帰化」を建前に筑前に留まっていた彼が、この年出された天長元年格の適用を逃れるためであったとみて大過あるまい。

しかも信恵のような「帰化」を称して国際交易にかかわる新羅人は、現地の筑前国司から特別な保護を受けられた。それは、筑前国司が、大宰府のもとで来航者の管理実務にあたっていたことと関係している。(9) 戸令没落外蕃条が、移配され戸貫に附される前の「帰化人」を、所在の国郡が責任をもって保護すべきと規定したように、令自体、「帰化」を称する新羅の交易者と西海道官人との接近を公的に許していたのである。したがって、「帰化」と区別される来航者を「流来」として放還するとした宝亀五年（七七四）の措置は、九世紀に入り「帰化」を称して大宰府管内に滞留を続ける新羅人の増加で、当初期待された効果を十分に発揮しなくなっていたと推察される。

このように、「蕃客」「帰化」に「流来」という新たな範疇を設けた宝亀五年の勅から、「帰化」の陸奥移配を決めた天長元年までの日本の対外政策は、基本的に新羅の私的な交易活動を公的に取り込もうとする姿勢を持たなかったことが明らかである。この点は、「安置・供給」を前提に、民間の国際交易者を積極的に国家管理下に取り込もうとした後の体制とは一線を画するものといえるだろう。

二　新羅人に対する交易の管理体制

日本において個別的展開をみせていた国際交易者たちの活動に、一定の組織化をもたらしたのが新羅人の張宝高（保皐）である。宝高の登場は、日本の対外交通政策にも少なからぬ影響を与えた。新羅が宝高を清海鎮大使に任じた三年後の天長八年（八三一）、日本は新羅人の海商船の来着に対し、以下のような法令を出している。

〔史料4〕『類聚三代格』巻一八・天長八年九月七日官符

応レ撿二領新羅人交関物一事

右被二大納言正三位兼行左近衛大将民部卿清原真人夏野宣一稱。奉レ勅。如レ聞。愚闇人民傾二覆櫃逕一、踊貴競買、物是非レ可レ韜レ遺弊則家資殆罄。躭二外土之声聞一、蔑二境内之貴物一、是実不レ加二捉溺一所レ到之弊。宜下下二知太宰府一厳施二禁制一、勿レ令二輒市一。商人来着、船上雑物一色已上、簡二定適用之物一、附レ駅進上。不レ適之色、府官撿察、遍令二交易一。其直貴賤、一依二估價一。若有二違犯者一、殊処二重科一、莫レ従二寛典一。

史料4によって、大宰府は来着の新羅商船の船内貨物を調べ、「適用之物」の購入とその京進を行い、以外は府官検察のもと估価に従った民間交易が許されることになった。ここに日本は、国際交易者に対する国家管理下の交易体制をはじめて整えたと評価できる(10)。

そして、右の天長八年官符以後の来航新羅人に対する具体的な管理手続きも、宝高死後の混乱を記す以下の『続日本後紀』（以下『続後紀』と記す）の記事から、ある程度推測することができるだろう。

〔史料5〕『続後紀』承和九年（八四二）正月乙巳条

新羅人李少貞等卅人到二着筑紫大津一。大宰府遣レ使問二来由一。頭首少貞云、張宝高死、其副将李昌珍等欲二叛乱一。武珍州列賀閻丈興レ兵討平。今已無レ虞。但恐賊徒漏レ網、忽到二貴邦一、擾二乱黎庶一。若有下舟船到レ彼不レ執二文符一者、並請中切命所在上、推勘収捉。又去年廻易使李忠揚円等所レ賫貨物、乃是部下官吏及故張宝高子弟所レ遺。請速発遣。仍賫下閻丈上二筑前国一牒状上参来者。公卿議曰、少貞曽是高之臣。今則閻丈之使。彼新羅人、其情不遜。所レ通消息、彼此不レ定。定知、商人欲レ許二交通一、巧レ言攸レ俑。今覆二解状一云、李少貞賫下閻丈上二筑前国一牒状上参来者。而其牒状無下進二上宰府一之詞上。無二乃可レ謂レ合レ例。宜二彼牒状早速進上一。如牒旨無道、附二少貞一可二返却一者。（中略）又曰、李忠等廻易事畢、帰二向本郷一、逢二彼国乱一、不レ得二平着一。更来二筑前大津一。其後於呂系等化来云、已等張宝高所レ摂嶋民也。宝高去年十一月中死去、不レ得二寧居一。仍参二着貴邦一。是日、前筑前国守文室朝臣宮田麻呂、取二李忠等所レ賫雑物一。其詞云、宝高存日、為レ買二唐国貨物一、以レ絁付贈。可二報獲一物、其数不レ尠。正今宝高死、不レ由レ得二物実一。因取二宝高使所レ賫物一者。縦境外之人、為レ愛二土毛一、到二来我境一、須下欣二彼情一令上レ得二其所一。而奪二廻易之便一、絶二商賈之権一。府司不レ加二勘発一。肆令二弁兼一、非レ失二賈客之資一、深表レ無二王憲之制一。仍命二府吏一、所レ取雑物、細砕勘録、且給且言。兼又支二給粮食一、放二帰本郷一。

史料5によれば、新羅の閻丈は、李少貞を日本に遣わして、宝高の死と残存勢力の反乱・鎮圧を伝えさせるとともに、日本への逃亡が危惧される「賊徒」の捕縛と、廻易使李忠らが日本へもたらした貨物の返却などを要求した。廻易使李忠とは張宝高らが日本へ派遣した使で、帰国の際にちょうどこの本国の争乱に遭い、再び大宰府に逃れてきたらしい。この時、前筑前国守文室朝臣宮田麻呂が、宝高の死を知り、再来の李忠らから「雑物」を差し押さえる事件も発生する。宮田麻呂は生前の宝高に絁を渡して「唐国貨物」入手を依頼したらしいが、その受け取りが宝高死去で困難となったのを悟っての行動である。これを知った中央の公卿らは、大宰府を激しく譴責し、「雑物」を返却させるべきだと主張しているから、大宰府では宮田麻呂の行動を事実上府司が黙認していた状況も窺われる。

さて、史料5にはまず「大宰府遣レ使問二来由一」とあるように、李少貞の来航理由は、大宰府の存問によって確認され中央に報告されている。したがって次の「頭首少貞云」以下の少貞の言葉は、その存問記録によるものであろう。またこれに続く「公卿議曰」では、「定知、商人欲レ許二交通一、巧レ言攸レ侮」と述べられていて、日本側は少貞らを「商人」とみなしていたことが判明するとともに、来航の「商人」は日本政府から通交の許可をもらうために、巧みに言辞を並び立てていたことも知られる。また、この公卿議によれば、「解状」に「李少貞賷下閻丈上二筑前国一牒状上参来」と記されているとあり、これは、大宰府が存問記録として中央に提出した大宰府解、もしくはそれに添えられた少貞の「解状」とみられる。さらに、少貞がもたらしたという「閻丈上二筑前国一牒状」について、「宜二彼牒状早速進上一」とあるから、この「牒状」も、少貞への対応を判断する資料として提出されることになっていたことがわかる。

さらに、史料5で少貞が日本側に「文符」の有無を基準に宝高残党の捕縛を要求していることからすると、新羅から来航する交易者たちは、公的な文書を持参することになっていた可能性が高い。もちろん、この時の「文符」発給には、宝高後の海民支配を狙う閻丈の意図が多分に反映されているのであろうが、こうした文書による交易管理がそれ以前に遡りうることは、『続後紀』承和三年（八三六）十二月丁酉条収載の日本国太政官宛新羅国執事省牒が、「東西」に交易活動を展開する「島嶼之人」の「官印」密造・「公牒」偽造を非難し、「所司再三請下以正二刑章一用阻中姦類上」と記すことに示されている(11)。また、『行記』会昌七年（八四七）閏三月十日条によれば、唐の登州において在唐新羅人張詠の準備した円仁の帰国船に関し、唐役人は「挙二国制一、不レ許二差レ船送レ客過レ海」と指摘している。すなわち、在唐新羅人の国際交易船も、その出港には唐朝の公的なチェックや許可を受けていたと考えられ、その場合は唐朝の文書が発給されたであろう。

以上のようにみるならば、新羅海商船が来航した際の手続きは、後の宋海商来着時の手続きと多くの部分で重なることになろう。山内晋司氏が分析した一〇～一二世紀前半の諸事例によれば、交易者を含むすべての異国人来着は、戸令没落外蕃条が規定する「帰化人」来着時の対応に準じて、天皇に奏上すべき最重要事項とされていた。また当時は、中国海商が来着すると、a海商提出の「牒状」「表」「解文」「解状」「申文」など、b海商作成の乗組員すべての名簿、c海商作成の朝廷進上用物品に関する文書、d宋朝市舶司制度のもとで発給される渡海許可証、e大宰府あるいは来着地の国が作成する存問記録、f大宰府あるいは国作成の海商の容貌・衣装色絵図の計六種の公文書が中央政府へ提出された。海商らは大宰府鴻臚館での安置・交易の許可を得るため、天皇の徳化・王化を慕って来航したと訴え、当時の貴族層も海商の進上物を「方物」とみなしていたようだ[12]。この山内氏の指摘うち、少なくともa・d・eに類するものは、新羅商船来着の際もあったことになる。しかも、宋海商らがそうであるように、新羅海商らも、天皇の徳化・王化を慕う来航者として受け入れられていた可能性が高い。

というのは、宝高の死去をめぐる混乱を逃れて「参着」した宝高配下の於呂系らのことを、史料5が「化来」と記しているからである。於呂系らの「化来」は、同じく本国の乱を逃れた李忠らの日本再来に少し遅れたようだが、於呂系自身の言葉によれば、彼らは日本参着の日、宮田麻呂による李忠らの貨物差し押さえを目撃することになった。ここに、乱を逃れた宝高配下の新羅人が、波状的に日本に到来していた状況が浮かびあがる。そしてそれを、日本の公卿らは「化来」とも称しながら、同時に彼らを「商賈」「賈客」と認識している。すなわち、彼ら新羅人は日本において「賈客」の「化来」として遇されたと考えられる。

於呂系と同時期の交易者の来航を「化来」と表現した史料はほかにもある。観世音寺講師兼筑前国講師であった恵運は、承和九年（八四二）に来日して「大宰府博太津頭」に停泊中であった李処人らの船に乗って渡唐を果たすが、この李処人の来日を恵運は『安祥寺資財帳』において「大唐商客李処人等化来」と書き記した（『平安遺文』一―一六四号）。往来する「大唐商客」李処人の来航を「化来」と表した恵運が、当時、大宰府・筑前国の公的地位にあったことは軽視できず、同時期来航の於呂系の「参着」を「化来」と記した史料5も、おそらくこうした認識と重なるものとしてよいだろう。

ならば、このような手続きのもと、船を下りた来航の新羅人らが、日本側の管理を受けた場所はどこであろうか。

〔史料6〕『類聚三代格』巻一八・承和九年（八四二）八月十五日太政官符

応レ放ニ還入レ境新羅人一事

右大宰大弐従四位上藤原朝臣衛奏状偁、新羅朝貢其来尚矣。而起レ自ニ聖武皇帝之代一、迄ニ于聖朝一、不レ用ニ旧例一。常懐ニ奸心一、苞苴不レ貢。寄ニ事商賈一、窺ニ国消息一。望請、一切禁断、不レ入ニ境内一者。右大臣宣、奉レ勅、夫徳沢泊レ遠、外蕃帰レ化。専禁ニ入境一、事似ニ不仁一。宜下比ニ于流来一、充レ粮放還上。商賈之輩飛レ帆来着、所レ齎之物任聴ニ民間一令レ得ニ廻易一、了即放却。但不レ得下安ニ置鴻臚館一以給上レ食。

右は、宝高死後の新羅の混乱を受けて、大宰大弐藤原朝臣衛が中央に提出した起請の裁可にかかわる史料である。これによれば、衛が新羅人の入境の「一切禁断」を要求したのに対し、中央政府は「帰化」を求める渡来人の入境を「一切禁断」とすることは「不仁」であると難色を示し、彼らを「流来」に準じて粮を支給し放還すること、「商賈之輩」の場合は民間での交易を許した後、直ちに放却すること、鴻臚館での安置・供給は行わないことなどを命じた。この時から、「入境新羅人」の「商賈之輩」は官司先買の対象外とされ、鴻臚館からも閉め出されたことが知られる。しかしこのことは逆に、これより以前、新羅人交易者に対して鴻臚館が開かれていたことを明確に示すものである。

後の中国海商に認められていた鴻臚館安置は、養老公式令駅使至京条に「其蕃人帰化者、置レ館供給」とあること、九世紀後半来着の「大唐商人」に「帰化例」に準じた「安置・供給」が行われていることなどから、[13]「帰化」に準拠した処遇として行われたとみられている。[14]そして、すでにみたように来航する新羅人交易者を、日本側は「化来」者とみなしていたとみられる。ならば、八四二年以前に認められていた新羅人交易者の鴻臚館安置は、彼らを「化来」者に準じて扱うことを前提としたものであったとして大過ないであろう。そしてこのように考えるならば、史料6が、新羅人の「帰化」停止と新羅人交易者の鴻臚館使用停止をセットで提示したことも、関連して理解しうるものとなる。

以上のことから、天長八年（八三一）官符から承和九年（八四二）官符までの間、日本に来着する新羅人の入国管理については次のような行政手続きがとられていたと推断できる。すなわち、出港地の発給した公文書を持参し来航する新羅人の交易者に対し、大宰府はこれを存問し、その詳細が中央へ報告された。また、中央は来航交易者の処遇を判断するために、交易者提出の関連資料を京進させることもあった。そして彼らは「化来」者として鴻臚館に安置され管理されたのである。

三　鴻臚館と新羅人・唐人

天長八年（八三一）に新羅人との間に整備された管理交易体制は、すでにみたように公的に定めた估価に従いつつ、官司先買と民間交易の管理実務は現地の大宰府が負う体制である。これに対し、九世紀中葉〜一一世紀の中国海商との交易では、官司先買・管理交易を遂行するために、中央の蔵人所から大宰府へ度々唐物使が派遣されている。すなわち、大宰府から中央へ「大唐商客」来航の報告があると、安置を決定した商客のもとへは蔵人所から唐物使が派遣され、その管轄のもと唐物の検査・選別・購入が実行されることになっていた。その際に彼らの安置場所となったのがやはり鴻臚館であった[15]。

ところで、従来の研究では、唐物使の初見は、貞観五年（八六三）正月四日の日付を持つ唐商陳泰信の円珍への書状とされてきた[16]。しかし『高野雑筆集』下巻が収める「唐人書簡」には、唐物使が八五〇年代に派遣されたことを示す書状が含まれていて[17]、鴻臚館安置の海商のもとへの唐物使派遣は、このころまで遡らせることができそうである。けれども結局、宝高以前に遡る唐物使の史料は存在せず、宝高の死後、おそらくは唐人との間の交易において唐物使が派遣されるようになったとみて大過なかろう。

しかし、唐人の鴻臚館安置自体は、唐物使派遣以前から行われていたものである。例えば、『日本文徳天皇実録』（以下『文徳実録』と記す）仁寿元年（八五一）九月乙未条の藤原朝臣岳守卒伝などによれば、承和五年（八三八）、大宰少弐であった岳守は、鴻臚館に滞在中の沈道古らの「大唐人貨物」を「検校」し[18]、『元白詩筆』を得て仁明天皇に奏上し、従五位上を授かった。この岳守の行動が、大宰府に「新羅交関物」の「検領」と「適用之物」の進上を命じた天長八年（八三一）官符に準拠することは明らかである[19]。天長八年官符には「応検二領新羅交関物一事」とあるが、これが少なくとも承和期までには「大唐人貨物」にも適用されるようになったとみなければならない。その際もやはり鴻臚館が利用されていたのである。

このように張宝高存命中から新羅人・唐人が大宰府鴻臚館を利用し官司先買を受ける状況にあって、宝高死後、交易者の鴻臚館利用を禁じた史料6は、「応放二還入境新羅人一事」と「新羅人」に限定した措置となっているから、その後の唐人の鴻臚館安置の事実をみても、史料6が唐商の官司先買や大宰府鴻臚館利用を妨げるものではなかったとみられる。要するに、九世紀中葉以後の中国海商の大宰府交易は、天長八年（八三一）官符を契機に整備された大宰府鴻臚館での唐・新羅人に対する官司先買体制から、承和九年（八四二）に「新羅人」を除外することによって成立したものと考えられる。これに、その後、唐物使の派遣が新たに付加されたということであろう。

承和九年（八四二）に大宰府鴻臚館の交易から「新羅人」が除外されたことで、以後の新羅人が対日交易の足場の一つを失ったことは確かであろう。[20]けれども、その意味が彼らにとって官司先買対象からの排除であるならば、この措置が、新羅系交易者の対日活動を衰滅させる大きな契機になったとは考え難い。民間交易が許可される彼らにとってそれは、かつての交易の姿に近づいたに過ぎないからである。もちろん鴻臚館での「安置・供給」の不許可は、彼らの交易活動に直接的な不利益と不安定をもたらすであろう。しかし、以後も在唐新羅人は「唐人」として受け入れられ、鴻臚館への安置も許されたように、[21]史料6の措置は東アジアの複数の拠点にネットワークを築いた新羅系交易者の活動を止めるには、まったく不十分なものである。事実、貞観十一年（八六九）に発生した新羅「海賊」の博多津における官船襲撃事件に対し、鴻臚館の防備が強化されたことも、[22]彼らの活動が博多湾を中心に、依然鴻臚館などの公的機関周辺に及んでいたことを示している。

しかもこの「海賊」事件に関連して出された史料3の貞観十二年勅は、従来から管内に居住する多数の新羅人を「外似二帰化一、内懐二逆謀一」と非難する。そのなかには、僧侶や造瓦技術者がいて、[23]彼らは官衙や寺院を経営する管内の有力層や公的機関ともつながりを持っていたことが窺える。[24]史料6の承和九年官符以後も、「帰化」を称する新羅人らの大宰府管内居住は解消されていないのである。彼らが、史料6の官符以前に「帰化」を称して管内居留を開始させた者なのか、それとも史料6の官符に従い、「帰化」を称して「流来」に区分されながら、放還を前提に保護されて管内に留まった者なのかは判然としない。おそらく前者の可能性が高いと思うが、いずれにしても、彼らは閉め出された鴻臚館の周辺でなお、当地の官人層とつながりを持ちながら、その活動拠点を持ち得たのである。

さらに貞観十二年勅は、天長元年格に準じて「帰化」を称する新羅人を「新旧」を問わず「陸奥之空地」へ移配するよう命じているから、少なくともこの間、「帰化」の新羅人を陸奥へ移配するよう命じたかつての天長元年格は停止されていたこともわかる。これは、史料4の天長八年官符を契機に整備された管理交易体制が、渡来する国際交易者を「化来」者に準じて扱うことにしたためであろう。

ところが、鴻臚館交易から除外されてもなお活発な交易活動を維持できた新羅人にとって、「帰化」の新羅人を強制的に陸奥移配に処すと命じた貞観十二年（八七〇）勅は、どうやら厳しく受け止められたらしい。貞観十三年以後、新羅人の通謀事件がみえなくなり[25]、在唐新羅人の日唐間の往来も八六〇年代を最後に、史料からその姿を消すからである[26]。こうした政策が、新羅人交易者に一定の効力を発揮したのは、前述の「天長元年八月廿日格」の時も同様であった。ならば新羅人の交易活動にとっては、官司による先買や官設の鴻臚館を失うこと以上に、大宰府管内での居留環境を失うことのダメージが大きかったとすべきであろう。

むすび

以上、国際交易者を日本の中華的世界観に積極的に取り込み、大宰府鴻臚館に安置して官司先買と民間交易の管理を行う平安期日本の管理交易体制は、九世紀後半の唐商との間に初めて成立したものではなく、九世紀前半の新羅人交易者との間のものを基本的に継承する形で形成されたことを述べた。その体制は、天長八年（八三一）官符を契機に整備されたとみられる。これが、以後の新羅人の対日交易の安定的発展に寄与したことは確かであろう。けれども、彼らにとってそれ以上に重要であったのは、新羅人居留によって形成された大宰府管内の拠点であったとみられる。八四二年に大宰府鴻臚館から閉め出されて以後も鴻臚館周辺での交易活動を維持した新羅人に対し、八七〇年、管内居留が不許可となると、彼らは急速に日本での交易活動を後退させているからである。

ところで、『行記』の「新羅坊」などに示されるように、唐における新羅系交易者の活動は、新羅人居留地区とそのネットワークのもとに展開していたことが知られている。すなわちこれを本章の検討とあわせると、彼らの交易活動は、日唐間にまで広がる在留者のネットワークを基礎に交易活動を展開することをその特徴の一つとしていたことが明らかである。したがって、日本における新羅人の交易活動の後退については、日本の政治状況や管理交易体制の影響だけでなく、新羅・唐へとつながる新羅人たちのネットワークの動向と結びつけた考察が必要となる。この点については本書第二部第二章においてあらためて検討したいと思う。

註

（1）本書第二部第一章。
（2）拙著『日本古代国家の民族支配と渡来人』第二編第三章（校倉書房、一九九七年）。
（3）保立道久『黄金国家』（青木書店、二〇〇四年）九八〜九九頁。
（4）亀井明徳「鴻臚館貿易」（下条信行他編『新版　古代の日本』三、角川書店、一九九一年）、山崎雅稔「承和の変と大宰大弐藤原衛四条起請」（『歴史学研究』七五一号、二〇〇一年）など。
（5）松原弘宣「鴻臚館交易について」（『愛媛大学法文学部論集』〈人文学科編〉一〇号、二〇〇一年）。
（6）新日本古典文学大系『続日本紀』四（岩波書店、一九九五年）補注33―一〇。
（7）佐伯有清「九世紀の日本と朝鮮」『日本古代の政治と社会』（吉川弘文館、一九七〇年）。
（8）佐伯有清前掲註(7)論文。
（9）本書第一部第三章。
（10）拙稿前掲註(2)論文。
（11）渡邊誠「承和・貞観期の貿易政策と大宰府」（『ヒストリア』一八四号、二〇〇三年）、山崎雅稔「新羅国執事省牒からみた紀三

津「失使旨」事件」（木村茂光編『日本中世の権力と地域社会』吉川弘文館、二〇〇七年）。
(12) 山内晋次『奈良平安期の日本とアジア』第二部第二章（吉川弘文館、二〇〇三年）。
(13)『三代実録』貞観十六年七月十八日条、同十八年八月三日条。
(14) 松原弘宣「九世紀代における対外交易とその流通」（『愛媛大学法文学部論集』〈人文科学編〉六号、一九九九年）。
(15) 唐物使については、稲川やよい「「渡海制」と「唐物使」の検討」（『史論』四四号、一九九一年）、田島公「大宰府鴻臚館の終焉—八世紀〜十一世紀の対外交易システムの解明—」（『日本史研究』三八九号、一九九五年）、河内春人「宋商曾令文と唐物使」（『古代史研究』一七号、二〇〇〇年）、渡邊誠「平安中期、公貿易下の取引形態と唐物使」（『史学研究』二三七号、二〇〇二年）を参照。
(16) 松原弘宣「陳泰信の書状と唐物交易使の成立」（『続日本紀研究』三一七号、一九九八年）。
(17) 本書第二部第三章。
(18)『文徳実録』仁寿二年十二月癸未条の小野朝臣篁薨伝に、承和五年のこととして「太宰鴻臚館、有二唐人沈道古者一」とある。
(19) 渡邊誠前掲註(11)論文。
(20) 山崎雅稔前掲註(4)論文。
(21) 村上史郎「九世紀における日本律令国家の対外意識と以外交通—新羅人来航者への対応をめぐって—」（『千葉史学』三三号、一九九八年）、渡邊誠前掲註(11)論文。
(22)『類聚三代格』巻一八・貞観十一年十二月二十八日官符「応三例番外加二役他番統領二人選士百人一事」、同日官符「応三統領一人選士卌人甲冑卌具遷二置鴻臚館一事」など。
(23)『三代実録』貞観十二年九月十五日条。
(24) 拙稿前掲註(2)論文。
(25) 渡邊誠前掲註(11)論文。
(26) 村上史郎前掲註(21)論文。

第三章　九世紀日本の内政と国際交易

――文室宮田麻呂・張宝高・唐物使――

はじめに

律令国家の国際交易は、往来する外交使節の管理を軸に国家の管掌下に置かれることを基本とし、これらによってもたらされるモノには、その交換・確保の次元で、天皇を中心とした政治世界を具現化する役割が期待された。(1) しかし、遣唐朝貢使船の派遣が最後を迎える九世紀は、民間商船の活発な往来によって、それまでの国際交易のあり方が大きく変化した時代である。頻繁に来航する海商船によって交易の機会を増やした日本の支配層は、外来品獲得の動きを強めた。

ところで近年の研究は、こうした九世紀以後の国際交易の拡大と多様化が、日本の国内政治とも深くかかわっていたことに着目する。これらは平安期の日本を取り巻く東アジアを政治関係から経済関係へという概況で捉えてきた従来説を見直す研究動向と結びつき、最近ではこの点が、国際交易活動によってもたらされる国際社会の混乱の内政への波及の問題として具体的に論じられている。(2) けれども、当該期の国際交易と国内政治の結合を媒介したものについては、国際交易の参加者が主に支配層であるという事実以外、依然その構造が曖昧なまま議論が進行しているように思われる。例えば、こうした議論で必ず取り上げられる題材の一つに文室宮田麻呂がある。彼は、九世紀の半ば、筑前守に就任して新羅清海鎮大使の張宝高（保皐）と交易を行い、後に「謀反」の罪を負わされるが(3)、この「謀反」事件の背景に関する最近の説は、交易活動の独占を目指す王権、もしくは藤原北家が宮田麻呂を抹殺した事件(4)、あるいは貿易にかかわる宮田麻呂の新羅人との通謀を恐れた古代国家による排斥事件(5)などと推論する。その前提には、宮田麻呂を、交易の利を求める「官人出身の商人」と評価した戸田芳実氏の研究(6)が踏まえられている。そうであれば、当該期の列島社会における国際社会は、支配層が、私的・個別の利潤を求めて繰り出す経済関係の世界として急速に広がりつつあり、それが支配層相互の利害対立、もしくは古代国家との対立を生み出していたことになろう。けれどもこうした見通しの問題は、私的・個別的、さらには商業的な利潤追求と理解されがちな支配層の交易活動の、その動機に関する実証的な検討がほとんど加えられていないことにある。当該期の旺盛かつ多様な国際交易に、なぜ日本の支配層が群がったのか、そしてそれがなぜ政治史と絡みつくのかはあらためて問われなければならないだろう。

以上の問題関心から、本章では、主に九世紀中葉前後に多様化した国際交易に焦点をあて、その背後にある政治・社会状況を捉えて、九世紀日本の国際交易の構造・特質の一端を明らかにすることを目的とする。

一　文室宮田麻呂の史的性格をめぐって

1　宮田麻呂は商人か

文室宮田麻呂の経歴については戸田芳実氏の研究に詳しいが、まずは『類聚国史』『続後紀』から、あらためて文

室宮田麻呂の略歴を辿っておく。(7)

天長三年（八二六）五月、正六位下から従五位下となった宮田麻呂は、承和六年（八三九）五月、従五位上に昇進し、承和七年（八四〇）四月に筑前守に任じられた。ところが翌年正月、筑前守は南淵年名に交替となり、早くもその任を解かれる。宮田麻呂には次の赴任先が用意された形跡がなく、そのまま筑前に留まったらしい。その後、彼が「筑前大津」に停泊中の新羅人の交易船から「雑物」を差し押さえる事件が起こる。これは新羅の張宝高に大量の絁を渡して「唐国貨物」購入を依頼した宮田麻呂が、八四一年十一月の宝高死去の報に接して、慌てて宝高配下の船の貨物を押収し、その代価を回収しようとしたものであった。この事件は、承和九年（八四二）正月、中央政府も知るところとなり、公卿議の議題にのぼっている。さらにその翌年十二月、宮田麻呂の従者陽侯氏雄が主人の謀反計画を密告し、「京宅」「難波宅」の武器が押収されて、宮田麻呂は伊豆へ配流となった。

さて、戸田氏がこの文室宮田麻呂に見出した史的性格は、本章「はじめに」でみた商人的側面だけではない。彼の私領主化の側面も鋭く指摘している。すなわち宮田麻呂は、『三代実録』貞観五年（八六三）八月十五日条によって、近江国の滋賀・栗太・野洲・甲賀・蒲生・神崎・高嶋・坂田などの諸郡に、家一〇区・地一五町・水田三五町を所有していたことが知られる。ここから戸田氏は、宮田麻呂が、近江の全域にわたってほぼ一郡に家一区を設定し、家には一町前後の敷地・園地があり、それに数町の水田が付属していることを指摘した。その上で、本宅である「京宅」を核に、これら諸「家」とその付属の財が統轄され経営されていたと推定したのである。この見解は基本的に首肯しうるものであって、その観点からは、宮田麻呂謀反事件で「京宅」と並び捜索された「難波宅」にも、何らかの経営拠点的機能が備わっていたと推定されることになる。

戸田氏が指摘した宮田麻呂のもう一つの側面である商人的性格は、主に、この「難波宅」の機能を彼の筑前での新羅人との交易の事実と結びつけて解釈し、導き出したものである。すなわち戸田氏は、宮田麻呂の「難波宅」を「西日本の大動脈である瀬戸内海交通の起点」たる難波津に置かれた「宅」と位置付け、そこから宮田麻呂は「たんに国司在任中の職権の利用によって交易の利を収めようとしただけではなく、解任後も自己の独自の経済活動として恒常的に西国地方での貿易・商業を営み、「難波宅」を流通の中継基地として、それらを都と結びつけていた」と推論したのである。さらに、貿易に携わる商人としての宮田麻呂像は、大宰大弐藤原衛の著名な「四条起請」からも傍証される。すなわち、宮田麻呂による新羅人の「雑物」差し押さえ発覚直後の、『続後紀』承和九年八月丙子条に掲載されたその「四条起請」には、「二曰。交替務了、未レ得二解由一五位之徒、寄二事格旨一、留二住管内一、常妨二農商一、侵二漁百姓一、巧為二姦利之謀一」とある。これを宮田麻呂のような解任官人を意識したものとみなした上で、そこに「常に農商を妨げ」とあることから、「文室宮田麻呂も、その「商」を営む解任五位の徒の典型的な一人」としたのである。こうして戸田氏以後の研究は、宮田麻呂を、国際交易によって入手した品を国内で売り捌き利益を得る「輸入業者」とみなすようになった(8)。

けれども、藤原衛の「四条起請」が文室宮田麻呂らを意識していたことは認めるべきとしても(9)、そこで「常に農商を妨げ」とあるのは、「解任五位の徒」が民間の「農商」活動を妨害しているという意味であって、「解任五位の徒」が「商」だといっているのではない。『続後紀』承和九年（八四二）正月乙巳条によれば、新羅人の交易船から「雑物」を取った前筑前守の宮田麻呂について、中央の公卿が「廻易之便を奪い、商賈之権を絶つ」行為と非難するが、「四条起請」のいう「解任五位の徒」の民間の「商」への妨害とは、むしろこうした公卿の意見と通じるものとみるべきである。

また、「難波宅」の性格を考える場合は、平安初期の難波津に流通拠点の機能が一定程度認められるにしても、八世紀後半以降、その港としての機能が地形変化とともに著しく低下していた事実が無視できない。特に、延暦四年（七八五）には淀川と三国川（神崎川）を通じさせる堀の掘削が行われて、瀬戸内海を航行する船は難波を経由せず直接淀川から山崎津・淀津へ到ることができ、承和期になると難波津が所在する難波堀江は水流を滞らせるほど草木の生い茂る状態に陥っていた(10)。したがって「難波宅」を「西日本の大動脈である瀬戸内海交通の起点」にあった「宅」とみるのは、むしろ八世紀以前の難波津像に基づく評価であろう。九世紀半ばの宮田麻呂が、津の機能の衰退が明白な難波に「宅」を構えた背景があらためて問われるべきである。

ここで宮田麻呂の所有する経営地の位置に注目すると、文室氏という彼の出自とのかかわりが無視できない。文室氏は天武天皇第四皇子長親王の後裔で、その系統には長親王の子の智奴王と大市王の二系統があるが、宮田麻呂の近江との関係は、智奴王系でこそふさわしい。すなわち、天平十四年（七四二）八月に始まった近江国の紫香楽宮造営において、その造離宮司に任じられたのが後に文室真人の賜姓を受ける智奴王であった(11)。宮田麻呂は近江国甲賀郡にも経営地を持っていたが、紫香楽宮は甲賀郡に造営されているし、何よりその造宮に際しては近江国を上げての協力が求められたはずだから、造離宮司智奴王は甲賀郡だけでなく近江国の各郡にも影響力を行使し得たはずである。さらに、宮田麻呂の「難波宅」に関しても、智奴王が天平勝宝六年（七五四）四月以後の約三年間、難波津も管理する摂津大夫の任にあったこととの関連が留意される(12)。貴族層の宅・庄・田園地といった生産組織の子孫への相伝は、七世紀から八世紀前半にまで遡ることが指摘されているが(13)、宮田麻呂が近江・難波に展開した経済的基盤は、智奴王に代表される文室氏の両地域への関係を引き継ぎながら形成された可能性が高いとみられるのである。「難波宅」も、彼の筑前における国際交易への参加を契機に成立したのではなく、それ以前から所有していたとすべきである。

以上のことから、「難波宅」が宮田麻呂の経営拠点の重要な一つであった可能性は高いが、その背景を筑前での国際交易と直結させて、そこから彼を貿易品を国内で売却し利を得る「輸入業者」もしくは「商人」とみなす根拠は極めて薄いことになる。したがって、宮田麻呂の筑前における新羅人との交易目的を、個別・私的な商業的利潤の追求とみなすこれまでの研究には、再検討の余地があると考える。

2 宮田麻呂の「謀反」と承和の変

さて、前述のように、筑前で来航新羅人との間にトラブルを起こした宮田麻呂は、翌承和十年（八四三）十二月、従者陽侯氏雄の密告により謀反の罪を負うこととなる。この時、内竪が派遣されて宮田麻呂を蔵人所に召喚し、「京宅」からは「兵具、弓十三枝、胡録三具、箭百六十隻、剣六口」が、「難波宅」からは「兵器、冑二枚、零落甲二領、剣八口、弓十二張、胡籙十具、桙三柄」が、それぞれ証拠品として押収された。宮田麻呂は伊豆国へ配流となり、息子の内舎人忠基と無官安恒、従者二人、僧神叡もそれぞれ配流の罪を受けた。一方密告者の陽侯氏雄には大初位下が授けられ、筑前権少目に任じられている[14]。ところが貞観五年（八六三）の御霊会では、宮田麻呂の謀反が「崇道天皇、伊豫親王、藤原夫人、及観察使、橘逸勢」らの事件とともに冤罪と宣言されることになった[15]。

従来、史料に詳細の伝わらないこの宮田麻呂の「謀反」について、逮捕時に兵具が少なく、有力な共犯者もないこと、また前年の承和の変で宮田麻呂と同じ文室朝臣氏の秋津が連坐したことなどから、単独の事件ではなく、承和の変の余波ではないかとする理解が示されていた[16]。承和の変とは、周知のように、東宮坊帯刀伴健岑・但馬権守橘逸勢らの、嵯峨太上天皇の死を契機とする皇太子恒貞親王を奉じた「謀反」計画の発覚に端を発した政変のことである。この「謀反」計画は、上皇死没の直前、平城天皇の皇子阿保親王から嵯峨太皇太后（橘嘉智子）へ密告され、中納言藤原良房へも伝わる。そして、嵯峨太上天皇の葬儀の翌日の承和九年七月十七日、主謀者とされた伴健岑と橘逸勢やその同族が捕らえられた。さらに二十三日には、皇太子の直曹が包囲され、恒貞親王は皇太子の地位を剝奪され、親王側近らも幽閉・追放される(17)。その中に、宮田麻呂と同じ文室氏で春宮大夫の秋津が含まれていた。天長十年の恒貞親王立太子とともに春宮大夫に就任していた秋津は、変への連坐で出雲員外守に左遷され、そこで翌年三月に死去している(18)。

この承和の変と宮田麻呂の「謀反」との関連を疑う従来からの見方を、宮田麻呂の筑前での交易活動と結びつけながら、発展的に継承したのが保立道久氏である(19)。保立氏は、宮田麻呂が桓武王統にとっての怨霊とされたこと自体、王位継承問題に関わる政争の敗北者・被害者としての性格を示すとして、承和の変との関連性を基本的に支持した上で、宮田麻呂が新羅王権とかかわる張宝高との間に私的な通商関係を結んでいたことが、恒貞派の有力人物の不審な動きとして警戒され排斥されたと推論したのである。

ところが近年、宮田麻呂の「謀反」を承和の変と結びつけるこうした見方に対し、それを否定する別の見解も有力である。すなわち松原弘宣氏は、宮田麻呂の謀反を承和の変によるものと解釈すると、貞観五年の御霊会の時にはすでに故人となっていた秋津をはじめ承和の変に連坐した中心的人物を差し置き、なぜ変の周辺にあったに過ぎない宮田麻呂が怨霊とされたかが理解し難くなるとし、むしろ筑前での新羅人との交易の事実を重視すべきとして、この謀反の本質を、瀬戸内海交易活動の独占を目論む藤原北家が、国際交易にまで活動範囲を広げた宮田麻呂を脅威とみて抹殺した事件とみる(20)。また山崎雅稔氏は、秋津と宮田麻呂との関係について、同じ氏族という以外、実際に近しい関係にあったと判断できる根拠に乏しいとし、謀反事件の背景にはむしろ新羅人との貿易トラブルがあったとみる(21)。加えて最近では渡邊誠氏が、「謀反」の疑いのかけられた宮田麻呂が、内竪によって蔵人所に召喚されたことから、宮田麻呂は殿中で天皇に奉仕する立場にあった仁明天皇に近い人物とみなして、承和の変との関連を否定しつつ、筑前国守の宮田麻呂は蔵人所―大蔵省・内蔵寮の活動の一端として宝高と交易契約を結んだとした。さらに、仁明王権は新羅朝廷の内訌を背景に交易計画を停止したが、すでに交易契約を結んでいた宮田麻呂が宝高の部下から押収した貨物の返却を拒んだため、これが対外的危機と結びつくことを恐れた政府が、その貨物回収を強行するために「謀反」事件を仕組んだと推測している(22)。

けれども私見では、承和の変との関連を疑う前提の一つとなった宮田麻呂と秋津の関係について、彼らを近親者とみる根拠はあると考える。前述のように、宮田麻呂はその経営地の分布状況から智奴王系の文室氏であった可能性が高いが、智奴王は文室秋津の祖父でもあるからである。また保立道久氏は、宮田麻呂が「京宅」「難波宅」に蓄えていた兵器に関し、秋津の兄で武人として著名であった文室綿麻呂との系譜的関連を想起させるものであること、秋津の弟海田麻呂と宮田麻呂の名前の類似も彼らが近親者であることを示唆するものであることを、その根拠としてあげている(23)。こうした点から、彼らが智奴王後三・四世代内に収まる近親者であったことは認めて良いと思われる。

また、貞観五年の御霊会で同じ文室氏でも秋津ではなく宮田麻呂が怨霊とされたことを以て、宮田麻呂と承和の変や秋津とを結びつける説を批判するのも適切ではないように思われる。こうした批判に対し、保立氏は免官左遷の秋津と極刑対象者となった宮田麻呂の処分の差に留意が払われていないと反論する(24)。加えて、承和の変では春宮坊のほとんどの職員が左遷されているように、春宮坊も謀反の中心とみなされていたと考えられるが、ここで同じ変の首謀者とされながら、但馬権守であった橘逸勢の冤罪が認められながら、春宮坊帯刀の伴健岑に冤罪が確認されなかったことも留意すべきである。すなわち、赦によって配流先の隠岐国から入京しようと試みた健岑には、貞観七年五月、出雲国への遷配の勅が下され(25)、謀反の罪自体が反故にされることはなかった。『続後紀』承和十年（八四三）三月辛卯条の秋津の卒伝も「連㆓坐伴健岑等謀反之事㆒」と明記するように、健岑と同じ春宮坊に仕え、かつそこの大夫であった秋津に復権がなかったことは、春宮坊と変とのかかわりのもとに理解しておくべきである。この点、変の直前まで筑前にあって、春宮坊の一員でもない宮田麻呂と同列には扱えないだろう。

では、宮田麻呂は、蔵人所—大蔵省・内蔵寮の活動の一端として筑前に派遣され、国際交易を担当した仁明天皇に近い官人とみる渡邊誠氏の説はどうであろうか。この説は、蔵人につながる内豎が宮田麻呂を召喚し蔵人所に参上させていることに着目し、これが蔵人所客座の喚問とみなしうること、したがって宮田麻呂は蔵人所に監督されるような殿中で天皇に奉仕する立場にあった人物とみなしうることなどからの推論である。宮田麻呂の筑前における交易を公的活動とみる点は、戸田説を前提とする諸説とは異なる観点を示していて注目されるが、そこから宮田麻呂が恒貞—秋津と異なる政治的立場にあったとまでは推断できないように思われる。蔵人客座の喚問対象は、殿上人のほか、検非違使や衛府、蔵人方の沙汰を受け舗設・殿上の饗饌などに奉仕する諸司が目につくとされるが[26]、承和の変のような天皇家内部の対立を軸とする政争においては、仮に宮田麻呂が殿中に出入りする立場にあったとしても、それが皇太子を支える秋津とは異なる政治的立場であったことを保証しないからである。四位で春宮大夫の秋津も、変直前まで参議兼右衛門督として仁明天皇に近侍していた[27]。しかも、宮田麻呂の蔵人所への喚問については、別に蔵人の帯官を問題とした玉井力氏が、「訴」に対する弁官の権能を反乱密告という非常体制下において蔵人所が一時的に吸収したものとする説も提示していて[28]、こちらの可能性も疑わねばならない。加えて、宮田麻呂が仁明天皇と極めて近しい関係にあったと仮定するならば、仁明王権の謀反人とされるまで、宮田麻呂が王権の意に徹底的に抗して貨物返却を拒み続けたとする推論は、かえって想定し難い事態のように思われる。

ここで、私見の結論を先に述べるなら、宮田麻呂はやはり承和の変で表出した皇位継承をめぐる中央の対立構図において、排斥された恒貞親王派に近い政治的立場の人物であった可能性が高いと考える。それは、前述のように、宮田麻呂が承和の変で罪を負った秋津の近親者とみられるからだけではない。彼は政治的にも、承和の変の前から皇太子恒良を支える勢力に近い存在であったと目されるからである。

すなわち、宮田麻呂の筑前守解任を決した承和八年正月十三日と同日、同じ文室氏で正四位下文室真人名継が官位相当からみてかなり低い下総介に任じられている。名継は承和七年五月の淳和上皇死去の際、御後次第司長官文室秋津の下、その次官に任命されており、文室氏のなかでも秋津と政治的に近しい関係にあったと目される。秋津が御後次第司長官となったのは、『公卿補任』天長七年（八三〇）条にあるように、彼が天長四年から淳和王権下の蔵人頭となったことが関連しているであろうから、名継も秋津同様に淳和の側近的立場にあったのだろう。名継は御後次第司次官の時は従四位下で文室朝臣としてみえていたから、それから承和八年正月までの間に、真人姓を称すようになり正四位下の授位もあったらしい。しかし名継の下総介就任が左遷人事であったことは、後の仁寿元年（八五一）十一月、正四位下であったはずの彼が従五位下から従五位上に叙されていることからも明らかである。この時の名継は再び文室朝臣姓でみえているが、下総介に就任後、彼は真人姓を朝臣姓に戻され、位も正四位下から従五位下にまで落とされていたことになる。一方、宮田麻呂の場合も、僅か八ヵ月での筑前守解任で、しかも次の任官が示されていないから、これも積極的な転任人事とみなせない。当時の仁明王権が宮田麻呂にも消極的評価を下していたことは明らかであろう。同じ文室氏の名継と宮田麻呂の、同日における左遷・解任人事は、その具体的内容は不明にしても関連する人事の可能性が高い。

加えて、宮田麻呂の筑前守就任自体、承和の変に関与して後に宮田麻呂とともに怨霊として祀られる橘逸勢の人事と連動していたことが留意される。『続後紀』によれば、承和七年四月六日の宮田麻呂の筑前守就任は、同日の前任者紀綱麻呂の但馬守転任に連動して行われた。『続後紀』同日条の人事記事はこの二人のみだが、そもそも綱麻呂はほかの任官人事とともにその年の正月三十日に筑前守就任を命じられたばかりであったから、四月六日の宮田麻呂の筑前守就任は、三ヵ月足らずで転任する前任者綱麻呂の異例の人事にともなうものであった。そしてこれは、綱麻呂の但馬守転出が決定した四日前の四月二日、橘逸勢が但馬権守に任じられたことと関連した人事とみられる。つまり筑前守に就任したばかりの綱麻呂は、橘逸勢が但馬権守となったことを受け、急遽但馬守転任となったのであり、そこには中央の橘逸勢周囲の意向が働いていたとみるべきである。そして、その綱麻呂の後任に選ばれたのが宮田麻呂であったことになる。つまり、宮田麻呂の筑前守就任は、橘逸勢が但馬権守に任じられたことから発生した異例の人事異動に連動したものなのである。

ところで、承和の変の背後には、当時の皇位継承をめぐって、淳和・恒貞父子を支える勢力と嵯峨・仁明父子を支える勢力との対立があったといわれている(31)。最近では、固定的な皇位継承原理が未成立の当該期において、変直前に道康親王（後の文徳天皇）が元服し、恒貞親王の皇太子としての地位が不安定化したばかりか、淳和上皇死後、その後見人となった嵯峨上皇も死去したことで、皇太子の地位がさらに危ういものになっていたとみる説もある(32)。ならば、承和七年四月に筑前守に任じられた宮田麻呂が翌年正月にその任を解かれたという異例のスピード解任劇において、この間に淳和上皇が死去している点、その後任には蔵人から転出の南淵朝臣年名があたった点は注目されよう(33)。九世紀前半代において蔵人の地方官への転出が南淵年名と承和九年正月の藤原衛の大宰大弐のみであることは、山崎雅稔氏の指摘するように仁明王権がより直接的に筑前国府・大宰府を掌握しようとしていたものとみなしてよい(34)。こうした経緯から、少なくとも宮田麻呂の突然の筑前国司解任は、仁明・道康系勢力の強い影響下に実行されていたとすべきで、少なくともこの段階において、宮田麻呂の政治的立場がそれらとは対立的なものとなっていたとみられる。しかも「謀反」の首謀者の一人とされた橘逸勢は淳和―恒貞に近い立場にあったはずだから、承和七年の橘逸勢の但馬権守就任と連動した宮田麻呂の筑前守就任は、全体として、淳和—恒貞を支える勢力の意図のもとに行われていた可能性が高い。

以上のことから、宮田麻呂は政治的にも系譜的にも皇太子恒貞を支える勢力に極めて近い位置にあったとみなされる。すなわち、宮田麻呂の謀反が承和の変の直接の嫌疑によるか否かは明確ではないものの、大枠としてはこれが皇位継承問題と結び付く承和の変の「余波」であったと理解して大過ないであろう。しかも宮田麻呂の筑前守就任が淳和—恒貞を支える勢力の意図のもとに行われた可能性が高いこと、その異例の解任が仁明王権の彼に対する不信の表明とみられることから、筑前守宮田麻呂の国際交易には、皇位継承問題とのかかわりも疑われる。九世紀の国際交易と皇位継承問題との関連性については、節をあらためて検討を加えることにしたい。

二 「唐物」の政治性

1 承和期の遣唐使と「唐物」

宮田麻呂が筑前守に就任する七年ほど前の天長十年（八三三）二月、淳和天皇は兄嵯峨太上天皇の息子正良親王に譲位した。仁明天皇の登場である。淳和と、嵯峨の娘正子内親王との間に生まれた恒貞親王が皇太子に立ち、太上天皇は、淳和と嵯峨の兄弟二人となった。この新体制のスタートにともない企画されたのが遣唐使の派遣である。翌八三四年正月、年号が承和にあらたまると、直後に遣唐使の任命が行われたが、その後二度の渡海に失敗し、遣唐使船が唐に到着できたのは、最初の遣唐使任命から四年が経過した承和五年（八三八）七月のことであった。

この承和の遣唐使に天台請益僧として加わり、その後強引に唐に留まり九年間を過ごした円仁の在唐日記『入唐求法巡礼行記』には、以下にみるように、当時の遣唐使一行の、唐における多様で活発な交易活動が比較的詳しく記録されている。

『行記』によれば、唐に到着した円仁は、同門の入唐留学僧円載とともに師最澄の学んだ台州天台山国清寺行きを願いながら、唐朝からその勅許を得られず、揚州から出られない状態が続いていた。そしてとうとう、唐の開成四年（八三九）二月、そのまま遣唐使一行と帰国の途につかねばならなくなったのである。そうしたなか、同月二十日、唐都長安に入っていた遣唐大使一団の一部が、大使の命令で揚州に戻り、円仁たちと合流する。その目的は、長安で希望どおりの売買ができなかったため、揚州で密かに「雑物」を買うことにあった。ところが、市に出向いた彼らの多くは、次々と唐の役人に見つかり連行されてしまう。『行記』開成四年二月二十日条で円仁は、この時彼らが買おうとしていたものが、香薬や、さらには唐が勅で禁じた品々（「勅断色」）であったと書いている。

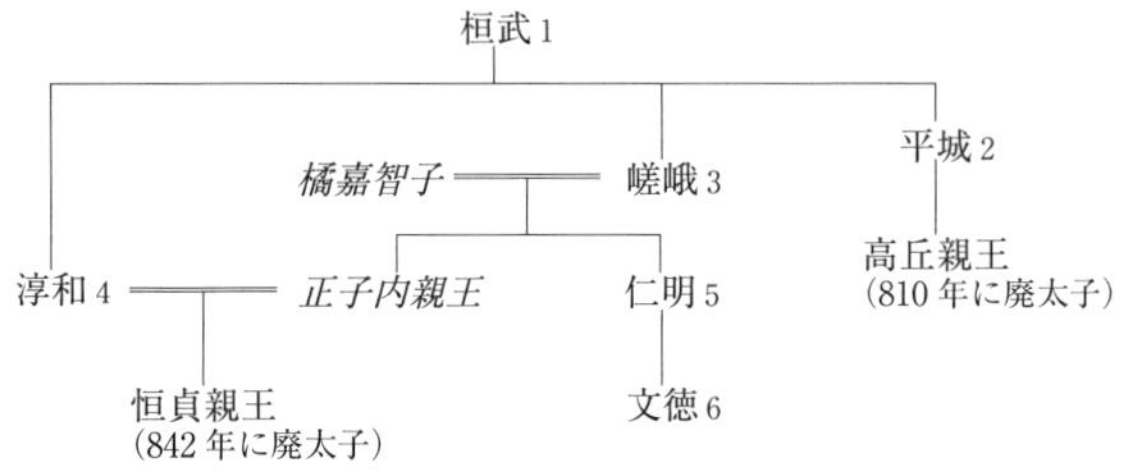

※人名の数字は，桓武天皇から数えた即位の順番.

図１　平安初期の天皇系図

ところで榎本淳一氏によると、唐は、厳しい輸出禁制をしきつつ、朝貢使には禁制品入手の機会を与えることで、朝貢国を招き寄せる方針をとっていた。[35] しかし承和の遣唐使は、唐帝からの回賜品や長安での管理交易において、希望通りの品を十分に得ることができなかったらしい。そこで遣唐大使は、揚州での禁制品購入を決断したのである。要するに、『行記』が描く、唐朝の目を盗み揚州の市を走り回る遣唐使一行の姿も、大使の命を受けた、遣唐使の「任務」遂行の一部を捉えたものということになる。

そしてその「任務」は、もちろん、日本王権の要請と結びついていた。例えば、承和の遣唐使船が日本に帰着すると、中央政府は直ちに、彼らがもたらした「信物要薬等」の陸路での逓送を命じ、その成果を建礼門前でひらかれる「宮市」で支配層に示している。[36] そこに含まれていた「要薬」は、遣唐使の揚州での香薬購入の企てとの関連を想起させる。[37] そもそも承和の遣唐使には従来以上に「唐物」入手の期待が込められていたとされ、[38] 彼らが唐朝の禁制を犯してまで「唐物」確保に必死となったのも、当時の日本王権の強い期待に応えねばならなかったからにほかなるまい。こうして承和の遣唐使がもたらした「唐物」の一部は、歴代天皇のねむる諸山陵にも奉納された。[39] 九世紀前半期、山陵祭祀は天皇家の祖先祭祀として重視され発展したとする説があるが、[40] そうであればここからも、王権が「唐物」保有を、王権の強化・正当化と結びつけて理解し、遣唐使がその一翼を担っていたことが窺える。

けれども、こうして日本から公的に派遣される遣唐使の旺盛な交易活動の成果が、天皇制の一元的支配体制のもと、王権中枢部にすべて回収されたかというと、必ずしもそうとは言い切れない。それは次のような例があるからである。

『行記』大中元年(八四七)六月九日条

得二蘇州船上唐人江長・新羅人金子白・欽良暉・金珍等書一云(中略)書中又云。春大郎・神一郎等、乗二明州張支信船一帰国也。来時得二消息一、已発也。春大郎、本擬下雇二此船一帰国上。大郎往二広州一後、神一郎将二銭金一付二張支信一訖。仍春大郎上二明州船一発去。春大郎児宗健兼レ此、々々物、今在二此船一云々。

右は、遣唐使一行とは別に商船などを利用して入唐し、盛んに交易活動を行う日本の律令官人の姿を捉えたものである。ここにみえる「春大郎」が後に渤海通事や大隅守となる春日朝臣宅成、「神一郎」が後に伊予権掾となる大神宿禰巳井にあたることは、佐伯有清氏の研究に詳しい。[41] また彼らが、唐での交易を目的に日本から派遣された律令官人であったこともすでに指摘がある。[42]『行記』大中元年閏三月十日条によれば、円仁はこの春日宅成・大神巳井の雇った商船に同乗して帰国を計画したが、前掲史料にあるように、彼らは円仁を待たずに帰国してしまったのである。

さて、大神巳井に関しては、『三代実録』貞観十六年（八七四）六月十七日条に「遣下二伊預権掾正六位上大神宿禰己井、豊後介正六位下多治真人安江等於唐家一、市中香薬上」とあって、この時も律令政府に命じられて交易のために入唐したことが知られる。また、『朝野群載』巻一が載せる延喜十二年（九一二）四月八日の「総持寺鐘銘」の略記によれば、祖父越前守藤原朝臣高房の宿願を果たそうとする中納言の藤原山蔭が、多くの「黄金」を「入唐使大神御井」に託して白檀香木を入手し、これで千手観音像を造って、摂津国島下郡に安置したという。この千手観音は、後に長谷の観音像の原像となったらしく、それが『長谷寺霊験記』巻下・第一三「山陰中納言得二聖人告一造二総持寺仏一事」で、父の宿願を果たす山陰中納言の物語として半ば説話化された形で登場する。[43]『長谷寺霊験記』が、この御井（巳井）の生存期と矛盾しないことは、佐伯氏の指摘のとおりである。[44]しかも「総持寺鐘銘」には「入唐使大神御井」とあるから、巳井（御井）は朝廷の使節として入唐したとみなければならない。[45]唐での交易を目的に律令政府によって派遣された大神巳井の、個別貴族と結びついた交易活動の一端が垣間見える。

帰国後の春日宅成も、貞観五年（八六三）のものとみられる唐商陳泰信の円珍宛ての書状、あるいは『行歴抄』天安二年（八五八）十二月二十七日条に登場し、唐商・入唐求法僧・大宰府官人らと個人的な関係を切り結んでいたことが知られる。[46]しかも、前掲『行記』大中元年六月九日条にみられるように、在唐交易活動では男児宗健をともなうなど、その交易のあり方は血縁も動員し、人的ネットワークを駆使したものであった。またこれと同じころ、おそらく巳井・宅成らと同様の方法で律令官人として唐との交易に従事したとみられる田口円覚が、嵯峨太皇太后（橘嘉智子）の外戚氏族を出身とし、つまりは太皇太后と深く結びついて入唐した人物とみなしうることも留意されよう。[47]政府によって公的に唐へ派遣された律令官人の交易活動には、中央の王貴族層と個別に結びつくルートが内包されていたのである。

したがって、揚州市街で唐国指定の輸出禁止品の購入まで目論んだ承和の遣唐使一行の行動にも、同様のルートが内包されていた可能性が否定できない。実際、遣唐使とともに入唐した円仁の求法活動には、円仁自身の本意は別として、中央の個別的な政治動向との深いかかわりが看取される。例えば、『行記』開成四年（八三九）二月二十七日条によれば円仁は、帰国する遣唐使一行と別れて台州に向かうことになった円載に対し、天台座主円澄から預かった唐天台山国清寺宛の書簡と納袈裟、日本天台教団が未決とする疑問集などを託したと記している。このうち、納袈裟は、円澄のすすめにしたがって、皇太子恒貞親王の母正子内親王が縫製したものであった(48)。また、円仁を遣唐使に推薦したとみられる延暦寺俗別当の藤原朝臣三守も(49)、恒貞立太子とともに東宮傅に任じられているから(50)、遣唐使船に乗る円仁には、皇太子恒貞を支える人々の思いが込められていたとみられる。

さらに、帰国後の円仁が、右大臣藤原良房のあつい庇護を受けたことも知られていて、そこには、生まれて間もない惟仁親王（後の清和天皇）を強引に皇太子にした良房が、入唐求法の成果を持ち帰った円仁に強い期待を寄せたことがあったといわれている(51)。しかも、円仁と良房の関係は、円仁の帰国前から築かれていたようだ。『行記』承和十四年（八四七）十一月二十五日条によると、帰国し大宰府鴻臚館に入った円仁は、直ちに大納言藤原良房らに帰朝報告の一報を伝えているからである。いずれ恒貞廃太子へ動く良房と、円仁の関係も、円仁の帰国以前に遡るとみなければなるまい。遣唐使とともに入唐した円仁の求法活動には、当時の政界の皇位継承問題ともつながる様々な思惑がからみついていたのである。

その後、良房は、仁寿元年（八五一）の円珍入唐の際も、兄良相とともに皇太子惟仁を支える目的でこれを積極的に支援し、幼少の皇太子の安泰・消災を願って胎蔵金剛両部の大曼荼羅像を図写・将来させている(52)。そもそも仏法は国家・王権・身体の護持と結びつくから、皇位継承問題が燻るなか、九世紀半ばの入唐使・入唐僧の成果に競い群がる支配層の動機もこうした仏教の政治性からある程度説明できそうである。香薬も、仏教儀礼や身体護持と深くかかわり[53]、仏法の「効果」につながる期待がかけられた可能性が想定できよう。しかし、例えば貿易陶磁や絹製品など、「唐物」には仏教的側面からだけでは説明しきれないものも少なくない。こうしたモノの政治性をどう読み解くかが次の課題となる。

2　嘉祥二年の算賀と「唐物」

中世の京都では、「唐物」が宴や儀式・法要の室礼（部屋を装飾する道具や調度）、法会の捧物、贈答品などに利用され[54]、そこには政治的・経済的意味も埋め込まれていた[55]。これと同様に、九世紀の宮廷内においても、外来品は、やはり贈答品などとして政治的な機能を発揮していたとみられる。これを示すものとして、まずは以下の『続後紀』嘉祥二年（八四九）の仁明天皇の算賀に関する記事に注目したい。

〔史料7〕『続後紀』嘉祥二年十月癸卯条

嵯峨太皇大后遣㆓使奉㆑賀㆓天皇卌宝算㆒也。其献物、黒漆平文厨子十基〈盛㆓彩帛㆒〉、机二前、就㆑中一前御挿頭〈造㆓沈香山㆒。以㆓純金㆒為㆑鶴。令㆑銜㆓挿頭花㆒〉、一前居㆓和琴二面㆒、黒漆厨子六基〈盛㆓御菜㆒〉、赤漆韓櫃八十合〈納㆓衾幷褂衣㆒〉、樻飯八十合、中取五十二前〈各居㆓折樻食廿合㆒〉、缶四百口〈盛㆓酒魚菜等㆒〉、黒漆棚厨子卌基〈廿基、盛㆓菓子唐餅㆒。廿基、盛㆓鮮物乾物㆒〉、凡厥山海珍味数百捧。既而　天皇御㆓紫震殿㆒、音楽遆奏、歓楽終㆑日。賜㆓諸大夫禄㆒。

〔史料8〕『続後紀』嘉祥二年十一月壬申条

皇太子上表、奉㆑賀㆓天皇卌宝算㆒。（中略）其献物、机二前〈一前、居㆓御挿頭花㆒。一前、置㆓純金御杖㆒〉、御厨子四前〈二前、以㆓煎香㆒作㆑之、納㆓琴四面㆒。二前、以㆓蘇芳㆒作㆑之、納㆓琴譜八十巻一、御装束机十前、黒漆棚厨子四基積二御菓子一、赤漆韓櫃卌合納二衾褂衣一、櫃飯卌合、折櫃食八十合、酒八十缶、魚菜各卌缶、水陸雑物数百捧。既而天皇御二紫震殿一、音楽遞奏、歓楽終レ日。賜二諸大夫禄一。

四十歳以後十年ごとに長寿を祝う算賀は、中国に起源し、奈良時代には日本へも伝わったが[56]、仁明天皇の四十歳を祝うこの嘉祥二年の算賀は、同年三月二十六日の興福寺大法師らの奉献に始まり、同年十二月二十六日の藤原良房主催の酒宴と、殿上侍臣への賜禄で終了する、九ヵ月にも及ぶものであった。このうち、史料7は十月二十三日の太后橘嘉智子による奉献、史料8は十一月二十二日の皇太子道康親王（後の文徳天皇）による奉献を記したものである。

ここで、まず史料7の橘嘉智子の奉献品をみると、彼女の用意した机二前のうちの一つには、純金の鶴などをあしらった沈香製の御挿頭が置かれている。沈香は『新猿楽記』八郎真人の段などでみられるように「唐物」の代表品で、東南アジア・西アジアを原産とする[57]。また、また黒漆棚厨子二〇基には「菓子唐餅」も盛られていた。

次いで史料8の皇太子道康親王による奉献品をみると、御厨子四前のうち二前が煎香で作られ、残り二前が蘇芳で作られている。煎香は、南宋代の淳熙十五年（一一八八）編纂の類書『錦繡萬花谷』前集巻三一・香に、「沈香・青桂香・馬蹄香・鶏骨香・煎香」が同種の木から採取され、「最麁為二棧香一棧或為レ煎」と記されているから、いわゆる浅香のことであろう。したがって、原産地も沈香と同じで、「唐物」の一つとみなされる。なお、『冊府元亀』巻一六九には、後晋の天福七年（九四二）十二月条に、福建の王延義による「餅香・沈香・煎香共六百斤」の献上記事がみえる。また、インド・マレー地域を原産とし、赤色染料として用いられた蘇芳も、『新猿楽記』八郎真人の段などに示されるように、「唐物」の代表品であった。

さらに、これら「唐物」の材で作られ厨子に納められた皇太子献上の「琴四面」や「琴譜八十巻」にも、「唐物」が含まれていた可能性が高い。もし四面の琴がすべて和琴であったならば、嘉智子献上の琴が「和琴二面」と記されたように、「和琴四面」と明記されたであろうし、『三代実録』貞観九年（八六七）十月四日己巳条の藤原朝臣貞敏卒伝には、「鼓琴」「琵琶」を得意とした貞敏が承和の遣唐使に任命され、琵琶の「譜数十巻」と「紫檀紫藤琵琶各一面」を将来するとともに、「琴箏」の「新声数曲」も修得したとあるように、当時、弦楽器やその楽譜、新曲が唐からもたらされていたからである。『三代実録』元慶三年（八七九）十一月十日条良岑朝臣長松卒伝にも「長松無二他才能一、以二善弾レ琴、配二聘唐使一」とあるように、当時の王権は、琵琶・琴の技能を輸入するためだけに遣唐使の人選を行うほど、唐の音楽文化に強い関心を寄せていた。

　また、こうして輸入された唐の音楽文化は、遣唐使派遣を主催した王権の成果として宮廷で披露されたらしく、『続後紀』承和六年（八三九）十月己酉朔条には、藤原貞敏の唐での修学の成果が、帰国早々紫宸殿で開かれた酒宴で披露され、彼の琵琶の調べに群臣が酔ったと記されている。貞敏が将来した紫檀・紫藤の琵琶もここで用いられたであろう。唐からもたらされるモノや技能は九世紀も宴・儀礼・贈答の場で政治的に活用されていたのである。これらは、いわゆる「唐風文化」が華開く嵯峨・仁明王権の時代、宮廷での宴飲の場などで頻繁に外来楽舞が奏されるようになったとする指摘と重なる。(58) なお雅楽寮では、大同期から弘仁期にかけて、外来楽を教習する唯一の機関として、外来楽の楽師の整理が行われたことも指摘されている。(59)

　しかも、『文徳実録』仁寿三年（八五三）二月甲戌条の藤原朝臣関雄の卒伝は、「鼓琴」を好んだ関雄に文徳天皇が「秘譜」を賜い、その調べが良くなったと伝えていて、文徳天皇が「秘譜」を収集していたことが知られる。したがって、その文徳の皇太子時代における、仁明天皇への八十巻もの琴譜の献上にも、「秘譜」と呼びうるような貴重な譜が含まれていた可能性がある。そして皇太子の献上した「琴四面」は、その「琴譜八十巻」を弾くにふさわしい琴であったと想定される。その後の紫宸殿における「音楽逓奏」では、それが披露されたことであろう。

ところで、上述の奉献に関し、目崎徳衛氏は、桓武天皇の専制君主的性格によって造営・遊猟などの機会における奉献宴飲の盛行が引き起こされ、嵯峨・淳和・仁明の時代にこれが奢侈的な奉献儀礼へ発展したと指摘する。そして、その背後に皇親を押し立てて専制君主に接近しようとする氏族や官司の競争があったことを明らかにし、嘉祥二年の算賀もその盛儀の演出が皇太子の祖父藤原良房によって行われたと推察する。(60) また皆川雅樹氏は、この時の皇太子による琴・琴譜の献上について、帝王の習得すべき楽器とされる「琴」の象徴性を利用し、次期天皇の後継者としての存在をアピールしたものと推察する。(61) 事実、文徳天皇だけでなく、嵯峨天皇や仁明天皇も琴に堪能であった。(62) 藤原氏と結びつく興福寺大法師らの奉献で始まり、藤原良房主催の酒宴で終わる一連の算賀には、仁明から文徳への皇位の直系継承をはかる良房の意向が強く反映された可能性は高い。こうした政治的な場において、「唐物」とその文化の保持が誇示された点は注目すべきである。

3　宴と「唐物」文化

加えて当該期は、「諸司諸院諸家」の間でも宴飲が活発化していた。『類聚三代格』巻一九・貞観八年（八六六）正月二十三日官符は、「禁㆓制諸司諸院諸家所々之人焼尾荒鎮又責㆑人求㆑飲及臨時群飲㆒事」「禁㆘制諸家幷諸人祓除神宴之日諸衛府舎人及放縦之輩求㆓酒食㆒責㆗被物㆖事」という二つの禁制を掲げる。これは『三代実録』の同日条にもみえるが、それらによると、当時は、天平宝字二年（七五八）に出されていた「王公以下」への「宴集」に対する規制が緩み、「諸院諸家所々之人」の任官・昇任時に家財を傾けるような盛大な祝宴・群飲が開かれて、客が主人に対し期約を違えば激しく非難し、営設が不具であれば罵倒し侮辱するなどして、闘乱へと発展する場合もあったという。さらに、諸家諸人の六月・十一月の祓除の神宴では、「諸衛府舎人幷放縦之輩」が主人の招きがないまま客となってこれに押し入り、帰る時は被物を要求し、それが拒否されれば詰め寄って罵辱し、あるいは神言に託して唱え、主人を恐喝しているともある。饗宴の場における被物は、そもそも衣服の贈与による政治的な人間関係の形成をねらった側面があったとされるが[63]、この禁制が出された貞観八年正月は、その閏三月に応天門が炎上するいわゆる応天門の変が勃発する直前にあたる。貞観八年正月官符は、こうした京内の緊迫した状況下、「諸司諸院諸家」による饗宴が激しい散財をともないながら、支配層の政治結集・政治関係形成の場として利用されていたことを警戒して出されたものだろう。

ただし、こうした状況は規制の出された天平宝字期以後、貞観期になって再び活発化したというわけではなく、すでに延暦期からその兆候があった。例えば『類聚三代格』巻一九・延暦十一年（七九二）七月二十七日官符によれば、平城・長岡両京で「豪富之室」「市郭之人」が喪儀において「奢靡」を競い典法を遵守せず、「妄結㆓隊伍㆒假設㆓幡鐘㆒」という状況で、同延暦十七年十月四日官符も、京畿内で夜祭歌舞が盛んで男女別なく大騒ぎして闘争などトラブルも多いことも問題としている。これらは、目崎氏の指摘する王権への接近をめぐる氏族や官司の政治的競争が、宴などを介した贈与・散財という形をとって宮外にも広がっていたことを窺わせる。そもそも平安期において「奢侈」は、身分秩序を乱すものと認識されていたから[64]、こうした競争もまた、身分競争としての意味を持っていたはずである。

なお、これらを禁止した貞観八年官符はあまり効果がなかったらしく、『類聚三代格』巻一九・昌泰三年（九〇〇）四月二十五日官符「応㆔重禁㆓断諸司諸家所々人等饗宴群飲及諸祭使等饗㆒事」は、奢侈的な群飲の禁制が天平宝字二年から寛平五年（八九三）まで数度重ねて出されたのに、これらがあまり守られずに、再び宴の競争が激しくなっているとその状況を非難している。しかもその官符によれば、飲宴参加の目的はただ快く酔うことではなく、被物にあったという。

そして、こうした被物を振る舞うような貴族の邸宅での宴においても、「唐物」はやはり重要な役割を果たしていたとみられる。そのことは、この少し後の一〇世紀後半成立とされ、遣唐使も登場する『うつほ物語』のなかに窺うことができよう。

河添房江氏によれば、承和の遣唐使の記憶が織り込まれたとみられるこの物語において、藤原仲忠一族の権威は、遣唐使として渡海し交易船で帰国した祖父清原俊蔭から相続した優れた「唐物」によって表象させられる(65)。その「俊蔭」の巻において、仲忠の父の右大将藤原兼雅邸での相撲の還饗を描いた場面では、被物として通例を超える綾製品をはじめとする高級繊維製品などが準備され、参加者のうち上達部や親王の前には綾布で覆った紫檀の机が置かれて、中将・少将の前には蘇枋(芳)の机が置かれた。また宴を盛り上げる大和琴や琵琶、箏の琴なども備えられ、唐楽である万歳楽などが披露された。『新猿楽記』八郎真人の段によれば、先にみた蘇芳だけでなく、綾・紫檀も「唐物」としてみえる。この場面は、特に絢爛豪華な宴の様子を詳しく描いて兼雅の力を示したものとみられるが、そこには「唐物」とその文化で彩られた宴が、その主催者の政治的権威を表象するものとみなされていたことが示されていよう。

『うつほ物語』が描く、宴を介した「唐物」文化と政治的権威との結合は、紀伊国の掾で大富豪の神南備種松に育てられた源氏の君(涼)の出世物語にも、明瞭にあらわれる。すなわち、「吹上」上巻において、種松は、「財は天の下の国になきところなし。新羅、高麗、常世の国まで積み納むる財の王なり」と表現され、その種松の娘と嵯峨院との間の子として生まれ、密かに紀伊の種松のもとで育てられた源氏の君は、都の貴族をも凌駕する「唐物」であふれた御殿に住み、都から招聘した師のもとで漢籍・音楽を学び、琴の名手に成長したとある。しかもその琴を縁に、源氏の君の暮らしぶりが都にも知られると、都人らは紀伊の源氏の君のもとを訪ね、多くの「唐物」に囲まれた豪勢な宴と、帰京の際に渡される豊富な「唐物」に圧倒される。それらは、帰京した人らによって都で再分配された。次いで「吹上」下巻では、その様子を耳にした帝の紀伊行幸が行われ、これを源氏の君と種松は、またも圧倒的な「唐物」文化・知識を用いた宴で見事に迎える。こうして、源氏の君は帰京の嵯峨院にともなわれて上京して殿上人となり、源氏の君の功により、種松も五位の紀伊権守に任じられる。

以上と同様の地方の宴の現実を、九・十世紀の史料から探し出すのは困難である。しかし、地方の有力層から中央有力者への「唐物」贈与は、平安期に実際に行われていた。例えば『小右記』は、一一世紀前半、筑前高田牧の牧司であった宗像氏から高田牧を領有する藤原実資に繰り返し「唐物」が進上されたことを記しているが、この「唐物」は牧司の職掌によって獲得されたものではなく、社家と対立した宗像氏が独自に入手し個人的に贈与したものであった[66]。『本朝文粋』巻二収載の天暦十一年（九五七）十二月の菅原朝臣文時意見封事は、「一、請レ禁二奢侈一事」として、地位の確保などを目的に、家資を傾けてでも「官途」や「私門」に高価なものを贈与する当時の風潮を諫めるが、宗像氏の贈与にも、同様の動機が働いていたであろう。それは『うつほ物語』の源氏の君や種松の「唐物」の散財・贈与を介した出世物語にも通じる。

加えて考古学からは、尾張の緑釉陶器生産を淳和院が主体となって行い、それらが京内では淳和院・冷然院・嵯峨院、あるいは貴族の邸宅などで消費され、また地方では国司をはじめとする富有層の私的奢侈品として消費されていたとの指摘が、尾野善裕氏によってなされている[67]。東国の遺物・遺跡を検討した田中広明氏も、京から下る官人や王臣佃使、僧侶らが緑釉陶器を消費する中心であり、これが社交場を通じて拡散した可能性を指摘し、初期貿易陶磁の消費者も京から下る国司や勅使、王臣家と結び付き大規模開発を行った人々であったと推定する[68]。貿易陶磁や陶磁を摸した国産の緑釉陶器の地方への拡散は、「唐物」文化を意識した宴が、中央と地方の個別結合の進行とともに、九世紀の地方へも広がっていたことを示唆するものである。

一方、『うつほ物語』が描く都における「唐物」は、特に天皇家の周辺にあふれている。例えば、「菊の宴」巻には、左大将源正頼の室で、嵯峨院の娘でもある大宮が、母の大后のために整えた算賀の場面がある。そこでは、「沈・麝香・白檀・蘇枋」で作られた「御厨子六具」、「薫物・薬」を入れた「御箱」、「唐の御衣」、「沈を丸に削りたる貫簀」、「沈の脇息」、「唐綾の御屏風」、「蘇枋・紫檀」で作られた「御几帳の骨」など、「唐物」の香木や綾をふんだんに用いた調度品が置かれた。被物も準備され、賀宴では、嵯峨の院と大后の前に沈香を火箸にした沈香製の火桶が運ばれて、正頼の娘たちは琴を弾いて披露した。こうした記述は、当時の慣例を踏まえたものとみられ(69)、先の仁明天皇の算賀において、皇太子が「唐物」の香木の御厨子に琴や琴譜を用意したことにも通じる。

また、皇太子道康と琴・琴譜の関係、あるいは嵯峨・仁明天皇の琴技能の習得という事実を踏まえるなら、「俊蔭」巻に、珍奇な琴とその奏法を身につけて帰国した俊蔭に対し、帝が「この琴は、この国に俊蔭一人こそありけれ。学士をかへて、琴の師を仕うまつれ。東宮悟りある皇子なり。ものの師せむ人の難いたすべき皇子にあらず。心に入れて残す手なく仕うまつらせたらば、納言の位たまわせむ」と依頼する場面があるのも留意されよう。『うつほ物語』でも、天皇となるべき皇太子が外来の高度な琴文化を習得すべきことが前提とされているのである。

さらに『うつほ物語』は、「唐物」を立坊ともからめて登場させていることも注目される。すなわち、立坊をめぐる源氏・藤原氏の綱引きを描く「国譲」中巻では、左大臣源正頼の娘藤壺と東宮の間の第三皇子誕生の産養に際し、琴の名手で祖父から「唐物」の優品も相続した右大将藤原仲忠が、様々な珍しい香料を合わせた薫香などで細工する巨大な蓬萊山の造形品を贈り、左大臣家を圧倒する場面がある。入手困難な「唐物」の香料を素材に一〇～一一世紀にかけて流行した薫香が、階級・身分表象機能を持ったことを踏まえるならば、[70]この場面は、「国譲」の上巻で正頼が「ただ今世は、右大将親子の御世になりなむとすめり。（中略）内裏は右大将に適ひたまへば、かのぬしたちもちて、これをと申さば、何の疑ひかあらむ。われも口開くべくもあらず」と語り、右大将仲忠一族の政治力と、その異母妹梨壺の皇子出産・立坊を警戒する話にもつながるとみなければならない。つまりこれらは、優れた「唐物」とその文化が政治的権威を表象し、皇位継承問題の際にも注目されうるものであったことを示している。承和の変の後、恒貞にかわり立太子した道康の「唐物」文化の保持を誇示する姿勢は、この点ともかかわっていよう。

そもそも、官司先買を特徴とする日本律令国家において、国際交易品の獲得は天皇中心の同心円的な官僚制的身分社会と密接な関係にあったから、「外来品」の保持が政治的権威と結びつく構造は決して平安期だけの特徴ではない。[71]しかし承和期前後は、嫡系継承を模索し水面下で激しい闘争が繰り広げられた時代で、[72]かつ海商の頻繁な往来などで私交易での支配層の「唐物」獲得の機会が格段に増加した時代だから、「唐物」が従来以上の注目を浴びるのは当然であろう。そして『類聚国史』巻七八・奉献部天長九年四月己巳条に「恒貞親王献レ物。皇帝宴二南殿一。群臣莫レ不二具酔一。賜レ禄有レ差」とあるように、道康親王同様、恒貞親王も、天皇への奉献で自らの力を誇示しようとしていた。淳和・恒貞父子を支持する政治グループに与し、筑前で「唐国貨物」を待つ宮田麻呂の役割もおそらくここにあったであろう。すなわち宮田麻呂の筑前での交易活動は、彼個人の私的利潤を求めた経済活動などではなく、中央の政治動向と直接つながっていたとみるべきである。だからこそ宮田麻呂の交易は、構造的に、承和の変の「余波」を受ける条件を持っていたのである。

三　文室宮田麻呂と張宝高

1　宮田麻呂の国際交易

文室宮田麻呂と張宝高（保皐）の取引実態を日本政府が把握したのは、宝高が新羅の王位継承に深くかかわり、娘を新羅文聖王の妃に入れようとして暗殺された事件の直後のことであった。これを記録する『続後紀』承和九年（八四二）正月乙巳条の記事を、内容から便宜的に史料9・10と分けて以下に提示することにしよう。

〔史料9〕

新羅人李少貞等卌人到二着筑紫大津一。大宰府遣レ使問二来由一。頭首少貞云、張宝高死、其副将李昌珍等欲二叛乱一。武珍州列賀閻丈興レ兵討平。今已無レ虞。但恐賊徒漏レ網、忽到二貴邦一、擾二乱黎庶一。若有下舟船到レ彼不レ執二文符一者上、並請中切命所在上推勘収捉。又去年廻易使李忠揚円等所レ賫貨物、乃是部下官吏及故張宝高子弟所レ遺。請速発遣。仍賫下閻丈上二筑前国一牒状上参来者。公卿議曰、少貞曾是高之臣。今則閻丈之使。彼新羅人、其情不遜。所レ通消息、彼此不レ定。定知、商人欲レ許二交通一、巧レ言攸レ偁。今覆二解状一云、李少貞賫下閻丈上二筑前国一牒状上参来者。而其牒状無下進二上宰府一之詞上。無二乃可一レ謂レ合レ例。宜二彼牒状早速進上一。如牒旨無道、附二少貞一可二返却一者。

〔史料10〕

又曰。李忠等廻易事畢、帰二向本郷一、逢二彼国乱一、不レ得二平着一。更来二筑前大津一。其後於呂系等化来云、己等張宝高所レ摂嶋民也。宝高去年十一月中死去、不レ得二寧居一。仍参二着貴邦一。是日、前筑前国守文室朝臣宮田麻呂、取二李忠等所レ賣雑物一。其詞云、宝高存日、為レ買二唐国貨物一、以レ絁付贈。可二報獲一物、其数不レ尠。正今宝高死、不レ由レ得二物実一。因取二宝高使所レ賣物一者。縦境外之人、為レ愛二土毛一、到二来我境一、須下欣二彼情一令上レ得二其所一。而奪二廻易之便一、絶二商賈之権一、府司不レ加二勘発一。肆令二幷兼一、非レ失二賈客之資一、深表レ無二王憲之制一。仍命二府吏一、所レ取雑物、細砕勘録、且給且言。兼又支二給粮食一、放二帰本郷一。

史料9は、宝高を討った閻丈（閻長）の筑前国宛て牒状を持ち来日した李少貞らが、宝高の死を伝えて、逃亡した宝高一派の引き渡しを日本に要求したことに関する「公卿議」を記したもの、史料10は、前筑前国守文室朝臣宮田麻呂が宝高配下の新羅人から「雑物」を差し押さえていたことが発覚し、これに対する「公卿議」を記したものである。史料10によれば、宮田麻呂は宝高存命中、彼に絁を「付贈」し「唐国貨物」を得る手はずを整えた。ところが、宝高の急死で約束の貨物を得ることが難しくなり、承和八年末ごろ、宝高の死の混乱で再来した宝高配下の李忠らからその代物として「雑物」を強引に差し押さえたという。中央政府は新羅人からの訴えがあるまで、その間の経緯を把握できていなかったらしい。入手予定の「唐国貨物」が「其数不レ尠」と主張する宮田麻呂の言葉からは、宝高との間に相当数の具体的な物品取引の約束があったことが窺われよう。

この宮田麻呂と宝高の交易契約自体は、渡邊誠氏が指摘するように、直ちに国家の定める官司先買制を侵犯するものではない。宝高の交易船が、宮田麻呂との契約にしたがい日本に多くの「唐国貨物」をもたらしたとしても、その物品が結局官司先買の対象にされてしまえば、官司先買制は守られるからである[73]。ただし『類聚三代格』巻一八・天長八年（八三一）九月七日太政官符によると、当時の大宰府による国際交易の管理は、商船来着の場合、船内貨物を調べて官司先買を行い、以外は府官検察のもと估価に基づき民間での交易を許可するもので、民間交易でも估価遵守のための管理は行われるべきであった。ところが史料10によると、宮田麻呂は代価の絁を先に渡し、しかもそれを宝高への「付贈」と称しているから、表向き、絁も個々の品物に対応する代価ではなく宝高への贈与物として渡された可能性が高い。しかしその目的は「為レ買二唐国貨物一」であって、後の日宋貿易で指摘されている官吏が海商に貨物を託し行う交易が、[74]このころすでにみられたことを示している。一方、後日宝高からは多くの「可二報獲一物」が届くはずだったとされているから、これらは「報」という返礼的形式をとって後に宝高から宮田麻呂へ渡されることになっていたのだろう。すなわち交易船の往還を利用し、大きな時間差をともなう互いの「贈」―「報」で交換を成立させる交易は、天長八年官符の想定した、商船来航時に大宰府検察のもと估価を遵守して行われる民間交易とは異なる形式をとっていたとみなければならない。

　しかし、こうした表面的には贈答形式をとる交易形態は、大宰府管理下の交易港にあって決して珍しいものではなかったとみられる。例えば、『高野雑筆集』下巻所収「唐人書簡」には、九世紀の半ば、鴻臚館に寄港する日唐往還の商船を利用し、在日唐僧義空と唐の商人・僧侶らが、両土の特産品を贈与しあう姿が記録されている。[75]その書簡⑯において、鴻臚館来着の唐商は義空に「五斤の香は処置せり」と書き送っていて、これが義空の依頼を受けて処置されたものであることを窺わせる。また、書簡⑱では「家兄の書中に綾一疋有り。官中の収市を被り出すことを得ず。今、百和香十両をもちて後処に充て代う」とあり、海商のもたらす贈物が官司先買対象とされた実態が確認できるとともに、[76]その場合も海商らは、代替品を渡すことで対応していたことが知られる。また『扶桑略記』寛平二年（八九〇）十二月二十六日条に引用された『宇多天皇御記』の円珍奏上には、唐商とみられる「楊州人」が日本で不足する経典の入手を依頼する円珍の「言」を信じて、経典五〇巻を日本に送り、それに「歓喜」した円珍が砂金を「贈」って「其の意」に「答」えたことも記されている。「贈」と「報」によって成立する宮田麻呂と宝高との交易でも、同様のことが想定されるだろう。

2　宮田麻呂と宝高の接点

一方、宮田麻呂と交易関係を結んだ張宝高の目的を史料は直接示さない。しかし当時の新羅でも、先にみた日本における「唐物」需要と似た動きが起こっていたことに留意が必要である。すなわち、『三国史記』雑志第二によれば、新羅も日本と同様、国産品を軽視し外来品に競い群がって身分制を脅かすほどの状況にあり、興徳王の九年（八三四）、身分制に応じた奢侈品の使用制限令をあらためて出すに到ったという。こうして使用を制限された品には、新羅の交易者たちによって揚州あたりで入手されたとみられる紫檀・沈香・玳瑁など、中国西南海地方のものも多く含まれていた。(77)王権の混乱期に入った新羅でも、支配層が外来品を政治的競争に次々と投入し、それが既存の身分制を相対化しかねない状況を生み出していたとみられる。

そしてこれを規制しようとした興徳王権こそ、張宝高率いる新羅人交易者たちの組織を清海鎮として公認し、彼ら海上交易勢力の取り込みをはかった王権である。宝高は、もと新羅の海島出身者で、八世紀末か九世紀初頭ごろ、政治・社会情勢の不安定化した新羅から唐へ渡った。その唐で、安史の乱後に成長した山東半島の反唐勢力を鎮圧する武寧軍に身を投じ、軍中小将の地位まで達したが、八二〇年代末ごろには帰国して黄海海域の新羅人交易者たちの支配をおしすすめ、興徳王権から清海鎮大使に任じられて、黄海を中心に唐—新羅—日本を結ぶ交易世界をリードする存在に登り詰める。(78)宝高らの活動が、新羅の政治と外来品との結びつきの激化に大きな役割を果たしていたことは間違いない。(79)

ところで『行記』開成四年（八三九）六月二十七日・二十八日条によれば、唐は新羅で新たに即位した神武王を慰問する遣新羅使を派遣している。この使節は、冊立使とみられるが、新羅へ向かうその唐使らは唐船ではなく、「張大使交関船」、つまり宝高の交易船を利用して、「大唐売物使」の肩書きを持つ宝高配下の清海鎮兵馬副使崔暈らとともにあった。神武王は、新羅の王位継承が混乱するなか、張宝高の助けを借りて八三九年に即位した王である。この王を冊立するための唐使が、宝高の交易船に乗っていたことは、宝高の交易活動が、神武王権への支援と結びついたものであったことを端的に示している。

しかし、神武王はその年の七月に急死し、神武王の子文聖王が即位する。宝高が大宰府を介して「遣使献方物」を行ったのは翌八四〇年の十二月のことであった[80]。神武王死後、政治的立場が不安定化した宝高が、日本王権との連携をはかったものであろう。しかし、そこで「人臣無㆓境外之交㆒」との原則を持ち出した日本政府は、年が明けた承和八年（八四一）二月、宝高の使を「他臣」による遣使と断じ、大宰府に宝高進上の「馬鞍等」を返却し、「随身物」は沽価に準じて「民間」での交易を許可するよう命じている[81]。納妃問題で表面化した清海鎮と新羅王権との政治的・経済的対立によって宝高が暗殺されたのはその年の十一月であった[82]。したがって、その直前の宝高による日本への遣使・交易も、新羅の王位継承問題に深く関与することとなった彼の政治的活動と一連のものとみなしうる。また、これを受け付けず「方物」を返却した日本政府の対応は、これまでも指摘されているように、宝高の政治的意図による遣使によって、新羅王権内の紛争が日本へ波及しかねない危機を懸念したためであろう[83]。

しかし、こうして日本政府が遠ざける宝高と、宮田麻呂は取引を試みた。宮田麻呂は宝高が遣使を行った半年以上前の四月に筑前守に就任し筑紫にあった。史料10のいう宝高との取引については、同年末来航の宝高使との間のものとする見方と[84]、それ以前に来着した交易船との間のものとする見方がある[85]。いずれにしてもこの取引は、中央政府が宝高使にも許可した沽価に準じた「随身物」の「民間」交易と異なり、代価を先渡しして「唐国貨物」購入を依頼する、両者の信頼関係に基づく「付贈」交易として行われた。

この筑紫を舞台とした宮田麻呂と宝高との接近に関し、まず留意されるのは、宮田麻呂の帯した筑前守の職である。なぜなら、宝高と筑前国司との個別的な結び付きには前例があるからである。『行記』開成五年（八四〇）二月十七日条が載せる円仁の清海鎮大使（張宝高）宛て書簡において、円仁は、「筑前太守」より「書一封」を預かり宝高へ献じるつもりであったが、唐来着時の座礁でそれが流出してしまったと述べている。円仁が渡唐した承和五年（八三八）以前の「筑前太守」は、筑前権守であった小野朝臣末嗣が該当し(86)、宝高が宮田麻呂以前の筑前国守とも人的関係を構築していたことは確実である。

ただし、筑前国司の新羅交易者への接近は、その制度的裏付けが明確でない。周知のように、職員令大宰府条では大宰府が「帯」して独自の機構を持たない筑前国は、天平十四年（七四二）に別置されて以降、廃止と復置を繰り返し、大同三年（八〇八）五月に大宰府の監・典各二員を減じて筑前国司を置いてからは(87)、この状態が継続することとなる。けれども、養老職員令で「蕃客・帰化」の職責が大宰府と壱岐・対馬・日向・薩摩・大隅などの国のみの規定となっていることを重視すれば、大同三年の筑前国司常置後も、筑前国内における「蕃客・帰化・饗宴」などの対外的業務は、筑後・肥前・肥後などと同様、あくまで大宰府管轄が前提であったとみるべきだろう。史料9の「公卿議」において、新羅人提出の牒状に「進上宰府」の詞がないことが問題視されたのも、このことと関連しよう。

しかしそれは、「化外」からの来着者の多い筑前・筑後・肥前・肥後らの国司が、対外的業務と無関係であったという意味ではなかろう。例えば、『続後紀』承和元年（八三四）三月丁卯条に「勅。在二大宰府一唐人張継明、便令下肥後守従五位下粟田朝臣飽田麻呂一相率入上京」とあるのは、張継明の来着に対する肥後守の関与を前提としなければ理解できないように思われるからである。この点で、次の『日本紀略』弘仁四年（八一三）三月辛未条も注目されるであろう。

大宰府言。肥前国司今月四日解稱。基肆団校尉貞弓等、去二月廿九日解稱。新羅一百十人駕二五艘船一、著二小近嶋一、与二土民一相戦。即打二殺九人一、捕二獲一百一人一者。又同月七日解稱。新羅人一清等申之。同国人清漢巴等、自二聖朝一帰来。云々。宜二明問定一。若願レ還者、随レ願放還。遂是化来者、依レ例進止〔上カ〕。

右によれば、弘仁四年、小近島来着の新羅人と「土民」との間で紛争が発生し、これを基肄軍団の校尉が肥前国に報告したので、肥前国司はその事実を同年三月四日に大宰府へ報告した。その後、肥前国司は新羅人一清らから新羅人清漢巴一行が日本より新羅へ帰国したとの情報を得て、これも同月七日に大宰府へ伝えている。一清らの伝えた清漢巴の帰国は、『日本後紀』弘仁三年（八一二）三月己未朔条に「新羅人清漢波等流来、依レ願放還」とある記事とかかわるものと思われ、日本から放還措置を受けた新羅人のその後の消息が、肥前国領内来着の新羅人から肥前国司に伝えられ、これが大宰府に伝達されたとみられる。つまり、大宰府の把握した来着新羅人に関する情報も、肥前国の官制組織の対応の上に得られたものということになる。

ならば、前掲史料9で、李少貞が本国から持参してきた「閻丈上二筑前国一牒」があらためて留意されるだろう。これによれば、閻丈や李少貞は、日本来着時の筑前国府との行政的な接触を予め想定していたとしなければなるまい。中央はその牒状に「進上宰府」の詞がなかったことを「例」と異なると問責したが、来航した少貞は「曾是高之臣」とされているように、彼はもと張宝高配下に名を連ねた人物である。『日本紀略』弘仁十一年（八二〇）四月戊戌条には「唐人李少貞」として出羽国漂着がみえ、早くから日本との交易にかかわった在唐新羅人であろう。したがって少貞らの筑前国への牒の提出は、そもそも従来からの日本での行政手続きの実態を踏まえての判断だったはずである。ここに、筑前国の、大宰府のもとでの対外業務の分担を窺うことができるだろう。

しかも来航した新羅人が、すぐには帰国せずしばらくの居留を選択するならば、彼らに行政的に接すべき当地官人層との関係はさらに深まっていったとみられる。その具体例を、弘仁六年（八一五）に大宰府に来航した新羅還俗僧信恵にみることができる。

『行記』会昌五年（八四五）九月二十二日条は、唐山東半島赤山院居住の新羅還俗僧李信恵が、弘仁六年（八一五）に大宰府に来航してそのまま八年間滞日した経歴を持つこと、この間筑前国太守の「須井宮」の「哀憮」を受けたこと、その後天長元年（八二四）に渡唐して赤山法花院に入ったことなどを記す。信恵が天長元年に離日した契機は、「帰化」を称して大宰府管内で交易活動を行う新羅人らに対し同年に出された陸奥移配を命じる格を嫌ったためとみられ、信恵は「帰化」を称して大宰府管内に留まり交易に携わった新羅人の一人とみなしてほぼ間違いない(88)。しかも、戸令没落外蕃条にあるように、戸貫に附される前の来着の「帰化人」は所在の国郡が保護するのが国家の建前であったから、筑前国守「須井宮」の信恵への「哀憮」は、おそらくこの制度を根拠とするものだろう。ここにも、筑前国の対外業務への関与が示されるとともに、それが人的関係にまで発展していた様子が窺われる。宝高と筑前国司の双方に深い関係を持つようになった信恵のような滞日経験者が、両者を結びつけることもあったに違いない。

以上のことから、筑前国司は、本来的に来航・在留する国際交易者と接触する環境を、公的に与えられていたとみなしうる。したがって、宝高派遣の交易船との取引に、宮田麻呂が筑前守としての立場を利用したことは十分考えられよう。しかも、宮田麻呂の筑前での交易活動が恒貞皇太子を擁する政治勢力とつながっていたとの先の検討結果を前提とするならば、対外交易で公的に有利な立場を持つ筑前守への宮田麻呂の就任は、こうした政治勢力の期待を受けた人事とみなすべきである。宮田麻呂の筑前国守就任と解任の短期の間に淳和上皇が死没していること、文室秋津が淳和王権下の蔵人頭にあったことなどを考慮するなら、宮田麻呂の筑前国守の人事に淳和上皇の意向が働いていたことも推測されよう。これに対し、承和八年初頭、仁明王権は宮田麻呂を排除し、その後任に蔵人からの転任者を配置して筑前国への直接的影響力を高めたことはすでに述べた。

四　大宰府と唐物使

1　承和の変後の大宰府

ただし、宮田麻呂の筑前国守解任と仁明王権による筑前国への関与の強化は、淳和上皇の死去だけが契機となったわけではあるまい。宮田麻呂の筑前守解任は、上皇死後半年以上後のことであり、むしろそれは仁明王権が警戒した宝高の使者の来着直後、まだその使者が帰国せぬ間に決定した点にこそ注目すべきである。従来から指摘されてきた当該期の新羅王権内の対立の日本政治への波及の問題は、皇位継承問題の対立構図のなかで交易活動を行う宮田麻呂が、この時筑前国の行政機構を通して、同じく新羅王権内の対立の渦中に外交的な活動を活発化させた張宝高の使者と接触する環境にあったという事実において、確かに当時の仁明王権に現実的・具体的な危機として認識されうる条件があった。

けれども前述のように、筑前国守として宝高使と接触すること自体は咎めようがなく、中央が表向き、彼の解任理由をいかなるものに求めたかは判然としない[89]。しかし宮田麻呂に対する仁明王権の懸念は、宝高死去の情報を得て廻易使李忠らの雑物を差し押さえた彼の行動により表面化した。史料10によれば、新羅人の雑物を差し押さえた宮田麻呂を許した大宰府が激しく叱責されているが、式部大輔で蔵人頭の藤原衛が大宰大弐に任命されたのはその三日後のことであった[90]。この段階において、仁明王権は筑紫で展開する皇位継承問題とも結び付く交易関係を、大宰府機構を使って統制しようとしたらしい。『文徳実録』天安元年（八五七）十一月戊戌条の藤原衛卒伝によれば、衛はその重責に「思二力於内一、図二任於外一、如三蚊虻之負二丘山一」と言って任官を断ろうとしたが、仁明天皇は許可しなかったという。承和の変は、この半年後に起こった。

一方、大宰府に赴任して実際にその対策にあたった衛は、現場において極めて厳しい認識を持ったようだ。そのことは、廃太子恒貞にかわり道康親王が立太子となった十一日後の承和九年（八四二）八月十五日に中央で裁可された、衛の四条起請に示されている。この四条起請の内容は『続後紀』承和九年八月丙子条にみえるが、それは全体として前筑前国守で筑紫を拠点に宝高との取引を行った宮田麻呂や、前豊後介で日田郡の「私宅」を拠点に活動した中井王のように、「未得解由」を逆手にとった前任国司の留住活動に対処しようとしたものとみられている[91]。ここで、四条起請のうち、官符乱用による浪人の不正徴発の禁止を訴える第三条と、大宰府警備を理由とした私的開墾の禁止を訴える第四条は、そのまま中央政府によって許可され、「未得解由」の前任国司に帰京を促すよう求める第二条は、原則を承認した上で、欠負官物は塡納させよとの条件が付加された。しかし起請冒頭の、新羅による「寄二事商賈一、窺二国消息一」を警戒し「新羅国人」入境の一切禁断を訴える第一条については、「商賈之輩」の来航を引き続き認めるべきとする根本的な修正が加えられ、この件に対する中央政府と大宰大弐の認識に大きな相違がみられる[92]。

西海道の国司らも来航者の保護・管理にかかわる以上、留住する前任国司らへの統制だけでなく、来航する「新羅国人」の入境自体を拒絶しない限り、「寄二事商賈一、窺二国消息一」という事態が断ち切れないとする衛の起請は、筑前国司と宝高との交易関係の事実からみても、筋の通る訴えではある。ところが、『類聚三代格』巻一八をみるならば、「新羅国人」入境の一切の禁断を訴える衛に対し、承和九年八月十五日の「応レ放二還入レ境新羅人一事」という太政官符の中身は「専禁二入境一、事似二不仁一。宜下比二于流来一、充レ粮放還上。商賈之輩飛レ帆来着、所レ齎之物任聴二民間一令レ得二廻易、了即放却。但不レ得下安二置鴻臚館一以給上食」という中途半端なものであった。すなわち、国際交易において官司先買の拠点となった鴻臚館から「新羅人」を締め出しつつ、「民間」交易は許可するという措置である。(93)国際交易者を官司先買対象から外したうえでの「民間」交易の許可は、王権に交易上の直接的な益をもたらさないし、官司先買を軸とした従来の日本の対外交易政策とも明らかに矛盾する。しかも、在唐新羅人は「唐人」とされ、鴻臚館への安置も許されたように、(94)東アジアの複数の拠点にネットワークを築いた新羅人の活動を止めるにはまったく不十分なものであった。(95)承和の変によって皇位継承問題の矛盾をひとまず抑え込んだ仁明王権は、「新羅人」と政府との直接取引を遠ざけながらも、「民間」の国際的な交易需要には応える姿勢を示し、この「民間」交易の管理を衛のいる府官に任せたことになる。一方、その翌年には宮田麻呂を謀反の嫌疑で排除し、宮田麻呂の従者で主人の謀反を密告した陽侯氏雄をその功により筑前権少目に任じている。仁明王権は、宮田麻呂の交易活動を熟知していたであろう氏雄も取り込んで、蔵人から転出した南淵年名が守を務める筑前国の行政組織に組み込んだのである。承和の変前後の仁明王権は、総じて、任官によって大宰府・筑前国への影響力を強めることで、九州北部の国際交易をめぐる矛盾を抑え込もうとしていたとみられる。

　しかし、嘉祥三年（八五〇）に仁明天皇が死去し、文徳王権が始まると、大宰府は再び管内支配に大きな不安を抱えるようになる。すなわち『類聚三代格』巻七・斉衡二年（八五五）二月十七日官符は、大宰府から「傾年国宰踈慢殊甚。違レ命者衆応レ召者寡。或嬾レ出二国境一、廻避不レ来。或雖レ到二府頭一、拒捍徒帰。弥有二積習一曽無二悛悔一。庶政稽擁莫レ不レ由レ斯」という報告を受け、こうした大宰府の命令や召喚に従わない管内国司に対し、「如レ斯之輩、若遣レ使撿察事迹分明者、五位已上奪二其位禄一、六位已下没二其公廨三分之一一」という大宰府側の要望を了承している。さらに『類聚三代格』巻一二によれば、同じ斉衡二年の六月二十五日の官符が、延暦十六年（七九七）四月二十九日に大宰府に下した符を引用し、「件格年紀已久、風威陵遅」ということで、その格を厳格に遵守するよう、府司にあらためて求めている。その延暦十六年の符とは、「秩満解任之人、王臣子孫之徒、結レ党群居同悪相済、佞二媚官人一威二陵百姓一、妨レ農奪レ業、為レ蠹良深」という状況を踏まえ、それを厳しく取り締まるよう求めるものであった。要するに、文徳王権の前期には、宮田麻呂のころと同様、大宰府を軽んじる管内国司が横行し、留住する前任国司や王臣家につらなる人々の活動が再び警戒水域に達していたらしいのである。しかもこうした大宰府による管内支配への不安が仁明王権末期にすでに意識されるようになっていたことは、『文徳実録』仁寿二年（八五二）二月乙巳条の滋野朝臣貞主の卒伝に、嘉祥二年（八四九）のこととして、「于レ時大宰府吏多不レ良、衰弊日甚」とあることから明らかである。

2　唐物使の登場

そして、大宰府へ派遣される唐物使の初見も、中央において、この大宰府の管内支配が不安視されるようになった時期とちょうど重なっている。

唐物使は、中国海商との交易において官司先買・管理交易を遂行するために中央の蔵人所から大宰府に派遣される臨時の使者である。すなわち、大宰府から朝廷へ「大唐商客」来航の報告があると、政府はその安置の可否を決定し、安置となった商客のもとへは蔵人所から唐物使が派遣されて、その管轄のもと「唐物」の検査・選別・購入が実行された。その際に彼らの安置の場所となったのがやはり鴻臚館であった[96]。要するに、それまで大宰府が負ってきた管理交易実務の多くが、中央から臨時に派遣される唐物使に移されることになったのである。

こうした唐物使の初見については、従来、西海道に来航した陳泰信の、正月四日の日付を持つ円珍への書状に求める見解が有力であった。そこに「従二京中一朝使来、収二買唐物一」とみえ、書状は貞観五年（八六三）のものと推察されるからである。(97)ところが『高野雑筆集』下巻収載「唐人書簡」⑱、すなわち鴻臚館に入った唐海商の唐大中六年（八五二）の書簡には、「前月中京使至、竟謝二垂情一、特賜二札示一」とある。この「京使」こそ、唐物使の初見として良いだろう。(98)

ここで留意されるのは、その直前、皇位継承問題が再燃していたことである。すなわち、『三代実録』清和即位前紀によれば、文徳天皇が即位した嘉祥三年（八五〇）、右大臣藤原良房の後ろ盾を持つ満八ヵ月の惟仁親王が三人の兄を差し置いて立太子したことに、当時それを揶揄する童謡が歌われるほど批判が渦巻いていたという。この段階で直系継承の原理が了解されていたとはいえ、生後間もない皇子の立太子は、権力闘争の火種となり得た。(99)そのなかで、前述のように皇太子惟仁親王を支えたい藤原良房らは、仁寿元年（八五一）入唐の延暦寺僧円珍に対し、その求法活動を積極的に援助し、胎蔵金剛両部の大曼荼羅像を図写させ将来させている。皇位継承に不安を抱えるなか、唐からもたらされるモノへの政治的注目は再び高まっていたのである。そのうえ、大宰府は「吏多不レ良」という状態のまま、管内諸国への統率力が落ち、西海道において「秩満解任之人、王臣子孫之徒」の活動が活発化していたこともすでにみた。つまり、承和の変直前と似た暗雲が、大宰府を再び包み込んでいたのである。したがって、文徳王権が蔵人所から唐物使を派遣し、鴻臚館での官司先買を直接掌握しようとしたのは、海商とそれを管理する地方官との不透明な結合を許した張宝高・文室宮田麻呂時代の反省を踏まえてのことだろう。

ところで、同じころ、唐でもこの唐物使に似た派遣官の制度があった。市舶使の制度である。市舶使については日中においてこれまで様々な研究が出されているが、ここで、研究史を踏まえて史料を再検証した中国の鄭有国氏の研究を参照すると、(100)唐代に市舶使が設置された広州において、その管理対象は海外から船でもたらされる南海交易品にあった。市舶使には、当初、現地有力者があてられたが、七二二年（開元十）、宦官でこれに就く者がみえるようになり、開成年間（八三〇年代後半）には宦官の臨時派遣が一般化する。こうして朝廷から市舶使が派遣されると、彼らは地方官の管轄を受けずに交易を処理する権限をふるった。また、こうした制度が出現した理由は、南海交易の最大拠点広州の交易管理権が、もともと地方長官にあったため、交易の利を彼ら地方官に奪われることも多く、その状況を中央政府が危惧したためという。(101)すなわち唐代の宦官の市舶使は、船舶貨物の交易管理を行う臨時の中央派遣官であって、皇帝が南海物産を優先的に入手することを主目的に設置されたものである。

ならば日本の唐物使は、宦官を蔵人に置き換えれば、その様態・機能・目的が唐の市舶使とも似ていることに気づかされる。蔵人は天皇に近侍し内廷経済に深くかかわる令外官であったから、(102)皇帝に近侍し政治に関与した唐の宦官に代替しうる位置を持っている。しかも『行記』大中元年（八四七）六月九日条によると、前述の春日宅成は、広州でも交易活動を行っていた。彼らを通し、広州市舶使の詳細な情報が日本に入る環境もあったのである。つまり、張宝高時代の交易にはなかった唐物使の登場は、唐の市舶使などが参照された可能性が高いと考えられるのである。

むすび

本章では、文室宮田麻呂と張宝高の取引や唐物使の登場の背景などの分析を通して、九世紀日本の国際交易が政治史と絡みつく背景とその構造をみた。考察がやや長くなったので、以下にここで明らかにしたことを簡潔にまとめておきたい。

九世紀に入り、いわゆる「王統迭立」と呼びうるような皇位継承の矛盾を抱え込んだ中央の王・貴族層は、「唐物」文化を身にまとい、かつ分配することで、自己の政治的・文化的優位性を誇示しようと必死であった。これは、天皇中心の同心円的身分社会を「外来品」獲得の階層性でも表現する日本律令国家の構造とかかわる問題だが、九世紀の民間商船の頻繁な往来という新たな条件がこの傾向を激化させたとみられる。筑前国守として新羅の張宝高と取引を行った文室宮田麻呂も、この中央の対立構図において、承和の変で排斥された恒貞親王派に近い立場の人物であったと目される。彼は、おそらくは淳和・恒貞父子を支える勢力に推されて筑前国守に就任し、この政治闘争に必要な「唐国貨物」を入手する役割を担って張宝高と取引を行った。一方、この段階の宝高の国際交易活動にも、新羅王権の動向に深くかかわる彼の政治的動機が働いていた。こうした両国の政治矛盾と結びついた国際交易の展開を警戒した仁明王権は、承和の変後、「新羅人」と王権の直接的な取引を停止し、宮田麻呂にも「謀反」の罪を負わせて追放した。こうして、皇位継承の矛盾をひとまず制した王権は、任官人事などで西海道への影響力を維持したが、仁明王権末期には、大宰府の管内支配が再び悪化する。このため、文徳王権の成立によって皇位継承の不安が再燃すると、王権は、唐広州の市舶使制度なども参照しながら、蔵人所から唐物使を派遣し、大宰府の対外交易を直接掌握しようと試みるようになった。

以上のように、九世紀の国際交易に群がる日本の支配層には、国際交易と「外来品」に政治的社会的意味を見出す政治的・身分的動機が強く働いていた。すなわち、当該期に拡大する国際交易が日本の政治史と密接不可分の関係を持った背景には、国際交易と結び付く古代日本の権力構造の問題があったと考えられるのである。

註

(1) 本書第一部第一章。
(2) 本書序論参照。
(3) 『続後紀』承和九年正月乙巳条、同承和十年十二月条。

（4）石井正敏『東アジア世界と古代の日本』（山川出版社、二〇〇三年）四八～四九頁、松原弘宣「文室朝臣宮田麻呂について」（続日本紀研究会編『続日本紀の時代』塙書房、一九九四年）。
（5）山崎雅稔「貞観五年神泉苑御霊会の政治史的意義―文室宮田麻呂の慰撫を中心に―」（十世紀研究会編『中世成立期の政治文化』東京堂出版、一九九九年）、保立道久『歴史学をみつめ直す』第一部第二章（校倉書房、二〇〇四年、初出は一九九七年）。
（6）戸田芳実『日本領主制成立史の研究』第四章（岩波書店、一九六七年）。以下、戸田氏の見解はこれによる。
（7）関連する条文は、『類聚国史』職官四・天長三年五月壬辰条、『続後紀』承和六年五月戊申条、同七年四月辛亥条、同八年正月甲中条、同九年正月乙巳条、同十年十二月丙子・戊寅・庚寅・癸未の各条。
（8）石井正敏「一〇世紀の国際変動と日宋貿易」（田村晃一他編『新版　古代の日本』二、角川書店、一九九二年）、吉川真司「平安京」（同編『平安京』〈『日本の時代史』五〉吉川弘文館、二〇〇二年）、山本幸男「摂津国府遷建と難波地域―天長二年の施策をめぐって―」（栄原永遠男他編『難波宮から大坂へ』和泉書院、二〇〇六年）など。
（9）山崎雅稔「承和の変と大宰大弐藤原衛四条起請」（『歴史学研究』七五一号、二〇〇一年）。
（10）古市晃「難波地域の開発と難波宮・難波京」（吉村武彦他編『都城　古代日本のシンボリズム』青木書店、二〇〇七年）。
（11）『続紀』天平十四年八月癸未条。
（12）『続紀』天平勝宝六年四月庚午条、同天平宝字元年四月辛巳条、同六月壬辰条。
（13）澤田浩「七～八世紀における王臣家の〝初期荘園〟―藤原氏・大伴氏・他田宮大王系譜王族など―」（林陸朗他編『日本古代の国家と祭儀』雄山閣、一九九六年）。
（14）『続後紀』承和十年十二月丙子条・癸未条。
（15）『三代実録』貞観五年五月二十日条。
（16）坂本太郎・平野邦雄監修『日本古代氏族人名辞典　普及版』（吉川弘文館、一九九〇年）。
（17）『続後紀』承和九年七月条。
（18）『続後紀』承和十年三月辛卯条。
（19）保立道久前掲註（5）論文、同『黄金国家』第二章（青木書店、二〇〇四年）。
（20）松原弘宣前掲註（4）論文。

(21) 山崎雅稔前掲註(5)論文。
(22) 渡邊誠「文室宮田麻呂の「謀反」」(『日本歴史』六八七号、二〇〇五年)。
(23) 保立道久前掲註(19)書一八八〜一八九頁。
(24) 保立道久前掲註(19)書一八八頁。
(25) 『三代実録』貞観七年五月十三日条。
(26) 渡辺直彦『日本古代官位制度の基礎的研究　増訂版』第五篇第四章(吉川弘文館、一九七二年)。
(27) 『続後紀』承和三年五月庚申条、同六年十二月庚戌条、同六年十二月丙辰条など。
(28) 玉井力『平安時代の貴族と天皇』第二部第一章(岩波書店、二〇〇〇年)。
(29) 『続後紀』承和七年五月癸未条。
(30) 『文徳実録』仁寿元年十一月甲午条。
(31) 玉井力「承和の変について」(『歴史学研究』二八六号、一九六七年)、福井俊彦「承和の変についての一考察」(『日本歴史』二六〇号、一九七〇年)。
(32) 神谷正昌「承和の変と応天門の変—平安初期の王権形成—」(『史学雑誌』一一一—一一号、二〇〇二年)。
(33) 『続後紀』承和七年四月辛亥条、同八年正月甲申条。
(34) 山崎雅稔前掲註(9)論文。
(35) 榎本淳一『唐王朝と古代日本』第一部第三章・第四章、第二部終章(吉川弘文館、二〇〇八年)。
(36) 『続後紀』承和六年八月甲戌条、同十月癸酉条。
(37) 榎本淳一前掲註(35)書第二部終章。
(38) 森公章『遣唐使と古代日本の対外政策』第一部第六章、第二部第三章(吉川弘文館、二〇〇八年)。
(39) 『続後紀』承和六年十二月辛酉条・庚午条。
(40) 服藤早苗『家成立史の研究—祖先祭祀・女・子ども—』第一部第一章(校倉書房、一九九一年)。
(41) 佐伯有清「承和の遣唐使の人名の研究」『日本古代氏族の研究』第十(吉川弘文館、一九八五年)。
(42) 村上史郎「九世紀における日本律令国家の対外交通の諸様相」(『千葉史学』三三号、一九九八年)、榎本淳一前掲註(35)書第二部第一章。

(43)『大日本仏教全書』寺誌叢書第二。

(44)佐伯有清前掲註(41)論文。

(45)東野治之「遣唐使の諸問題」『遣唐使と正倉院』第一部（岩波書店、一九九二年）。

(46)松原弘宣「陳泰信の書状と唐物交易使の成立」（『続日本紀研究』三一七号、一九九八年）。

(47)佐伯有清「円珍と円覚と唐僧義空」『最澄とその門流』Ⅲ二（吉川弘文館、一九九三年）。

(48)『元亨釈書』巻二、延暦寺円澄伝。

(49)佐伯有清『円仁』（吉川弘文館、一九八九年）五七～五九頁。

(50)『続後紀』天長十年三月戊戌条。

(51)佐伯有清前掲註(49)書二二九～二三一頁。

(52)佐伯有清『智証大師伝の研究』第三章（吉川弘文館、一九八九年）。

(53)安田政彦『平安京のニオイ』（吉川弘文館、二〇〇七年）一四七～一五三頁。

(54)関周一「唐物の流通と消費」（『国立歴史民俗博物館研究報告』九二集、二〇〇二年）。

(55)橋本雄『中華幻想』Ⅲ・Ⅳ（勉誠出版、二〇一一年）参照。

(56)小町谷照彦「算賀」（『平安時代の儀礼と歳事』〈『国文学解釈と鑑賞』別冊〉至文堂、一九九一年）。

(57)皆川雅樹「九～十世紀の「唐物」と東アジア—香料を中心として—」（『人民の歴史学』一六六号、二〇〇五年）。

(58)荻美津夫『古代音楽の世界』第七章（高志書院、二〇〇五年）。

(59)志村佳名子「平安初期における雅楽寮の再編—「弘仁格」の検討を中心として—」（『続日本紀研究』三七六号、二〇〇八年）。

(60)目崎徳衛「平安時代初期における奉献—貴族文化成立論の一視角として—」『平安文化史論』Ⅰ編（桜楓社、一九六八年）。

(61)皆川雅樹「「琴」の贈答—仁明天皇の算賀を手がかりとして—」（『アジア遊学』一二六号、二〇〇九年）。

(62)『三代実録』貞観十年閏十二月二十八日条、『続後紀』嘉祥三年三月癸卯条。

(63)梅村喬『日本古代社会経済史論考』第一二章（塙書房、二〇〇六年）。

(64)西村さとみ「摂関期の奢侈観に関する覚書」（『奈良古代史論集』二、一九九一年）。

(65) 河添房江「平安文学と異国」（荒野泰典他編『通交・通商圏の拡大』〈『日本の対外関係』三〉吉川弘文館、二〇一〇年）、同「遣唐使と唐物への憧憬」（遣唐使船再現シンポジウム編『遣唐使船の時代―時空を駆けた超人たち―』角川学芸出版、二〇一〇年）。
(66) 正木喜三郎『古代・中世宗像の歴史と伝承』第二編第四章（岩田書院、二〇〇四年）、山内晋次『奈良平安期の日本とアジア』第二部第一章（吉川弘文館、二〇〇三年）。
(67) 尾野善裕「平安時代における緑釉陶器の生産・流通と消費―尾張産を中心に―」（『国立歴史民俗博物館研究報告』九二集、二〇〇二年）。
(68) 田中広明『地方豪族と古代の官人』Ⅳ編第二章（柏書房、二〇〇三年）。
(69) 小町谷照彦前掲註(56)論文。
(70) 安田政彦前掲註(53)書一五六～一五七頁、京樂真帆子「平安京貴族文化とにおい―芳香と悪臭の権力構造―」（三田村雅子他編『薫りの源氏物語』翰林書房、二〇〇八年）。
(71) 本書第一部第一章参照。
(72) 佐藤長門「日本古代譲位論」（『国史学』二〇〇号、二〇一〇年）。
(73) 渡邊誠前掲註(22)論文。
(74) 榎本渉「宋代市舶司貿易にたずさわる人々」（歴史学研究会他編『港町に生きる』〈シリーズ港町の世界史三〉青木書店、二〇〇六年）。
(75) 本書第二部第三章。
(76) 石井正敏「一〇世紀の国際変動と日宋貿易」（前掲註8『新版　古代の日本』二）。
(77) 李基東「張保皐とその海上王国（下）」（『アジア遊学』二七号、二〇〇一年）。
(78) 蒲生京子「新羅末期の張保皐の擡頭と反乱」（『朝鮮史研究会論文集』一六集、一九七九年）。
(79) 山崎雅稔「新羅国執事省牒からみた紀三津「失使旨」事件」（木村茂光編『日本中世の権力と地域社会』吉川弘文館、二〇〇七年）。
(80) 『続後紀』承和七年十二月己巳条。
(81) 『続後紀』承和八年二月戊辰条。なお同承和七年十二月己巳条には「大宰府言。藩外新羅臣張宝高、遣㆑使献㆓方物㆒。即従㆓鎮西㆒

追却焉。為三人臣無二境外之交一也」とあり、大宰府がすでにこの時「人臣無二境外之交一」として宝高使を「追却」したようにも読めるが（森公章前掲註38書第二部第三章）、同承和八年二月戊辰条と対照すると、「即」以下は、承和八年二月に中央が大宰府に命じた宝高使への処遇結果をここに記したとみるのが良いだろう（渡邊誠前掲註22論文参照）。

(82) 濱田耕策『新羅国史の研究—東アジア史の視点から—』第二部第四章（吉川弘文館、二〇〇二年）。

(83) 石上英一「古代国家と対外関係」（『講座　日本歴史』二、東京大学出版会、一九八四年）、山崎雅稔前掲註(9)論文。

(84) 松原弘宣前掲註(4)論文。

(85) 渡邊誠前掲註(22)論文。

(86)『続後紀』承和四年九月辛巳条。

(87)『類聚三代格』巻五・大同三年五月十六日太政官奏。

(88) 本書第一部第二章。

(89) 尊勝院文書の承和八年正月十六日筑前国牒案（『平安遺文』一—六七）によると、この時筑前国は志麻郡で借りていた煎塩釜一口を観世音寺に返却しており、その署名には守の宮田麻呂がみえる。ところがこの三日前、中央では彼の後任人事を決している。筑前国牒案によれば、塩釜の返却は、官符を受けた承和七年三月二十八日大宰府符の煎塩停止の指示を受けたものだが、そうであれば、宮田麻呂は、筑前国守就任直前に大宰府が官符に基づき煎塩停止を命じていたにもかかわらず、観世音寺の煎塩釜を借用した状態を解任されるまで放置していたことになる。ちょうどこの時期、王臣家による山野浜嶋を占有した大規模な塩生産が問題となっていたから（松原弘宣『古代瀬戸内の地域社会』終章、同成社、二〇〇八年）、宮田麻呂もこうした点を看過したことなどが問題とされたのかもしれない。

(90)『続後紀』承和九年正月戊申条。

(91) 山崎雅稔前掲註(9)論文。

(92) 村上史郎「九世紀における日本律令国家の対外意識と対外交通—新羅人来航者への対応をめぐって—」（『史学』六九—一号、一九九九年）。

(93) 本書第一部第二章参照。

(94) 村上史郎前掲註(92)論文、渡邊誠「承和・貞観期の貿易政策と大宰府」（『ヒストリア』一八四号、二〇〇三年）。

(95) 本書第一部第二章。

(96) 稲川やよい「「渡海制」と「唐物使」の検討」(『史論』四四集、一九九一年)、田島公「大宰府鴻臚館の終焉—八世紀~十一世紀の対外交易システムの解明—」(『日本史研究』三八九号、一九九五年)、河内春人「宋商曾令文と唐物使」(『古代史研究』一七号、二〇〇〇年)、渡邊誠「平安中期、公貿易下の取引形態と唐物使」(『史学研究』二三七号、二〇〇二年)。

(97) 松原弘宣前掲註(46)論文。

(98) 本書第二部第三章。

(99) 荒木敏夫『日本古代王権の研究』Ⅲ第二章(吉川弘文館、二〇〇六年)。神谷正昌前掲註(32)論文。

(100) 鄭有国『中国市舶制度研究』第一章(福建教育出版社、二〇〇四年)。

(101) 広州に臨時的に派遣された宦官の市舶使が、開元天宝頃からの海上貿易の活発化を踏まえ、市舶の利を直接中央に収める方針に基づくものであったことは、早くは和田久徳「唐代における市舶使の創置」(『和田博士古希記念 東洋史論叢』講談社、一九六一年)に指摘がある。

(102) 玉井力前掲註(28)書第二部第二章。

第二部　国際交易者と古代日本

第一章　筑前国における銀の流通と国際交易

――銀流通の前提を再考する――

はじめに

近年、藤原京左京七条一坊から銀や無文銀銭の価値尺度機能を示す内蔵寮門牓木簡が出土し、注目されている[(1)]。こうした八世紀前半までの資料に確認される銀の貨幣的流通は、その後衰退したとみられているが、筑前国では「観世音寺早良奴婢例文」（以下「奴婢例文」と記す）によって、銀地金が八世紀半ばを過ぎた天平宝字期でも価値尺度機能を持っていたことが知られる。筆者は以前、この「奴婢例文」の銀の記載を当該期の筑前国の置かれた国際環境のもとに理解する説（以下、旧稿と称す）を提示したことがあるが[(2)]、その後、無文銀銭や富本銭を中心に初期貨幣に関する新たな知見が増加し、当該期の国際交易をめぐる議論にもいくつかの進展があった。そこで本章では、以後のこうした成果を踏まえつつ、旧稿で示した筑前国における銀地金の貨幣的流通の前提について、あらためて問い直してみたいと思う。

一　倭国と金銀

1　装身具にみる金銀の使用

史料上、列島における銀の産出は『日本書紀』（以下『書紀』と記す）天武三年（六七四）三月丙辰条の対馬からの貢銀記事を初見とする。この時、対馬は「銀始出二于当国一。即貢上」と中央へ報告し、『書紀』編者も「凡銀有二倭国一、初出二于此時一」と記すから、倭王権が支配領域内での銀産出を把握したのは天武三年が最初とみられる。ところが、無文銀銭はそれ以前の天智期には登場したとされるから、(3)列島における銀の流通自体は、対馬銀を待たずとも外部からの流入銀によって形成されていたとすべきである。

ところで、楽浪・帯方郡滅亡後の四世紀から五世紀、華北の五胡十六国時代の争乱を契機に移動した中国系の人々は、朝鮮半島や列島社会に様々な影響を与えたが、(4)倭国の五世紀半ば以降の金・銀・金銅製装身具の増加についても、その文化が中国北方の遊牧騎馬民族に由来し、朝鮮半島経由で列島に伝わったとする考古学的知見が示されている。(5)『魏書』高句麗伝によれば、正始年間（五〇四～五〇八）の高句麗の遣魏使が、黄金の産出地夫余が勿吉の手にあり魏に貢金できないと述べていて、朝鮮半島の金銀が華北ともかかわりを持っていたことは確かであろう。『書紀』が朝鮮諸国を「金銀蕃国」「金銀之国」「銀郷」などと称すように、それらが朝鮮半島経由で列島に流入したとみられる。『書紀』は皇極元年（六四二）に高句麗から、天武八年（六七九）～持統二年（六八八）に新羅から、それぞれ金銀が贈られたことも伝えている。

しかし金銀使用のあり方は、装身具でみる限り、以下で述べるように倭国と朝鮮諸国で必ずしも同様ではなかったようだ。

すなわち、六世紀前後の新羅の古墳に副葬された装身具には、組み合わせや金・銀・銅などの材質で王権の身分序列が示されていた痕跡が明瞭であるという(6)。実際、新羅の衣冠制は六世紀前半には整えられ、外交的にも威力を発揮し始めるから(7)、このころの新羅は、金銀に支配秩序の表象機能を持たせ、一定の使用規制を設けたことが窺える。また百済でも、六世紀半ばごろから石室に規格性が認められ、そこから出土する銀製冠飾は奈率以上の冠飾に許された「銀花飾」に比定されるから、六世紀前半代には金・銀・金銅製の装身具の段階的身分を表象する機能が整えられたとみられている(8)。『旧唐書』百済国伝に依拠すれば、王の冠には「銀花」ではなく「金花」の飾りが施された。その「金花」との関連は不明だが、六世紀前半の武寧王陵から出土した豊富な金銀装身具は著名である。高句麗の場合は不明な点も多いが、『旧唐書』高句麗伝に王は冠や帯を「金」で飾り立て、「官之貴」は冠に「金銀」の飾りを施したとあり、装身具に飾られる金銀が素材としても王権の身分序列をある程度表象していたとみられる。

ところが、倭国では六世紀以降金銀装身具類の国産化がはかられ、その数がさらに増加するにもかかわらず、形態や材質、組み合わせが多様で、王権の身分序列を表象する機能を備えた形跡が希薄であるという(9)。ただし史料からは、推古期の大王を頂点とする可視的身分秩序を準備した七世紀の冠位十二階以降、ある程度その整備が行われていた状況は読みとれる。例えば、冠位十二階のことを記す『隋書』倭国伝は、冠位制においては「金銀鏤花」が飾りとされたが、「人庶」は「多跣足、不レ得下用二金銀一為上飾」と記す。『書紀』大化二年（六四六）三月甲申条はその分注に「或本云」として、金銀の副葬や諸臣から民に至る金銀使用が禁止されたことも伝える。しかし、律令国家成立以後も衣服令制は基本的に国家の行事や儀式、あるいは平常勤務における衣服を対象とし、私的な日常的次元の衣服を拘束するものにはならなかった[10]。考古学的知見からも、倭国では金銀の王権秩序への取り込みが、一元的な地金の使用規制を生むまでには十分至らなかったと考えられる。

2 列島の金銀流通と無文銀銭

以上のように、倭国においては少なくとも六世紀代まで、金銀の使用が王権の一元的支配秩序に十分組み込まれないまま拡大していたとみられる。葛城氏との関係が想定される奈良県南郷角田遺跡から検出された銅滓や銀滴は、金・銀・金銅製品の製作を有力首長が行っていた状況を窺わせる[11]。その葛城氏は五世紀の王権外交への関与を契機に、渡来人技術者を自己の「家産」に組み込んで複合的な生産活動を行っていた[12]。また、『書紀』欽明二十三年八月条によれば、六世紀に朝鮮半島で高句麗と交戦した大伴狭手彦は、討ち入った「宮」で「珍宝貨賂・七織帳・鉄屋」を奪い、七織帳を大王に献じるとともに、金飾刀や銅鏤鍾などは蘇我稲目に送ったという。東アジアとの接触の機会を多様に持つ倭国の支配層にとって、金銀入手の機会も大王からの分与に限定されなかったとみられる。金銀装身具の形態・材質の多様性からみても、王権の計画的分配は想定できず、列島においてその入手と流通は、水平的・多元的なものとして展開したと推察されよう。

また、七世紀前後になると金銀が仏寺に多用されることと関連し、朝鮮諸王権が倭の首長層の造寺活動に援助を与えていたことも留意される。例えば、『書紀』敏達六年（五七七）十一月条は、百済王が遣百済使の大別王らに経典、僧、造寺・造仏の技術者などを贈与し、それらが難波の大別王の寺に安置されたと記し、同崇峻元年（五八八）是歳条や『元興寺伽藍縁起幷流記資財帳』も、百済王権の贈与に全面的に依拠した蘇我氏の元興寺造営を伝えている。そして、『書紀』や『元興寺伽藍縁起幷流記資財帳』によれば、その元興寺には大王・諸王・群臣ら支配者層共同の発願による丈六仏があり、仏像作成に際して高句麗が黄金三二〇両を贈与したという。すなわち朝鮮諸王権は、倭国支配層の造寺活動を戦略的に支援し、それに必要な金銀も贈与することがあったと考えられる。そもそも律令国家成立以前において、国際交流は王権に一元的に収斂されない多元的な交流としてあったから[13]、七世紀に入ってようやく金銀が王権の支配秩序に取り込まれつつあったとはいえ、その列島への流入や流通を王権は直接掌握する構造を十分に持たなかったとみるべきであろう。

　したがって、朝鮮半島からの銀の供給に頼りながら、朝鮮半島に先駆けて行われた倭王権の銀銭発行は、朝鮮諸国と異なり、金銀の流入・使用において一元的な政治規制をほとんど受けずに拡大した列島の銀地金の流通がその前提にあったのではないかと思われる。この点で、無文銀銭は「両」の四分の一の「分」という国際的な単位に固定され、その交換価値も一分の銀の国際的価値によって保証されていたとする今村啓爾氏の指摘が注目される[14]。要するに、列島における銀の価値尺度は、王権の規制よりも国際的環境に規定される側面が強かったと考えられる。

　けれども、価値の相違を除けば、金・銀両地金の流通のあり方に大きな差異がみえないように、素材として流通した銀は、もともと貨幣的にも流通しうるいくつかの物品の一つに過ぎない。したがって、朝鮮半島諸国に先駆け、また銅銭が主流の唐とも異なり、倭国があえて銀地金を選んで銭貨形式に変換した背景には、王権の政治的意図など、素材流通とは別の政治的要因も考慮されなければなるまい。本章において、その点に踏み込んだ検討はできないが、素材選択に影響を与えうる国際的環境として、吐火羅（覩貨邏）国からの渡来者の存在には注目しておきたい。

　すなわち『書紀』は白雉五年（六五四）四月条に吐火羅国の男二人・女二人、舎衛の女一人が日向に漂着したと伝え、斉明三年（六五七）七月己丑条に覩貨邏国の男二人・女四人が筑紫へ漂着し、彼らが「臣等初漂㆓泊于海見嶋㆒」と語ったとある。彼らはいずれもその後ヤマトに入るが、斉明六年（六六〇）七月乙卯条には「覩貨羅人乾豆波斯達阿、欲レ帰二本土一、求三請送使一曰、願後朝二於大国一。所以、留レ妻為レ表。乃與二数十人一、入三于西海之路一」とあり、大王へ帰国を願い出た覩貨羅人乾豆波斯達阿は、この時、以後の倭国との交流を約して妻を倭国に留め、数十人と西海を渡ったという。ここからは、吐火羅国人と王権との間に極めて親密な関係が築かれたことが知られるが、天武四年（六七五）正月丙午朔条には、「舎衛女・堕羅女」の天皇へ奉献がみえ、残された妻らはその後も帰国することなく、天武期に到っても王権に仕えていたらしい。

以上のうち、「舎衛」をインドとみることについては異論がないが、「吐火羅」＝「覩貨邏」＝「堕羅」(15)をどこにあてるかについては諸説ある。そのなかで「通説」とされるのは、日本古典文学大系『日本書紀』（岩波書店、一九六五年）などが採用する、井上光貞氏のドゥヴァーラヴァティー王国（堕和羅国）説だが(16)、最近、従来説を再検討した西本昌弘氏が、『大唐西域記』などにみえる西域トハーリスタンの吐火羅（覩貨邏）を出身とするソグド商人らとみる説を提示し(17)、この説も有力である(18)。

ただしここでは、ドゥヴァーラヴァティー王国説と西域の吐火羅（覩貨邏）説のどちらをとるかに踏み込まずとも、両地域が銀銭を多用していた事実を確認すれば十分であろう。まずタイのドゥヴァーラヴァティー王国は、六世紀の成立以来九世紀初頭まで銀銭を盛んに製造・流通させた地域であったことが知られている。その製法には打刻と鋳造があったが、直径三・三センチ、重さ九・二～九・四グラムと共通の量目を持ったものが、国際交易に使用されていたらしい(19)。ここでは等分に分割された銀銭も出土しているが、日本の飛鳥池遺跡でもいくつかに分割切断された無文銀銭が出土していて、銭貨素材の選択とともにその使用法についても類似性が認められる。一方、西域の吐火羅（覩貨邏）についても、『大唐西域』巻一に「貨用二金銀等銭一」とあるように、銀銭が使われていた。なおここ中央アジアでは八世紀に入って唐の銅銭が主流となるものの、それまでは現地通貨・国際通貨として最も重んじられたのは銀銭であったから[20]、斉明期の吐火羅（覩貨邏）国人を西域のそれとみた場合も、銀銭文化圏からの渡来人ということになる。

そして、前述のように、この銀銭文化を濃厚に持つ彼・彼女らが、無文銀銭の登場期、倭王権に近侍していた。王権は渡来した彼らの所持品や風俗を調査したはずだから、その際に銀銭に関する情報も得ていたはずである。したがって、倭国の銀銭発行に際し、彼・彼女らの銀銭文化が参考とされた可能性は極めて高いとすべきである。

二　「観世音寺早良奴婢例文」にみる銀の流通

1　律令国家の成立と「観世音寺早良奴婢例文」

しかし、律令国家が成立すると、倭国の銀流通に影響を与えた国際交流のあり方は大きく変化する。養老関市令官司条、『令義解』職員令内蔵寮条、養老職員令大蔵省条、『延喜式』大蔵省式・蕃客来朝条などを参照するなら、律令国家では「諸蕃」からもたらされた物品は基本的に内蔵寮や大蔵省が管理し、貴族層の「蕃客」との交易でも官司先買後の管理交換が徹底された。国際社会からの流入銀が一部私交易に流れることは想定できても、それは国家管理下での交易である。銀も含め、対外交易にともなう物流は基本的に国家の意向に沿う形での展開を強いられたとみられる[21]。

そして和同銀銭の問題にみられるように、「奴婢例文」を除けば、結局史料から、八世紀前半までで銀の交換の場における価値尺度として使用痕跡が消える[22]。列島の銀地金の貨幣的流通が律令国家成立前の国際社会との関係を前提として成立したとみられる以上、律令国家成立による対外交流の一元的管理は列島の銀流通のあり方を変える要因の一つとなり得たはずである。かつての列島での水平的・多元的な銀流通を支えた国際社会と地域社会の交流・交易は、国家による対外交流の一元的管理が可能となったことにより、その基盤を急速に失ったのではなかろうか。ならば、その中で「奴婢例文」の銀はいかに位置付けられるべきであろうか。

現在早稲田大学が所蔵している「奴婢例文」は、東大寺の末寺となった観世音寺が東大寺に提出した所蔵文書の案文とみられる(23)。そこには天平宝字三年（七五九）八月五日の国政所牒案、天平宝字二年十二月二十二日、同二十一日の二通の三家連豊継の解案、延喜七年（九〇七）十二月十三日の日付を持つ弁・史の位署、保安元年（一一二〇）六月二十八日の奥署が五枚の料紙を使って順に貼り継がれている。このうち、天平宝字年間の三通は、観世音寺資財帳の作成を契機に延喜七年ごろに一括して記されたものとされるが(24)、最近森哲也氏は、延喜七年の位署が「延喜の奴婢停止令」にかかわる「判」であることを指摘している(25)。また、天平宝字期の日付を持つ三通の文書の内容は、観世音寺の稲を管理する筑前国早良郡額田郷の三家連息嶋が八二三〇束の稲を負ったまま急死し、子の三家連豊継らが四六〇〇束の負稲相当の弁済として五人の奴婢を観世音寺に進上したことを確認する、大宰府の国政所や早良郡の行政文書である。以下にあらためて天平宝字期の文書を日付順に並び替えて提示しよう。

〔史料11〕

早良郡額田郷人夫戸主三家連息嶋戸口三家連豊継解　申稲代物進奴婢等事

合伍人 奴三人 婢二人

奴賀比麻呂 年卅一　充直稲壹仟貳佰束 准銀卅両

奴奄美 年十五　充直稲玖佰束 准銀廿二両半

奴粳麻呂 年十五　充直稲玖佰束 准銀廿二両半

婢宅売 年卅七　充直稲壹仟束 准銀廿五両

婢小黒売 年六　充直稲陸佰束 准銀十五両
惣充価稲肆仟陸佰束 准銀一百一十五両
右、豊継父三家連息嶋、預観世音寺稲事仕奉、此上件稲不進、身命死亡。今男子豊継、件奴婢等補代物、於寺家進入既畢。仍録具状申送、以解。
天平宝字二年十二月廿一日奴婢主三家連豊継
母早良勝飯持売
証人早良勝足嶋 三家人大足
郡司依状、勘当奴籍帳幷紀、事既合実。仍放附。
天平宝字二年十二月廿二日主帳外小初位上平群部
擬大領外従七位下三家連 在判　黄金
擬少領無位早良勝 在判　弟子
彼時上坐半位僧 在判定信
前寺主複位僧　国師使僧 在判

〔史料12〕
筑前国早良郡人夫三家連豊継解　申進奴婢等券立事
合伍人奴三人 婢二人 酬直稲肆仟陸佰束 准銀一百一十五両
奴賀比麻呂 年卌一　直稲壹仟貳佰束
奴奄美 年十五　直稲玖佰束

奴粳麻呂 年十五　　直稲玖佰束
婢宅売 年卅七　　直稲壹仟束
婢小黒売 年六　　直稲陸佰束
右、観世音寺之稲代物進納既畢。仍録事状、依式立券、以解。
天平宝字二年十二月廿二日
奴婢主三家連豊継
母早良勝飯持売
証人早良勝足嶋
三家人大足
郡司依状、勘当奴籍帳幷年紀、事既合実。仍放附。
天平宝字二年十二月廿二日主帳外小初位上平群部
擬大領外従七位下三家連 在判
擬少領無位早良勝 在判弟子
彼時上坐半位僧　定信
前寺主複位僧　　国師使僧 在判

〔史料13〕

国政所牒　観世音寺三綱
合奴婢伍人 奴三人 婢二人　価稲肆仟陸佰束

奴久佐麿　年卅八　直稲壹仟貳佰束　准銀卅両
奴種守　年十七　直稲玖佰束　准銀廿二両半
奴多利麿　年十五　直稲玖佰束　准銀廿二両半
婢宅売　年卅六　直稲壹仟束　准銀廿五両
婢小黒売　年七、宅売之女誤脱漏帳今追附帳直稲陸佰束准銀十五両
以前得部内早良郡司去七月廿二日解偁、得部内額田郷戸主三家連豊継申状云、己父息嶋別当観世音寺之稲、損失捌仟貳佰参拾束。今息嶋交死、不堪備稲。仍男豊継母早良勝飯持売等二人、上件奴婢且報進寺家者。群依申状勘、所申事是有実。仍除本籍、謹請処分者。政所依申状具状。故牒。
天平宝字三年八月五日史生従八位上額田部連　君万呂
正六位上行少監中臣朝臣　伊可万呂
正六位上行大典伊部造　社麻呂

旧稿でも指摘したように、ここで注目されるのは、三通の文書には進上された奴婢が負稲何束分にあたるかという記載とともに、それが銀何両に相当するかも一貫して記されていることである。死亡した豊継の父息嶋に八二三〇束もの負稲が生じたのは、彼が観世音寺の出挙の請負運営にあたっていたことから生じたものとみられるが(26)、文書はそのうちの四六〇〇束分の負稲を奴婢で弁済処理するためのものだから、稲と奴婢に価値の対応関係があれば、銀換算の記載自体が必要ない。にもかかわらずここに銀の換算値が記載されたことについては、いくつかの可能性が想定されることになろう。

その第一は、両者の交換を媒介する価値尺度として銀が示された可能性である。そうであるならば、筑前国では他

地域と異なり、八世紀半ば以降も地金の銀がモノ相互の価値を媒介する、貨幣的機能を強く持っていたとしなければならない。

第二に、贖罪との関連である。養老律逸文名例律三三には「余贓非二見在一、及収レ贖之物」とあり、銀も不正に授受消費された財貨（贓）の代価として本主に返還されるべき贖物であったかもしれない。しかし贖物は名例律で銅とされており、『延喜式』刑部省式に「凡贖レ罪無レ銅、准レ価徴レ銭」とあるように、銅がない場合は銭がそれにあてられたとみられる。したがって、銀を贖とかかわらせてみても、ここでは贖物が銅ではなくあえて銀とされたことになるから、結局当地においては銀が銭に類する貨幣的機能を持って流通していたことを前提としなければならなくなる。

第三は、銀の記載自体が観世音寺側の手による後世の追記の疑いである[27]。確かに銀に関する記述は本文中になく、右寄せに文字を小さくした註記の体裁で伝わる以上、これが追記の余地は強く残されるであろう。しかしそうであっても、追記の時期はやはり天平宝字期とみて大過ないと思われる。そう考える理由は史料11・12・13それぞれの文書の銀換算の記載のあり方の相違による。

すなわち、史料11は各奴婢それぞれに銀の換算値を記した後、総計部分にも銀の換算値を付している。ところが史料12は銀換算が総計部分でなされるのみで、史料13は逆に各奴婢に銀の換算値を記すが、総計部分には銀の換算がない。ここで留意されるのは同一内容を持つ天平宝字二年十二月の史料11・12両文書について、豊継解の部分の日付は史料11が二十一日、史料12が二十二日と一日相違するが、郡司・寺僧の判の部分は史料11・12とも同日の二十二日であること、翌年八月の史料13では奴の名や年齢が史料11・12と異なっていることである。これに関し亀田隆之氏は、まず史料11にみえる天平宝字二年十二月二十一日の豊継解が作成されたが、これは立券の体裁をとっていなかったため、翌日、史料12にみえる正式な立券文が提出された。その後、戸籍の勘会によって奴の名や年齢の誤りが判明した

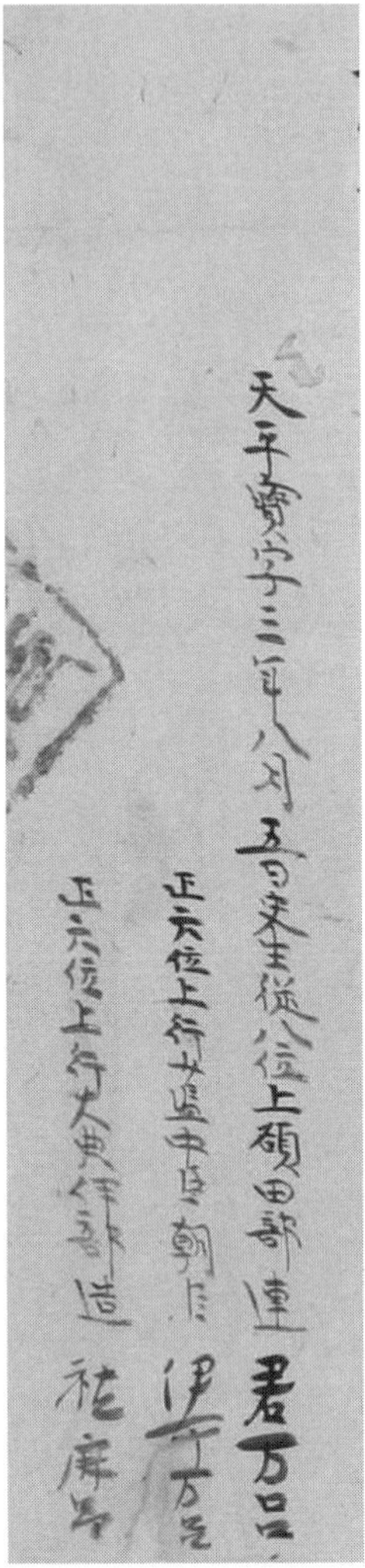

図2　史料13の署名部分．名を自署風に記す．（早稲田大学図書館蔵）

が、代納額とかかわる正奴・中奴の数に変更はないので、手続きをやり直すことなく、史料13の天平宝字三年八月の国政所牒に正しい名や年齢を反映させることになった、と推測している[28]。

ここで早稲田大学図書館公開の「奴婢例文」写真を確認すると、史料11の豊継解は「婢宅売」の「婢」が、当初「奴」と書いたのを上書きして改めたものであったり、「証人早良勝足嶋」の下に「三家人大足」を小さい文字で追記風に記したりと、作成後の修正を窺わせる体裁をとる。一方、史料12の豊継解ではこの体裁の悪さが改善され、他の修正痕もない。さらに史料13は署名部分を自署風に記すなど、原文書の体裁をなるべくそのまま写し取ろうとした姿勢が読み取れるから、史料11の上書き痕や追記の様態も、天平宝字期の実際の文書を反映している可能性がある。こうした点からみても、亀田氏が想定する史料11・12の関係は首肯しうるだろう。ただし、史料12の豊継解には、観世音寺に「代物進納」を行った事由が記されず、それを明記した史料11も反故にはされなかったとみられる。また、史料11・12から半年以上経過して作成された史料13の国政所牒が、史料11・12よりも正しい（正式な）情報を記した文書とみるべきことも、亀田氏の指摘のとおりであろう。

なお、これらが実際の文書の体裁を反映しているとすると、史料11・12に「在判」とあることなどから、この二通についてはもともと案文が書写されたとみるべきことになる。観世音寺はこの二通の豊継解の案文を、原文書作成と近い時期に筑前国もしくは早良郡から個々に入手したか、あるいは観世音寺に史料13の国政所牒が送られた際に一緒に付されて入手したのだろう。

ならば、史料11・12・13の銀換算値の記載が、観世音寺にこの三通すべてが揃った後の追記であったとすると、奴婢の名や年齢が正確な史料13にのみなされればよいはずだから、誤りの判明している史料11・12にまであえて銀換算値を付す必要性が不明となろう。記載部分も史料11・12・13で不統一であるだけでなく、最も体裁の整わない史料11に最も詳細に銀換算値が記された理由も説明できない。

したがって、銀の記載が追記であるとの想定を前提にこれらの文書を合理的に解釈するならば、次のように考えるほかないであろう。まず筑前国もしくは観世音寺は、最初に届いた天平宝字二年の史料11について、各奴婢部分と総計部分に銀の換算をすべて追記した。その直後に入ってきた史料12は史料11と奴婢も含めて同内容のものなので、総計部分のみの銀の追記でとどめた。ところが、その翌年に作成された史料13において、総計に変更はないものの、奴の名や年齢のみ修正されたので、各奴婢の部分にあらためて銀での換算値を記し再確認する必要が生じた。このように解釈すれば、文書間の相違や、銀記載部分の相違も矛盾なく説明できよう。もちろんこの手続きの手順は、銀換算が追記ではなく、文書作成時のものとみた場合でも成り立つ。とにかく、この解釈が認められるならば、史料11・12文書の銀換算値の記載時期は少なくとも史料13の天平宝字三年以前とみなければならないことになる。その目的は、結局第一か第二の理由が想定されることになろう。

こうして、天平宝字期の筑前国地域では地金の銀が貨幣的な機能を持って流通していた状況が浮かび上がるのである。八世紀前半で銀の価値尺度としての機能がみえなくなる傾向にあって、負稲の奴婢による返済処理にあえて銀換算値を記す「奴婢例文」は、やはり極めて特異な文書といわざるを得ないだろう。

2　筑前国と対馬の銀

では、以上の「奴婢例文」にあらわれる銀換算の特異性の史的前提を、何に求めるべきであろうか。ここでまず疑われることは、対馬と地理的に近接する筑前国に対馬銀が流入し、九州北部に地域的な銀流通の条件を生み出した可能性である。『延喜式』は、主計式上・対馬嶋条に対馬の調を銀と定め、雑式・対馬嶋銀条に「凡対馬嶋銀者、任㆓聴百姓私採㆒。但国司不㆑在㆓此例㆒」とあって、百姓私採を許していた。また民部省式下・大宰府調物条によれば、調銀は八九七両が大宰府によって進上されることになっており、民部省式下・交易雑物条によれば、それとは別に大宰府は正税による交易で銀三〇〇両の進上も負っていた。これらはいずれも小斤を基準とした数値で、内蔵寮式・諸国年料条に大斤を基準に「右、大宰府所㆑進」とした物品のなかの「銀大廿四斤十五両（調十八斤十一両　交易六斤四両）」がこれにあたる。そうなると、大宰府管内では百姓私採などで得られた対馬銀が交易された可能性が浮上する。

ところが一二世紀初頭前後成立の大江匡房の『対馬貢銀記』は、銀採掘に際して三人を一組として坑道内で作業を行い、集められた鉱石は量が計られて、松の薪で数十日間も焼かれ、その後水洗され選別されて、「満㆓千二百両㆒以為㆓年輸㆒」と記している。その一二〇〇両は、ほぼ『延喜式』の調と交易雑物の銀を合算した数量であって、大宰府の交易による銀進上も、実際はこうした組織的な労働力編成によって対馬から直接採取されたものがあてられたとみなければならない。しかも『対馬貢銀記』によれば、坑道内に溜まった雨水などの排水には三、四〇〇もの人が動員されてこれをリレー方式で行ったらしいから、こうした作業工程・組織をみても、その採掘に比較的大規模な労働力の編成が必要であったことは疑いない。官の影響を離れて銀の百姓私採が展開したとは考え難いのである。すなわち、小葉田淳氏がすでに明らかにしているように、対馬の銀坑は、貢納義務を負う大宰府が管内諸国から「年粮米」を対馬に運ばせ、これを採丁に支給するなどして経営する、官司的経営によってようやく維持されたとみるべきである[29]。『対馬貢銀記』によれば、こうして得られた対馬銀は海路大宰府に運ばれたが、その際は「五十丈綱」を着けて海没に備えたという。さらにそこから陸路で京へ運ぶ際も、「人不㆓敢近㆒之」と記されている。採掘された銀が大宰府経由で京へ運ばれる際も、極めて厳しい管理が行われていたことが知られる。百姓私採の銀が西海道で一般に流通するような状況はまず想定できない。

したがって、国家進上分とは別に対馬銀が私的に確保される事態があるとするなら、それは、造東大寺司写経所の私願経や長登銅山遺跡出土木簡などの例にあるように、官の機構を利用した展開を想定すべきである[30]。ただこの場合も、長登銅山遺跡出土木簡から都の貴族や東大寺の私的需要が知られるように、そこから九州北部だけに特異な銀流通の背景を説明することはできない。

さらに、旧稿でみたように、稲や布などに比べて産量が極めて少ない銀が貨幣として選択されたのは、高価値で価格の地域的偏差も少ないという銀地金の特徴が、遠方輸財や大価格に対する支払いに有効なためと考えられる。このため、銀を貨幣的に使用する階層は自ずと限られ、その貨幣機能を維持する流通圏もかなり広範なものが想定されることになる。筑前国がいかに対馬銀流入の条件を備えようとも、その使用階層が量的に限られる九州北部内だけで、銀の貨幣的流通は維持し得ないのである。ところが、筑前を除き、ほかの列島内地域では銀の貨幣的流通を確認できないのだから、筑前国における銀の貨幣的流通の前提には、列島外との関係が疑われることになる。けれども、厳格な国家管理のもと、都の支配層にむしろ優位な官司先買を前提とする「蕃客」との交易では、九州北部のこうした特異な環境を説明できない。そこで旧稿において筆者が注目したのが、以下の『続日本紀』（以下『続紀』と記す）天平宝字三年（七五九）九月丁卯条の記事である。

勅二大宰府一。頃年、新羅帰化、舳艫不レ絶。規二避賦役之苦一、遠弃二墳墓之郷一。言念二其意一、豈無二顧恋一。宜二再三引問、情願レ還者、給レ粮放却一。

右によれば、当時、本国の「賦役」を苦にした新羅からの「帰化」が絶えず、中央は大宰府に命じて、これを「再三引問」し、帰国を願う者には粮を支給して「放却」することとした。これによって、最終的に「帰化」することを望んだ一三一人が翌年四月に武蔵国に貫附されるなどしているから、[31]「再三」の「引問」による帰国者の存在なども考慮すると、天平宝字期、大宰府管内には相当数の留住新羅人があったことになる。周知のように、当時、日本は新羅侵攻を計画していて、この勅の十五日後には諸国に命じて「征新羅」用に計五〇〇艘の造船を命じているから、[32]これが兵站基地となる九州北部の新羅人を警戒してのものであったことは間違いなかろう。旧稿では、この日本の警戒する大量の新羅人の一部に日羅を往還する者が含まれていた可能性、すなわち九世紀前半の新羅人たちによる国際交易活動の盛行へもつながる私的交易者が、この時期すでに含まれていた可能性を指摘した。

ところが、六国史における「新羅商人」の初見は、それより半世紀ほど後の『日本後紀』弘仁五年（八一四）十月丙申条にある「新羅商人」三一人の長門国への「漂著」記事である。したがって、東アジア海域における新羅海商船の登場は九世紀前半、少し遡っても八世紀末以降とする見方は依然根強い。九世紀の新羅海商登場の背景は、八世紀末から九世紀前葉の新羅本国における飢饉・疫病の蔓延、社会混乱の影響などが想定されている。[33]私見も、九世紀前半期に新羅人の海上交易活動が活況を迎えることを認めるものだが、「奴婢例文」の銀の記載と銀流通の国際性から、これにつながる新羅の民間交易者たちの萌芽を七五〇年代まで遡らせる旧稿に対しては、「当時実際に交易者がいたかどうかは、論拠不足の憾がある」との指摘も受けている。[34]天平宝字期の「奴婢例文」の銀の記載が、当該期の当地域の特異な銀流通を前提としなければ理解し難いものであることは、本章のこれまでの分析によって旧稿以上の「論拠」を示し得たと考えるが、新羅人の私的な国際交易者の存在をこの時期まで遡らせうる史料的根拠についても、ここでもう少し旧稿以上のものを示さなければなるまい。

三　九州北部の銀流通と新羅の交易者

1　新羅海商の登場をめぐって

東アジア海域での新羅交易船の登場が八世紀に遡りうる可能性は、九州北部の貿易陶磁の出土状況などから度々指摘されていたが、文献をもとに八世紀後半にはすでに新羅海商が登場していたことを詳細に論じたものとして李成市氏の研究がある(35)。

すなわち李氏は、『続紀』神護景雲二年（七六八）十月甲子条に、左右大臣以下に「新羅交関物」購入用の「大宰綿」を大量に支給したとあることについて、当年の新羅使来航記事が確認できないことから大宰府来航の新羅商人との交易に関する記事とみなし、これを外交使節との「京師交易」から海商との「大宰府交易」へ転換した起点と位置付けた(36)。さらに、その転換の背景として、唐では七五五年の安史の乱後、地方分権的な節度使が対外交易を握って商人層を活用するようになったこと、さらにその東方では七六二年を境に新羅・渤海・日本間の緊張緩和が急激に進み、国家戦略を担う王権主導の交易の役割が後退したこと、そしてそのなかにおいて新羅では、権力集中策をとってきた景徳王が七六五年に死去し、貴族の反乱や農民反乱が頻発するようになって新羅王権の地方統制が緩み、王権の対外活動の下に組織されていた海民の自立的な活動や、この動きに呼応する集団が登場してきたことなどをあげている。
東アジア海域における国際的な民間交易の活発化が、安史の乱後の唐の政治的求心力の衰退によってもたらされたとする大局的な見方はそれ以前からあるが(37)、李氏の説は、この変化を東アジア全域の外交史や各国政治史の変遷からより具体的に捉えようとした点で注目されるべきである。ただしこれに従っても、新羅海商の登場は概ね七六〇年代以降となるから、安史の乱後とはいえ、七五八年・七五九年の「奴婢例文」の銀の記載と新羅の交易者を結びつける私見は、この李氏の想定よりもやや早い。

しかし、我々はまず、中国沿岸部海域における海商の動きが安史の乱の前からすでに活発となっていた事実を確認しておくべきだろう。例えば著名な『唐大和上東征伝』には、「是歳、天宝二歳癸未、当時海賊大動繁多、台州・温州・明州海辺幷被㆓其害㆒、海路堙塞、公私断㆑行」とあって、七四三年ごろ、江南の台州・温州・明州では、公私の船の往来が妨げられるほど海賊が横行していたことが知られる。これは、『資治通鑑』巻二一五の天宝三載二月条に「海賊呉令光等抄㆓掠台明㆒」などとみえる呉令光らの海賊活動を指すとみられる。また、『旧唐書』巻一九九下の渤海靺鞨伝には、開元二十年（七三二）、渤海王大武芸が将の張文休に命じて海賊を率いて登州を攻めさせたことが記されていて、酒寄雅志氏は、この「海賊」が渤海の正規軍ではなく遼東半島付近の海辺民を組織したものとみるべきことを指摘している(38)。そして、こうした史料に着目した堀敏一氏は、八世紀前半の開元・天宝の間に、中国の全海域で海商が活動するようになっていたことを明確に指摘している(39)。また最近の研究は、唐朝に対して安史の乱を起こした平盧節度使・范陽節度使安禄山の背景に、ソクド系商人のネットワークを利用した莫大な資金力があったとみる(40)。唐における節度使と民間交易者たちの結びつきも、安史の乱以前に遡る。

さらに、『唐大和上東征伝』に示されるような七四〇年代ごろの中国沿岸部の状況を踏まえるなら、以下の『三国遺事』塔像第四・敏蔵寺条は、これと呼応する新羅の状況を窺わせるものとして、注目すべき内容を持っている。

禺金里貧女宝開、有二子名長春一。従二海賈一而征、久無二音耗一。其母就二敏蔵寺寺乃敏蔵角干捨レ家為レ寺観音前一克祈七日、而長春忽至。問二其由緒一、曰、海中風飄舶壊、同侶皆不レ免。予乗二隻板一帰三泊呉涯一。呉人收レ之、俾レ耕二于野一。有三異僧如二郷里一来、弔慰勤勤、率レ我同行。前有二深渠一、僧掖レ我跳レ之。昏昏間如レ聞二郷音与哭泣之声一、見レ之乃已届レ此矣。日晡時離レ呉、至レ此纔戌初。即天宝四年乙酉四月八日也。景徳王聞レ之、施二田于寺一、又納二財幣一焉。

右は、景徳王によって施入された敏蔵寺の寺田や財貨の由来を伝えたものとみられ、その内容は、天宝四年（七四五）ごろ、新羅の貧者出身の長春が「海賈」に従い活動中に嵐にのまれて中国南方に漂着し、その後、観音の力で帰国を果たしたという、観音の功徳を強調する奇譚となっている。けれどもそれが、景徳王の七四〇年代、「海賈」となった新羅人が中国南方沿岸部に漂着する話を下敷きとしている点は、同じころ、中国沿岸部において海商の活動が活発化している事実と対応し、注目されよう。問題は、権力集中策をとったとされる景徳王代の天宝四年に、この話の前提となる新羅人と中国海域で活躍する「海賈」とが結びつくような事態が、新羅側の状況としても実際に想定しうるか否かである。

ここであらためて、渡来の新羅人たちの「放却」を大宰府に命じた前述の天平宝字三年勅に立ち戻ってみると、勅のいう新羅人らの「規三避賦役苦一、遠弃二墳墓之郷一」という状況は、『三国史記』新羅本紀が伝える、景徳王代の七四五年以来七五〇年代後半まで新羅で続いた天候異変を主要因とする飢饉・疫病の蔓延によって引き起こされたとみられる。その関連記事を整理すると、以下のようになる。

景徳四年（七四五）夏四月、京都雹。大如二雞子一。五月、旱。

六年（七四七）秋、旱。冬、無レ雪。民飢且疫。出二使十道一安撫。

八年（七四九）三月、暴風抜レ木。

十三年（七五四）四月、京都雹。大如二雞卵一。（中略）八月、旱、蝗。

十四年（七五五）春、穀貴民饑。熊川州向徳、貧無二以為レ養、割二股肉一、飼二其父一。王聞賜レ賚頗厚。（中略）秋七月、赦二罪人一。存二問老疾鰥寡孤独一、賜レ穀有レ差。

十五年（七五六）春二月、上大等金思仁以二比年災異屢見一、上疏極二論時政得失一、王嘉納レ之。

このうち、景徳十四年（七五五）の、飢饉のなか自分の股肉を切り取って父親に食べさせたという向徳の話は、『三国史記』列伝八・向徳条にもみえている。そこでは天宝十四年に飢饉・疫病の蔓延と、向徳の衰弱した父母への孝、王の向徳への賜賞が記され、最後に「命二有司一立レ石紀レ事以標レ之。至レ今人号二其地一云二孝家一」とあるから、この話も飢饉・疫病にともなう当時の社会実態を伝えたものとみなしてよい。その深刻な惨状ゆえに、七五六年には、新羅の中央政界で「比年災異」をめぐって「時政得失」が議論される事態に至ったとみられる。景徳王代の激しい天災によって、新羅社会はすでに混乱状況に陥っていたことがわかる。

当然、天平宝字三年勅のいう「頃年、新羅帰化、舳艫不レ絶」も、こうした新羅の悲惨な状況と結びつけて理解すべきである。そして同じころ、「海賈」となって中国沿岸部に漂着したと伝えられる先の『三国遺事』塔像第四・敏蔵寺条の長春も、貧困層出身として描かれた。こうしたことから、新羅の混乱を逃れた新羅人のなかに、日本に逃れる者だけでなく、中国へ逃れて、その沿岸海域などで活動する海商らと結びついた人々があった実態が浮かび上がるのである。

以上の点を踏まえるならば、次の『続紀』天平宝字八年（七六四）七月甲寅条があらためて留意されることになる。

新羅使大奈麻金才伯等九十一人、到二着大宰博多津一。（中略）金才伯等言曰、「唐国勅使韓朝彩、自二渤海一来云、

『送二日本国僧戒融一、令レ達二本郷一已畢。若平安帰レ郷者、当レ有二報信一。而至二于今日一、寂無二来音一。宜差二此使一、其消息欲レ奏二天子一。』仍齎二執事牒一参二大宰府一。朝彩者、上道在二於新羅西津一。本国謝恩使蘇判金容、為下取二大宰報牒一寄中附朝彩上。在レ京未レ発。」問曰、「比来彼国投化百姓言、『本国発レ兵警備。是疑、日本国之来問レ罪也。』其事虚実如何。」対曰、「唐国擾乱、海賊寔繁。是以徴二発甲兵一、防二守縁辺一。乃是国家之設、事既不レ虚。」

右は、天平宝字八年（七六四）来着の新羅使に関するもので、この新羅使は、唐からの要請に基づく遣日使である。唐は、渤海経由で日本へ帰国させたはずの日本留学僧戒融の消息を得ようと、その確認を新羅に依頼したらしい。戒融が実際に渤海から帰国したことは『続紀』天平宝字七年十月乙亥条によっても確かめられるが、ここで注目したいのは、新羅使と日本との間で交わされた問答記録である。すなわちこの時、日本側は、新羅の「投化百姓」が「本国発レ兵警備。是疑、日本国之来問レ罪也」と言っていることの虚実を問いただしている。これに対し、新羅使は「唐国擾乱、海賊寔繁。是以徴二発甲兵一、防二守縁辺一」と答えたという。

この少し前から唐渤関係が改善されつつあり、仲麻呂も往事の勢いを完全に失っていたから、このころ、新羅攻撃の可能性はすでに遠退いていたとみられるが(41)、以上の問答からは、その後も日本は、軍事を含む新羅情勢を、渡来する新羅人から収集し続けていたことがわかる。一方、この日本側の質問に対し新羅使は、「唐国擾乱」による海賊の頻発を踏まえた沿岸防備の強化をその理由として示したというが、日本が情報源とした新羅からの渡来者は日本の新羅攻撃に備えたものだといっているのだから、日本の新羅侵攻計画は新羅でもすでに噂となっていたらしい。新羅は実際には日本の侵攻計画を察知し警戒していたとみなければならない(42)。こうしたことから、国家の管理し得ないレヴェルで、両国の沿岸警備などの軍事情報は互いに漏れ伝わっていたとみられる。したがってここに、日羅の両岸を往来する人々の存在が浮上するが、それはこの両国の軍事情勢を知り、また実際に日本に新羅情勢も伝えた新羅人とするほかあるまい。彼らのなかに、日羅の両岸を往来する者があったとみなければならないのである。新羅侵攻を計画する日本王権が、九州北部に渡来する新羅人を警戒して天平宝字三年勅を出したことも、彼らのなかに一方通行的な亡命者ではなく、往来者がいるとみたからにほかなるまい。

さらに、「唐国擾乱、海賊寔繁。是以徴㆓発甲兵㆒、防㆓守縁辺㆒」という新羅使の言葉が、実際は日本側の警戒心を解くための方便であったとしても、当時の新羅沿岸部の情勢を踏まえた言葉でなければ方便にもならない。すなわち、安史の乱による唐の混乱で、新羅沿岸部に海賊が横行する状況が発生したことは事実とすべきである。少なくとも景徳王代の終わりごろまでには、新羅沿岸部の海上交易活動も顕著なものとなっていたことを認めなければなるまい。しかも上述のように、その少し前から中国沿岸部の交易者たちの活動と新羅の混乱を逃れた人々の結びつきは始まっていたとみられるから、新羅使の言葉を踏まえるなら、その動きが七五五年の安史の乱による「唐国擾乱」で一気に拡大したということであろう。このころ九州に新羅人の渡来も頻繁であったこと、七五八年・七五九年の筑前観世音寺の「奴婢例文」がこうした状況下の史料であることを、あらためて確認しておきたいと思う。

ところで、律令における「帰化人」の受け入れは、戸令没落外蕃条が「帰化人」来着の場合、所在国郡で衣粮を支給し、「具㆑状発㆓飛駅㆒申奏、化外人、於㆓寛国㆒附㆑貫安置」とするように、迅速に行われることを原則とした。しかし当該期に限れば、七四〇年代から「頃年新羅帰㆑化舳艫不㆑絶」という状況が長く続いていたとみられるにもかかわらず、政府がその本格的な処置を打ち出した形跡は、新羅侵攻計画とかかわる天平宝字三年（七五九）勅までは見当たらない。この間唯一、淳仁王権が発足したばかりの天平宝字二年八月に「帰化」した新羅の僧三二人、尼二人、男一九人、女二一人を武蔵国に移配し新羅郡を建郡しているが[43]、それでも新羅の飢饉・疫病の発生が始まってからはすでに十年以上が経過していた。なお、天平宝字二年移配の新羅人に多くの僧侶が含まれていたことは、九世紀前半の新羅の交易者にも僧侶が含まれていることから留意すべき問題だが、この点は後述することにしたい。

2　新羅人と銀

以上、「奴婢例文」以外の史料からも、八世紀半ば、新羅がすでに国際交易者を生み出す状況・環境にあったことを確認できた。ならば次の課題は、「奴婢例文」に示唆される彼らの交易と銀との関係についてである。この場合、当該期の新羅における銀利用のあり方が問題となるが、残念ながら新羅時代の銀の生産体制や流通の実態を残存史料から詳論できる状況にない。ただ、後の高麗においては銀の生産・流通が盛んであったことは確かである。

須川英徳氏の研究に依拠すれば、高麗において、銀の生産地は陶磁器・塩・銅・鉄・紙・金・ワカメ・茶・墨などの生産地同様、「所」と称される行政単位に編成され、その住民は「所」民として戸籍に登録され、中央機関・王室用の貢納品生産に従事した。こうして銀所で採掘・生産された銀は、都に送られ、器物に加工されるなどして宮廷の日用に用いられるほか、対外交流の際の贈物などにも使われたらしい。また、高麗の最初の銭貨鋳造は九九六年の鉄銭であったが、これは民間の交易に受け入れられずに結局中断されている。さらに一一世紀末以来銅銭も発行されたがやはりこれも流通しなかった。しかし一二世紀初頭に登場した銀瓶は対外交易や国内の大規模な取引に用いられてその使用が拡大し、鋳造開始直後から銅を混ぜて品質を落とした私鋳銭も登場することとなる。銀瓶鋳造の背景には、一一世紀後半からの北宋との通商拡大で、価値の一定した支払い手段が必要とされたこともあったと推察される(44)。

ここで、高麗の銭貨鋳造が鉄銭・銅銭で失敗しながら、銀瓶で成功した点は注目されよう。銀瓶だけが内外の流通の信用をすぐに獲得し得たのは、それ以前からの朝鮮半島内外における地金の銀の貨幣的流通基盤の存在を想像させるからである。

銀の生産体制や流通があまり明確でない新羅でも、対外的に銀をよく用いていたことは、銀が日本へもたらされたことを記す前述の『書紀』などで確認できる。八世紀以降もそれが継続していたことは、新羅から唐への銀の貢上が七一三年、七三一年、七三四年、七七三年に行われたことを伝える『三国史記』や『冊府元亀』の記述で知られる。また『三国史記』雑志によれば、興徳王の九年（八三四）に新羅は真骨貴族から平民にいたるまで、衣服だけでなく車騎・器用・屋舎までも階層ごとに装飾や金銀素材などの使用規制を加える法をあらためて整備している。その背後に金銀使用がすでに諸階層に広がっていた九世紀前半の新羅内部の状況を読み取ることができよう。

さらに、『三国史記』新羅本紀哀荘王七年（八〇六）条に「下レ教禁三新創二仏寺一、唯許二修葺一。又禁下以二錦繡一為二仏事一、金銀為中器用上」とあることも注目される。この禁令は全体が仏寺や仏教行事に関するものだから、金銀を使った器用製作禁止も寺院統制とかかわると理解してよかろう。ならばこの禁令は、金銀を王権の秩序の統制下に置くことに積極的であった新羅国内でも、九世紀初頭までに金銀を使った器用製作が盛んとなり、その中心が仏寺にあったことを窺わせるものとなる。この点において、先の天平宝字二年に武蔵国に移配された「帰化」の新羅人の中に僧侶が多く含まれていた事実は重視されてよかろう。筑前国における銀の貨幣的流通に、まずは新羅人僧侶の関与が考えられることになるからである。新羅の交易者たちが仏教と深いかかわりを持っていたことはよく知られているが、(45)『安祥寺資財帳』（『平安遺文』一―一六四）には、八三〇年代に観世音寺に住した恵雲のもと、銅鋺などの仏具を持ち込む「新羅商客」の頻繁な往来が記録されており、九世紀の観世音寺は新羅系交易者と交流していた。この点を考慮するなら、「奴婢例文」が観世音寺関係文書であることに、より積極的な意味を見出すことも許されよう。観世音寺が、仏具の調達などをめぐり七五〇年代に新羅人僧侶を含む新羅人と交易関係を持った可能性である。これと関連し、九州での流通が顕著な八世紀後半に位置付けられる越州窯系青磁粗製品が、観世音寺の井戸から出土していることも(46)留意される。

ところで、金銀による器用製作を禁じた九世紀初頭の哀荘王代は、その『三国史記』が新羅と日本との盛んな交流を記録することでも著名である。それによれば、八〇三年四月、八〇四年五月、八〇六年三月、八〇八年二月に日本から新羅へ使節の派遣があったという。ただし八〇三年、八〇四年以外の記事は、日本側に対応する関係史料がなく、大宰府の府官あるいは管内国司らの「日本使」を称した私貿易の可能性や、漂流民送還のための日本の使者の可能性が指摘されている[47]。また、この「日本使」のうち八〇四年のものは、新羅に黄金三〇〇両を進上しており、対新羅交流における日本側の金使用が、九世紀初頭にはあったことも知られる。

しかしそれよりさらに二十年ほど遡って、八世紀後半に日本と新羅との間に地金の金属を介した交換が展開していたことを伝える史料がある。すなわち、『三国遺事』巻二・元聖大王条は次のようにある。

貞元二年丙寅十月十一日、日本王文慶按㆓日本帝紀㆒、第五十五主文徳王疑㆑是也。余無㆓文慶㆒。或本云㆓是王太子㆒、挙㆑兵欲㆑伐㆓新羅㆒、聞㆔新羅有㆓万波息笛㆒退㆑兵、以㆓金五十両㆒遣㆑使請㆓其笛㆒。王謂㆑使曰「朕聞㆓上世真平王代有㆑之耳。今不㆑知㆑所㆑在。」明年七月七日、更遣㆑使以㆓金一千両㆒請㆑之曰「寡人願㆑得㆑見㆓神物㆒而還㆑之矣。」王亦辞以㆓前対㆒、以㆓銀三千両㆒賜㆓其使㆒、還㆑金而不㆑受。八月使還。蔵㆓其笛於内黄殿㆒。

右によれば、貞元二年（七八六）十月、日本王の文慶が金五〇両で神物とされる新羅の笛を請うので、新羅王がその所在がわからないというと、翌年七月にも再び使者を派遣し金一〇〇〇両で重ねて笛を請うたので、新羅王は前回と同じ返答をし、銀三〇〇〇両を渡して日本へ返したという。この貞元二年は日本の延暦五年にあたるが、これに対応する記事が『三国史記』にも日本側の史料にも見あたらない。文慶王も不詳で、『三国遺事』は文徳天皇もしくはその皇太子と註記するが、その内容を裏付ける史料がほかにないから、こうした外交関係を史実と認定できない。ただし、延暦期は西海道の大宰府官人や郡司・百姓らが結託して関を越えて自在に往来し、「往来商賈相続不レ絶」という状況になっていて、(48)こうした「官人百姓商旅之徒」の多くは京・畿を目指していた。(49)また、前述のように九州北部ですでに一部開始されていたとみられる国際交易が、西海道の官人に京・畿の王臣家も混じる環境もすでにあったとみられるから、(50)元聖王代に、正式な外交使節とは異なるルートで、日本王族を称する者との交流があったとしても不思議ではない。『三国遺事』によって紹介されたこの元聖王の伝承は、こうした史的背景を踏まえて創られた可能性もある。そしてそこで、日本側は金をもたらすとともに、元聖王は銀三千両を彼らに与えたと伝えられているから、八世紀後半の日羅間で、日本側の金、新羅側の銀利用が示唆されることになる。もちろん、この話が実際は七八〇年代よりも新しい時期のものを下敷きにした疑いも払拭できないが、その場合でも結局、新羅において、日本は金を用い、新羅は銀を用いるとする意識が存在したことは認められてよい。

ただし、日本側の私交易における金使用が、こうした時期をさらに大きく遡る可能性は少ないであろう。そもそも、史料上、金の国外への持ち出しは『続紀』宝亀七年（七七六）四月壬申条の在唐する前入唐大使藤原清河に遣唐使を介して支給しようとした砂金大一〇〇両を初見とする。その後、翌八年五月癸酉条では渤海使使都蒙の要求に応じて、黄金小一〇〇両の賜与が認められている。したがって、日本金が積極的に対外交流で利用されるのは宝亀年間以後のこととせねばならない。その後、八三六年までには陸奥国白河郡の砂金採掘量が倍増し、それらが承和期の遣唐使の費用にあてられて、現地活動でも頻繁に使われた。(51)

しかし、それより以前の七五二年の「買新羅物解」では、新羅からの購入品に銀がみえないのに金は散見される。このことは、七五〇年代において日本から国際社会への金流出が想定できるほど、日本国内に十分な金供給がなかったことを示している。周知のように、天平勝宝元年（七四九）、陸奥において産出を開始した日本の金は、しばらく東大寺大仏の塗金用に使われた。塗金作業が終了し、朝廷がその余剰を手にするとみられるのは七六〇年代からである[52]。しかも、『延喜式』大蔵省式・賜蕃客例条では唐皇帝への様々な賜物品のトップに「銀大五百両」とあっても、金の記載がない。入諸蕃使条を含めても遣外使節、蕃客への支給・賜与に平安期に盛んに用いられた金がみえず、これらの規定はすでに指摘のあるように八世紀代のものの反映であろう[53]。このように、対外活動での金使用は新しいのであって、それまで対外交流で貴金属が使用されるなら、唐皇帝への銀の賜与をいう『延喜式』の規定からみて、銀であったとすべきである。ただしその銀も史料上は現実にはあり得ない「蕃客」として来朝した大唐皇への規定に限定されるから、律令国家は対外交渉の場での銀使用も積極的には想定していなかったようだ。

とにかく、宝亀年間は大規模な「征夷」が開始される時期で、以後陸奥での金採掘が積極的に展開したことが予測されるものの、それ以前の天平宝字期の段階の筑前の国際交易は、まだ京・畿の王臣家を積極的に取り込んだ展開とはできないから、国内産の金が筑前に流入する状況はまず想定できない。けれども前述のように西海道官人は対馬産の銀を行政的に処理する立場にあったから、少なくとも、西海道には対外交渉に銀を使う新羅人との間に銀を介して価値基準を共有する条件は存在する。

国際交易の円滑化に価値基準の共有が極めて重要であったことは、『権記』が載せる一〇世紀末来航の宋海商曾令文と日本政府との交易交渉が明瞭に示している。その交渉過程については、河内春人・渡邊誠両氏の研究に詳しいが[54]、それらを参照すると、令文と日本政府との間の価格決定はすぐに金建てで行われたものの、その後日本側が金を不足させてそれを米で支払おうとしたため、金と米の換算率をめぐって交渉が難航した。金で決済されればこの交易は容易に進んだことになる。加えて、実際の代価が米であるにもかかわらず、国際交易における当事者間の物品価値の共有が地金の金を介して可能となった点も留意される。このことからも、新羅人と九州北部有力層との民間交易において、価値基準の共有があったことが想定されなければなるまい。そして「奴婢例文」の銀の記載は、八世紀半ばごろの筑前において銀が、その役割の一端を担っていたことを示すものとしても注目しうる史料と考えられるのである。

むすび

以上、列島における地金の銀の流通が国際的環境のもとに形成されたこと、「奴婢例文」にみる銀素材の貨幣的流通も当時の新羅人渡来の問題とかかわらせて理解できることをあらためて確認することができた。列島の銀流通を支えた国際環境・条件については、史料に基づき、旧稿以上の具体像を示すことができたと考える。

ところで、松原弘宣氏は、『日本三代実録』（以下『三代実録』と記す）貞観八年（八六六）七月十五日条が記す肥前国南部有明海周辺の郡領氏族らと新羅人らの共謀による対馬襲撃計画を、その前年に対馬の下県郡で銀採掘が再興されたことに留意して、彼らの対馬襲撃も、新羅商人との交易に銀が使われていたためではないかと推測している[55]。本章の検討を踏まえれば、そうした状況は疑われてよい。ただし、その再掘をいう『三代実録』貞観七年八月十五日条によれば、この時期の実態は、坑道の崩落や浸水で、「司・私」の採掘が困難となっていたようだ。大宰府はこれを公費を使い延暦十五年例によって再興したいと要請しているから、延暦期にも同様の措置がなされたことが知られる。すなわち、中央の政府や王臣家の注目を集めて増産されていく金とは対照的に[56]、対馬における銀の採掘は、八世紀末以降不安定な状況に置かれ不振であった。しかも『文徳実録』天安元年（八五七）六月庚寅条によれば、この時対馬では、郡領らが党類三〇〇人ほどを率いて島守らを殺害する事件がおこったらしく、その背景に過大な銀生産を強要された島民の不満も想定されている[57]。中央の王臣家が積極的に参加するようになった平安期日本の国際交易において、銀ではなく金が重要な価値基準に選ばれていった背景には、こうした金銀の列島における産出・流通状況の差が影響していたのではないかと思われる。

註

（1）今村啓爾「木簡に見る和銅年間以前の銀と銀銭の計量・計数単位」（『史学雑誌』一一一―八号、二〇〇二年）、松村恵司「無文銀銭の再検討」（松村恵司・栄原永遠男編『古代の銀と銀銭をめぐる史的検討』〈科学研究費補助金基盤研究（B）（2）「富本銭と和銅開珎の系譜をめぐる比較研究」二〇〇二年度研究集会報告書〉二〇〇四年）、三上喜孝『日本古代の貨幣と社会』第一部第四章（吉川弘文館、二〇〇五年）、江草宣友「古代日本における銀と銀銭―和同開珎発行の前後―」（『史叢』七四号、二〇〇六年）。
（2）拙著『日本古代国家の民族支配と渡来人』第二編第三章（校倉書房、一九九七年）。
（3）今村啓爾「無文銀銭の流通とわが国初期貨幣の独自性」（『史学雑誌』一〇九―一号、二〇〇〇年）。
（4）武田幸男『高句麗史と東アジア』（岩波書店、一九八九年）、韓昇『日本古代的大陸移民研究』（文津出版社、一九九五年）、李成市『古代東アジアの民族と国家』（岩波書店、一九九八年）、川本芳昭『魏晋南北朝時代の民族問題』おわりに（汲古書院、一九九八年）、拙稿「武の上表文―もうひとつの東アジア―」（平川南他編『文字と古代日本』二、吉川弘文館、二〇〇五年）。
（5）田村晃一・藤井和夫「異文明への憧れ」（田村晃一他編『新版　古代の日本』二、角川書店、一九九二年）。
（6）早乙女雅博「金銀の装身具」（『古代東アジアにおける倭と加耶の交流』〈第五回歴博国際シンポジウム〉国立歴史民俗博物館、二〇〇二年）。
（7）李成市「新羅の国家形成と加耶」（鈴木靖民編『倭国と東アジア』〈『日本の時代史』二〉吉川弘文館、二〇〇二年）。
（8）吉井秀夫「朝鮮の墳墓と日本の古墳文化」（鈴木靖民編前掲註7書）、山本孝文「考古学から見た百済後期の文化変動と社会」（辻秀人編『百済と倭国』高志書院、二〇〇八年）。
（9）田村晃一・藤井和夫前掲註（5）論文、早乙女雅博前掲註（6）論文。
（10）武田佐知子『古代国家の形成と衣服制』第一編第二章（吉川弘文館、一九八四年）。
（11）小浜成「金・銀・金銅製品生産の展開―帯金具にみる五世紀の技術革新の実態―」（『中期古墳の展開と変革―五世紀における政治的・社会的変化の具体相（一）―』第四四回埋蔵文化財研究集会実行委員会、一九九八年）。

（12）拙稿「渡来人と王権・地域」（前掲註7書）。
（13）拙著『倭国と渡来人—交錯する「内」と「外」—』（吉川弘文館、二〇〇五年）。
（14）今村啓爾前掲註（1）論文。
（15）「覩貨邏」と「堕羅」がイコールであることは、『書紀』斉明三年七月辛丑条が「覩貨邏人」に関し「或本云、堕羅人」と注記することから明らかである。
（16）井上光貞「吐火羅・舎衛考」（『井上光貞著作集』一一、岩波書店、一九八六年）。
（17）西本昌弘「飛鳥に来た西域の吐火羅人」（『関西大学東西学術研究紀要』四三輯、二〇一〇年）。
（18）西本説を支持するものとして鈴木靖民「遣唐使と古代の東アジア」（遣唐使船再現シンポジウム編『遣唐使船の時代—時空を駆けた超人たち—』角川学芸出版、二〇一〇年）がある。
（19）伊東利勝「綿布と旭日銀貨—ピュー、ドゥヴァーラヴァティー、扶南—」（池端雪浦他編『東南アジア史』一、岩波書店、二〇〇一年）参照。
（20）森安孝夫「シルクロード東部における通貨—絹・西方銀銭・官布から銀錠へ—」（同責任編集『中央アジア出土文物論叢』朋友書店、二〇〇四年）、同『シルクロードと唐帝国』（講談社、二〇〇七年）三三四～三三七頁。
（21）拙稿前掲註（2）論文。
（22）栄原永遠男『日本古代銭貨流通史の研究』第一・二章（塙書房、一九九三年）。なお現在までのところ、木簡においても、八世紀半ば以降も銀地金が貨幣的機能を持って流通していた痕跡などは確認されていない。
（23）『古文書集二』（早稲田大学蔵資料影印叢書、一九八五年）。なお現在は、その比較的細密なカラー写真が、早稲田大学図書館のホームページでも公開されている（http://www.wul.waseda.ac.jp/kotenseki/index.html）。
（24）亀田隆之「観世音寺の奴婢」『日本古代制度史論』第二編（吉川弘文館、一九八〇年）。
（25）森哲也「「延喜の奴婢停止令」と観世音寺文書」（『市史研究　ふくおか』二号、二〇〇七年）。
（26）亀田隆之前掲註（24）論文。
（27）二〇〇三年三月八日に奈良文化財研究所飛鳥藤原調査部で行われた研究集会「古代の銀と銀銭をめぐる史的検討」における、栄原永遠男氏のご教示による。

(28) 亀田隆之前掲註(24)論文。
(29) 小葉田淳『日本鉱山史の研究』第二部Ⅱ(岩波書店、一九六八年)。
(30) 長登銅山遺跡出土木簡については八木充「奈良時代の銅の生産と流通」(『日本歴史』六二一号、二〇〇〇年)、畑中彩子「長登銅山遺跡出土の銅付札木簡に関する一試論」(『木簡研究』二五号、二〇〇三年)、同「長登銅山にみる日本古代の銅の流通と輸送経路」(鐘江宏之他編著『東アジア海をめぐる交流の歴史的展開』東方書店、二〇一〇年)、橋本義則「銅の生産・消費の現場と木簡」(平川南他編『文字と古代日本』三、吉川弘文館、二〇〇五年)、佐藤信「官営鉱山と大仏造立」(木簡学会編『木簡から古代がみえる』岩波書店、二〇一〇年)参照。
(31) 『続紀』天平宝字四年四月丁卯条。
(32) 『続紀』天平宝字三年九月壬午条。
(33) 佐伯有清『最後の遣唐使』第四章(講談社、二〇〇七年)、李炳魯「九世紀初期における「環シナ海貿易圏」の考察—張保皐と対日交易を中心として—」(『神戸大学史学年報』八号、一九九三年)、濱田耕策『新羅国史の研究—東アジア史の視点から—』第二部第四章(吉川弘文館、二〇〇二年)、吉川真司「平安京」(同編『平安京』〈『日本の時代史』五〉吉川弘文館、二〇〇二年)など。
(34) 坂上康俊「古代東アジア国際秩序の再編と日韓関係—七~九世紀—」第三章第四節(『第二期日韓歴史共同研究報告書(第一分科会篇)』日韓歴史共同研究委員会、二〇一〇年)。
(35) 李成市『東アジアの王権と交易』Ⅵ章(青木書店、一九九七年)。
(36) なお、この『続紀』の「新羅交関物」の記事については、新羅海商との交易を記したとする以外に、入京しなかった新羅使との筑紫館(後の鴻臚館)での交易を記したものとする見方もあり、依然見解が分かれる。
(37) 小野勝年『入唐求法巡礼行記の研究』第四巻第一章第三節(鈴木学術財団、一九六九年)、吉田孝・大隅清陽・佐々木恵介「九—一〇世紀の日本—平安京—」(朝尾直弘他編『岩波講座日本通史』五、岩波書店、一九九五年)など。
(38) 酒寄雅志『渤海と古代の日本』第二編第五章(校倉書房、二〇〇一年)。
(39) 堀敏一『東アジアのなかの古代日本』第八章(研文出版、一九九八年)。
(40) 森安孝夫前掲註(20)書第七章、第八章。
(41) 石井正敏『日本渤海関係史の研究』第三部第三章(吉川弘文館、二〇〇一年)。

(42) 石井正敏『東アジア世界と古代の日本』(山川出版社、二〇〇三年)八一～八二頁。
(43)『続紀』天平宝字二年八月癸亥条。
(44) 須川英徳「高麗から李朝初期における諸貨幣」(『歴史評論』五一六号、一九九三年)、同「朝鮮前期の貨幣発行とその論理」(池享編『銭貨―前近代日本の貨幣と国家―』青木書店、二〇〇一年)。
(45) 金文経「在唐新羅人社会と仏教―入唐求法巡礼行記を中心にして―」(『アジア遊学』二六号、二〇〇一年)。
(46) 九州歴史資料館「大宰府史跡」(『昭和五一年度発掘調査概報』一九七七年)。
(47) 石井正敏「八・九世紀の日羅関係」(田中健夫編『日本前近代の国家と対外関係』吉川弘文館、一九八七年)、山内晋次『奈良平安期の日本と東アジア』一部第三章(吉川弘文館、二〇〇三年)、坂上康俊前掲註(34)論文。
(48)『類従三代格』巻六・大同四年正月二十六日官符所引延暦十二年八月十四日官符。
(49)『類聚三代格』巻八・延暦二年三月二十一日官符、同巻一六・延暦十五年十一月二十一日官符。
(50) 拙稿前掲註(2)論文。
(51) 拙稿「入唐僧(生)をめぐる諸問題―平安時代を中心として―」(『史学研究集録』一八号、一九九三年)。
(52) 吉川真司「国際交易と古代日本」(紀平英作他編『京都と北京―日中を結ぶ知の架橋―』角川書店、二〇〇六年)。なお、本書第一部第一章も参照。
(53) 東野治之「『延喜式』にみえる遣外使節の構成」「遣唐使の文化的役割」(『遣唐使と正倉院』岩波書店、一九九二年)。なお、酒井健治「『延喜大蔵式』賜蕃客例条の性格と成立期について」(栄原永遠男編『日本古代の王権と社会』塙書房、二〇一〇年)は、賜蕃客例条のうち、新羅部分は天武期に遡る可能性を指摘する。
(54) 曾令文と日本政府との交渉については、河内春人「宋商曾令文と唐物使」(『古代史研究』一七号、二〇〇〇年)、渡邊誠「平安中期、公貿易下の取引形態と唐物使」(『史学研究』二三七号、二〇〇二年)参照。
(55) 松原弘宣「九世紀代における対外交易とその流通」(『愛媛大学法文学部論集』〈人文学科編〉六号、一九九九年)。
(56) ただし渡邊誠「平安期の貿易決済をめぐる陸奥と大宰府」(『九州史学』一四〇号、二〇〇五年)によれば、蝦夷支配に対する財政負担などにより、陸奥国貢金の貿易決済への全面依存の確立は延喜五年(九〇五)まで待たねばならないという。
(57) 平野博之「在地勢力の胎動と大宰府支配の変容」(下条信行他編『新版　古代の日本』三、角川書店、一九九一年)。

第二章　江南の新羅系交易者と日本

はじめに

唐・日本にも拠点を持つ新羅人によって最初の活況を迎えた平安期日本の国際交易は、九世紀後半になってその牽引役を唐商に明け渡したかにみえる。今、研究史からこの変化を大雑把に捉えるならば、概ね以下のように素描できるのではなかろうか。

すなわち、新羅海上勢力の首領たる清海鎮大使張宝高（保皐）が新羅国内の対立とかかわり八四一年に殺害されると、主導者を失った新羅人の交易活動は個別・分散化し、日本王権と対立を深める場面も度々みられるようになった(1)。こうしたなか、管理交易を重視する日本政府は新羅人への警戒を強め、彼らを排除するとともに、それにかわる存在として唐を拠点とする海商との管理交易を積極的に推進・整備する(2)。一方、唐商らも、新羅人との連携や唐国内情勢の後押しにより、この日本側の要請に応えるだけの実力を備えつつあった(3)。

けれども、上記の対日交易の変動を日本列島の西に広がる海域から捉え直すならば、それは研究史から浮かび上がる主役の変化にとどまらない。ここに地理的変化がともなっていたことも留意すべきである。唐の対日交易拠点が、長江以北沿岸部から長江以南沿岸部へ移動するという問題である。この移動は、大きくは中国史の動向、すなわち江淮地域の中核都市揚州が八世紀後半ごろより砂州の広がりで舟運困難な状態に陥り、さらには九世紀後半の度重なる戦乱などで荒廃する一方、江南経済は徐々に発展し、自然の良港を持つ明州などが重視されるようになる動きと関係するだろう。(4) しかしこれだけでは、対日交易拠点の地理的移動がなぜ九世紀中葉になって顕在化するのかを説明できない。そこで本章では、以上の九世紀中葉の変動を、主に唐における新羅系交易者の動向に注目しながら考察し、九世紀東アジアの複雑な連関史の一端を明らかにしたいと思う。

一　江南と新羅系交易者

1　江南における新羅人の交易拠点

新羅出身者たちの唐における交易活動・拠点については、円仁の在唐日記『入唐求法巡礼行記』（以下『行記』と記す）によって、八四〇年代前後の、特に長江以北の揚州・楚州から山東半島に到る沿岸部の様相がよく知られている。しかし、中国の地方志などを参照するならば、新羅系の人々の交易活動・拠点は長江以南にもあった。すなわち明代の『明一統志』巻四七・台州府山川条は、台州府東南三十里の「新羅嶼」が「新羅国賈人」の船の整備地であったこと、府の西三十里には「新羅山」のあることなどを記している。これはおそらく、南宋代の『赤城志』巻二・坊市黄巖条が、台州黄巖の地名「新羅坊」は五代期の新羅人居住に由来すると記すことと関連するだろう。新羅坊のあった黄巖は、現在の臨海市南郊台州湾に近い黄岩区にその遺称が認められ、当地と台州湾は河川によってつながる。一〇世紀前半ごろまでには、ここに新羅人居留区が形成され、台州湾の島が彼らの交易船の整備地として利用されていたのだろう。新羅人交易船の寄港地はその北方明州管内にもあったらしく、南宋代の『宝慶四明志』巻二一・象山県志叙山条は、「新羅嶴山」が新羅国人の舟の停泊地であったとする現地の伝承を掲載する。

そこで、江南における新羅系交易者の登場について考えると、『旧唐書』巻一九一・新羅国伝に、元和十一年（八一六）、「新羅飢。其衆一百七十人求レ食二於浙東一」とあって、新羅系交易者を生み出す原因ともなった新羅の飢饉・疫病の蔓延と人口流出が、少なくとも九世紀前半には浙東地域にまで及んでいたことを確認できる。加えて考古学からは、張宝高（保皐）の拠点であった韓国莞島の清海鎮遺跡から出土した青磁のなかに、九世紀中期前後の越州青磁があるとの指摘がなされ[5]、韓国でも、これが張保皐の貿易船の明州における直接交易を示す証左と理解されているようである[6]。

けれども以上の史資料から、張宝高の時代、もしくはそれ以前に、新羅人が江南にも交易拠点を築き、そことの直接交易を活発化させていたと推断するのは早計ではなかろうか。元和十一年（八一六）に食料を求めて浙東にたどり着いた新羅人たちは、結局どこに安置されたか定かではない。彼らが当地を拠点とする交易者に成長したと示唆する史料もない。越州青磁についても、以下で述べるように、これを新羅人の明州での直接交易の成果とみるよりも、揚州を介した交易の成果と考える方が史料に即していると思う。

すなわち、『行記』開成四年（八三九）正月八日条によれば、新羅人王請は、弘仁十年（八一九）、唐人張覚済兄弟とともに揚州を出港し、出羽国に漂着している。『行記』はこの唐人兄弟の出身地までは記さないが、『日本紀略』弘仁十年六月壬戌条、同十一年正月乙未条によれば、彼らが漂着した同じ年、唐越州の周光翰・言升則らも新羅人船で来日し、翌弘仁十一年に渤海使にしたがい帰国している。『行記』『日本紀略』がそれぞれ同年のこととして記録する新羅人・唐人混交の交易船は、関連する可能性が高い。ならば、その船は揚州からの出港だから、ここに新羅人と唐越州人との接点としての揚州が浮かび上がる。莞島の越州青磁もまずはこうした関係の中で捉えた方が良かろう。

そこであらためて、現存史料から新羅系の江南地域での交易活動の確実な初例を探すと、それは九世紀中葉の唐大中年間が最も早いだろう。『行記』大中元年（八四七）六月九日条、同七月二十日条によれば、円仁は、山東半島南岸の乳山長淮浦から、唐人江長、新羅人金子白・欽良暉・金珍らの操る「蘇州船」に途中乗船し、この年帰国した。その船は、蘇州松江口から出航していて、おそらくは蘇州管内から呉淞江沿いに長江から大海へ漕ぎ出した船とみられる。円仁は『行記』大中元年六月二十六日条、同七月二十日条において、これを「金珍船」「金珍等船」とも称し、『続日本後紀』（以下『続後紀』と記す）嘉祥元年三月乙酉条もこれを「新羅商船」と記すから、新羅人金珍を中心とする商船であった。また『行記』大中元年六月九日条によれば、金珍らは後述の楚州の新羅人劉慎言に円仁への伝言を付託しており、楚州の在唐新羅人社会ともつながっていたらしい。しかも円仁が停泊中の金珍船に乗船した山東半島の乳山の地は、『行記』開成四年四月二十六日条によって、付近に新羅人集落も存在したことがわかる。要するに、唐人とともに「蘇州船」を操る新羅人らは、楚州―山東半島の新羅人ネットワークとも深いかかわりを持っていたのである。

なお、「蘇州船」の新羅人欽良暉は、その後、日本僧円珍の入唐にもかかわっている。「大師帰朝請弘伝官牒款状」（『平安遺文』九―四四九二）、「延暦寺僧円珍牒」（『平安遺文』一―一〇三～一〇九）などによると、大中七年（八五三）、欽良暉は「大唐商客」王超・李延孝らと円珍を唐へ送っているのである。その船は、流求漂着の後、福州・温州を経由し台州へ到った。円珍は大中十二年、再び台州から「商人李延孝船」で帰国するから、李延孝が江南を拠点とする商人であったことは間違いない。(7) 延孝は「渤海国商主」とも称し、渤海出身者の可能性も指摘されているが、(8) 同乗の王超は、「大師台州公験写」（『平安遺文』一―一二四）に「新羅商人王超」とあるように、やはり新羅出身者とみられる。以上のことから、新羅系海商の江南との直接交易は、唐大中年間には始まっていたとして良かろう。

2　李隣徳と在唐新羅人

以上のように、新羅系交易者の活動は、九世紀中葉の唐大中年間には江南地域にも直接及んでいた。ただし、多くの先行研究が述べるように、唐会昌期の明州の李隣徳を在唐新羅人とみなすならば、その初見はさらに数年ほど遡らせることができる。

李隣徳の活動は主に『行記』によって伝えられるが、円仁自身は彼の出自について何も記さない。そのため、かつて李隣徳は唐人として扱われていた。しかし近年は、根拠があまり明確ではないものの、彼を在唐新羅人とみなす向きが強い(9)。そこで、その関連史料を以下に掲げて、この点を確認してみたいと思う。

〔史料14〕『行記』会昌元年（八四一）九月七日条

聞、日本国僧恵蕚、弟子三人到二五臺山一。其師主発願、為レ求二十方僧供一、却二帰本国一。留二弟子僧二人一令レ住二臺山一。

〔史料15〕『行記』会昌二年（八四二）五月二十五日条

又楚州新羅訳語劉慎言今年二月一日寄二仁済一送書云「（中略）恵蕚和尚附レ船到二楚州一。已巡二五臺山一、今春擬レ返二故郷一。慎言已排二比人船一訖。其蕚和尚去秋暫往二天台一。冬中得レ書云『擬下趁二李隣徳四郎船一、取二明州一帰国上』。依下蕚和尚銭物衣服幷弟子悉在二楚州一、又人船已備上、不レ免二奉邀一、従レ此発送一。」

〔史料16〕『行記』会昌五年（八四五）七月五日条

見二訳語一有人報云「同従二日本国一過来船両隻、到二江南常州界一着岸。去二此間一三千余里。擬下売二却船一、別雇二唐船一載レ物来上。」是恐会昌二年送二円載闍梨弟子等一船、令二却廻一歟。今欲レ擬二差レ人探去一。又「日本国恵蕚闍梨子（弟脱カ）、会昌二年、礼二五臺山一、為レ求二五臺供一、就二李驎徳船一、却二帰本国一去、年々将二供料一到来。今遇二国難一還俗、見在二楚州一」云云。

〔史料17〕『行記』会昌六年（八四六）正月九日条

九日、前遣二楚州一取二文書功徳等一使、大使家人高山到来。得二楚州訳語劉慎言書一云（中略）又云「近得二的信一、李隣徳船廻。」兼云「日本客相随来、因尋二訪陶中等消息一去。」次「如有二彼国信来一、即専附上」云云。高山云「在二楚州一、親見二従レ船下来人一。云、有二二僧人一、専為二請益僧一就レ船来到、今遇二僧難一、裹レ頭在」云云。

史料14・15によれば、日本僧恵蕚は、弟子二人とともに会昌元年（八四一）ごろ日本から楚州に到着し、五臺山を巡礼後、翌年春には帰国する予定で楚州の在唐新羅人通訳劉慎言に人や船の準備を依頼していた。当時、ここ江淮流域の経済的要地楚州には、在唐新羅人らが居住する「新羅坊」があり、唐における新羅人たちの一大交易拠点となっていた[10]。特に、この地で恵蕚の帰国の準備を担当した劉慎言は、『行記』会昌二年五月二十五日条に、新羅船の廻船によって日本からもたらされたとみられる求法僧らへの活動資金や書状を管理したことや、『行記』会昌五年七月三日条・同五日条に、円仁の帰国を支援し、円仁請来品の一時保管まで引き受けていることなどが記されている。恵蕚の在唐活動中、楚州には彼の金銭・物品が預けられたが、その管理を行ったのも慎言であろう。『行記』大中元年六月五日条によれば、慎言は後に楚州新羅坊総管にも就くから、楚州において新羅人の対日ネットワークの中核を担う実力者であった。会昌元年から二年にかけての恵蕚の在唐活動は、こうした慎言らを中心とする楚州の在唐新羅人の協力を前提に計画されていたのである。

ところが史料15にあるように、会昌元年秋、五臺山巡礼を終えた恵蕚はその足で南の天台山へ赴き、冬には慎言へ手紙をよこして、明州から李隣徳船で帰国する旨を伝えてきた。恵蕚の金銭や物品、弟子らはみな楚州にある上、人

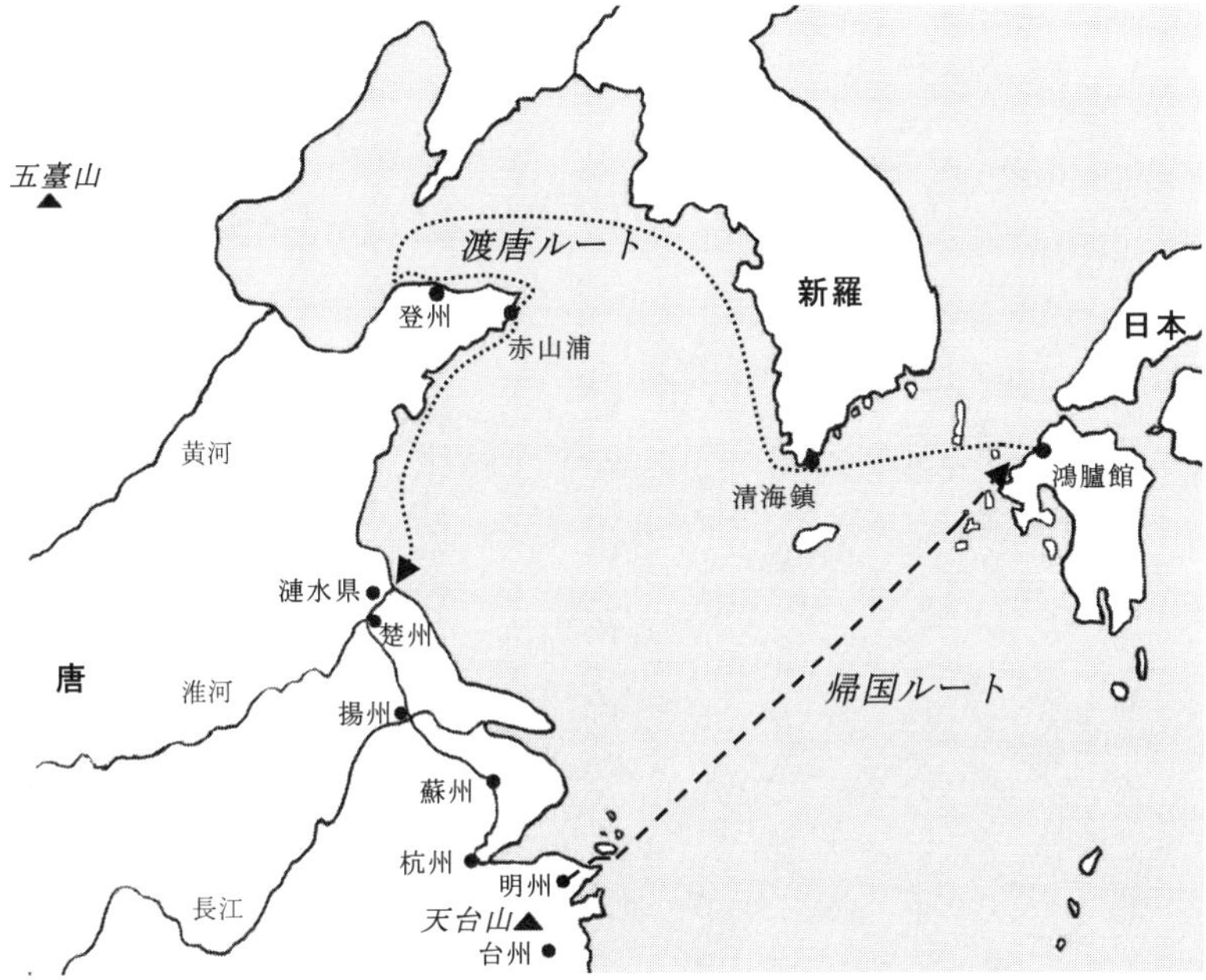

図３　恵蕚の第一次渡唐と帰国のルート

と船の準備も終えていた慎言は、これを聞いても恵蕚が楚州から帰国するだろうと考えていた。しかし史料16によれば、恵蕚は会昌二年（八四二）、宣言どおりに李隣徳船で帰国している。結局これが、以後日唐交易において盛んに利用される明州・杭州—舟山群島—日本を結ぶルートの初見となる。[11]

ただし、この李隣徳も、恵蕚が当初頼った劉慎言率いる楚州の在唐新羅人らと関係があった。円仁は李隣徳の動向を、史料15・史料17では慎言の書簡から、史料16では慎言宅においてある人から伝え聞いており、慎言のもとには日唐を往来する隣徳船の情報が絶えず入っていたことが知られる。しかも史料17によれば、会昌六年（八四六）初頭、慎言の円仁宛書簡には、隣徳船が帰唐したこと、その船に従い来唐した「日本客」が陶中の消息を尋ねて慎言のもとを訪れたことなどが記されていた。この時円仁は、別の新羅人から楚州で下船し円仁を探す二人の日本僧のことも聞いているから、日本から帰唐した隣徳船は、日本客・僧を乗せて楚州へ帰着したとみられる。したがって、明州で活動する李隣徳が、金珍・欽良暉らと同様、楚州の在唐新羅人につらなる交易者であったことは間違いない。こうしたことから、李隣徳は、五臺山巡礼後の恵蕚の江南での活動を、恵蕚が頼る楚州の劉慎言らとの関係から支援することになった在唐新羅人だったのではないかと疑われる。

しかし、この李隣徳の例も、江南における新羅人の交易拠点形成を八四〇年代より前に遡らせるものではない。したがってここに、彼らの江南交易は、ひとまず八四〇年代に一つの画期があったことが予測されることになるだろう。

二　『入唐求法巡礼行記』にみる唐会昌期の在唐新羅人

1　会昌の廃仏と在唐新羅人

そこで、江南で新羅人の直接交易が始まる八四〇年代の唐情勢に注目してみると、まずは、当該期に激しさを増す唐朝廃仏政策の影響が新羅系交易者にも及んでいたことが留意される。このことは主に『行記』によって知られることである。

『行記』によれば、いわゆる会昌の廃仏は会昌二年（八四二）三月より顕在化するが、[12] それが「外国僧」にまで直接及ぶようになるのは会昌五年からである。すなわち、祠部牒を持たない「外国僧」は還俗のうえ「遞帰本国」という勅が下り、五月十三日、円仁のあった長安資聖寺にもその命が届いて、彼は俗衣を着て帰国の途に着いた。この時、円仁の立てた帰国の計画は、自らが参加した遣唐使船の帰国に倣い、在唐新羅人を頼って楚州から新羅船で渡海するというものである（会昌五年六月二十三日条）。しかし、勅にしたがい駅次に沿岸部へ向かう円仁は、廃仏政策の恐ろしい現実を目の当たりにする。泗州では泗州大師（僧伽和尚）信仰の中心にあった普光王寺がまさに破壊されようとしていた（会昌五年六月二十二日条）。揚州では、強制還俗させられた僧尼が本貫地に帰されるのに出会う。寺仏は破壊され、寺財も没官の処分を受けていた（会昌五年六月二十八日条）。そして、この厳しさは、円仁が頼みとした楚州も例外ではなかったという。楚州到着後の円仁は、劉慎言の全面的な協力を得てここからの渡海許可を得ようとしたが、州県の役人はこれをまったく受け付けず、楚州からの退去を命じたのである。以下はその時の記事である。

〔史料18〕『行記』会昌五年七月三日条

七月三日、得レ到二楚州一。先入二新羅坊一、見二惣管當州同十将薛・新羅訳語劉慎言一。相接存問慇懃。文書籠子、船上着二訳語宅一。便入二山陽県一、通レ状具申二本意一。「日本国朝貢使、皆従二此間一上レ船、過レ海帰国。円仁等遞到二此間一。帰国、請従二此間一過レ海。」県司不レ肯、乃云「當州未二是極海之処一。既是准レ勅遞過、不二敢停留一。事須遞到二登州地極之処一、方可二上レ船帰国一者。」新羅訳語劉慎言自到レ県、用レ物計二会本案一、即計与二県令肯一。乃云「此間是文法之処、兼在二李紳相公管内一。准レ勅遞過之人、両日停留、便是違勅之罪」云云。

史料18によれば、州県は、円仁を楚州から渡海させてしまうと、駅次に「極海之処」から本国へ送れという勅命に違反することを恐れていた。その法令遵守の頑強さは、役人自身の言い訳によれば、当地が「李紳相公管内」であったことに起因する。

『旧唐書』巻一七三・李紳伝によれば、李紳は廃仏を推進した宰相李徳裕の一派である。彼は前任者李徳裕の後を継ぎ、開成五年（八四〇）から会昌二年（八四二）と会昌四年から会昌六年、揚州を本営とし、楚州など九州を管轄する淮南節度使の地位にあった。(13)『行記』では会昌二年十月九日条に、廻鶻国を討つと約した僧眩玄の武器製造の失敗を処罰するため、天子に奏上して法規を起こし、眩玄を死刑に処した宰相としても記録されている。円仁が揚州で遭遇した廃寺・強制還俗・寺財没官の措置といい、中央の政策を支持する李紳の、廃仏に対する厳格さは際立っていたとみられる。

したがって、「極海之処」たる登州へ向かうこととなった円仁の旅の安全を気遣い、彼の経典・仏画類を隠し預かった慎言が（会昌五年七月五日条）、結局その厳しい取り締まりに耐えかねて、その多くを焼却処分としてしまったのも仕方のないことであったろう（会昌六年正月九日条・六月二十九日条）。楚州において対日ネットワークの中核を担う慎言にも、廃仏政策は大きな影を落としていたのである。

そしてこの唐朝の廃仏政策が、淮南道を超え、山東半島の新羅人社会にも確実に影響を与えていた。登州での廃仏が、新たに赴任した刺史によって、勅令を遵守した京長安と変わらぬ徹底ぶりだったことは円仁も記すとおりで（会昌五年八月十六日条）、在唐新羅人の精神的支柱として機能した赤山法花院[14]までもが廃寺の憂き目に遭い、破壊し尽くされてしまっている（会昌五年九月二十二日条）。

2　新羅人ネットワークの衰退

同じころ、円仁が帰国の頼りとした新羅人のネットワークにも大きな変化が生じていた。そのことは、次の史料によって知られる。

〔史料19〕『行記』会昌五年七月九日条

九日、斎時、到二漣水県一。県属レ泗。縁二楚州訳語一有レ書、付送二漣水郷人一。所レ嘱令三安存兼計二会留鉤一之事。仍到レ県、先入二新羅坊一。坊人相見心不二慇懃一。就二物管等一苦覓二識認一、毎事難レ為。隅二崔暈第十二郎一。曾為二清海鎮兵馬使一。在二登州赤山院一時一度相見。（中略）相期之後、其人又帰到二新羅一、遇二国難一逃至二漣水一住。今見便識、情分不レ疎。竭レ力謀二停住之事一、苦覓二識認一。管等俛仰計レ之。仍作レ状入レ県見二長官一、請下停二泊當県新羅坊内一、覓レ船帰国上。長官相見哀憫、喚二祇承人一処分、令下勾二當茶飯一飲食上、且令三将見二長官一。問云「新羅坊裏曾有二相識一否。」答曰「縁下開成四年日本国朝貢使従二楚州一発帰国時、皆於二楚州及當県一抽上レ人、的令レ有二相識一。」長官処二分祇承人一云「領二和上一到二新羅坊一、若人識認、即分付取二領状一来。若無二人認一、即却領二和上一来。」便共レ使同到二坊内一。惣管等擬レ領、別有二専知官一不レ肯。所以不レ作二領状一、却到二県中一。（中略）崔十二郎供作二主人一。得二県牒及逓送人一、向レ州発去。崔十二郎雇レ船、排二比路糧・碗畳・菜蔬等一一切周備。便相別云「弟子有レ心、欲レ得下留二和尚一従レ此発送帰国上。縁二衆人不レ肯、及官家牒已了一、努力不レ及、不レ遂二本心一。秋後自擬レ到二登州界一、方冀相訪」云云。

史料19は、楚州から登州へ向かう途中の円仁が、漣水県に立ち寄り、ここの新羅人らに協力を要請した際のものである。それによれば、淮河によって楚州と結ばれた漣水県にも新羅坊があり、承和の遣唐使は、楚州と漣水の新羅人らの連携した協力を得て帰国した。その例に倣い漣水の新羅人を頼った円仁は、自身の「安存」「留鈎」を依頼する楚州劉慎言からの紹介状を持参したのである。ところが、円仁がその書状を漣水の新羅人に付送しても、新羅坊人らの態度は「心不二慇懃一」で、坊の惣管もまったく取り合わない。この時、慎言の書状は、漣水県の新羅人に期待どおりの効果をまったく発揮しなかったのである。

しかしそれは、漣水県の新羅人が唐朝の廃仏政策を恐れたからだけではなかろう。慎言書状を持参した円仁に対しまったく冷ややかだった新羅坊惣管らは、漣水に逃げ住むかつての清海鎮兵馬使崔暈の取り計らいがあると、一転円仁に同調し、県の長官をも動かし、さらには円仁の身元引き受けすら買って出ようとしているからである。その姿勢は、楚州劉慎言の書状を受けた時の対応とは明らかに対照的である。すなわちここに、楚州と漣水の在唐新羅人の関係に溝が生じていたことが窺われ、遣唐使帰国時と比べて、在唐新羅人社会の連携力・組織力が著しく低下した実態が浮かび上がるのである。

右のことは、漣水の崔暈が「国難」を避けた〝亡命者〟であったこと、すなわち、当地に張宝高（保皐）暗殺の混乱が直接及んでいたことと無関係ではあるまい。実際、宝高暗殺は、以下にみるように在唐新羅人たちの活動に深刻な影響を与えていた。

前掲史料16によれば、会昌五年（八四五）七月、円仁は楚州劉慎言宅で二隻の日本からの船が長江河口部南岸の江南道常州に着岸したことを伝え聞く。この船の目的地は楚州だったので、彼らは乗ってきた船を売り唐船を雇って、荷を積み替えて楚州へ向かうことになったらしい。これを聞いた円仁は、会昌三年に円載の弟子らを送った船が帰唐したのだろうと考えた。その船のことは、『行記』会昌三年十二月条、同四年二月条にみえ、それによれば、天台山にあった留学僧円載は、尽きた衣糧の再支給を本国に要求するため、楚州の劉慎言に依頼し、弟子僧仁好らを日本へ送り届けてもらっている。慎言は船一隻を用意し、会昌三年九月、彼らを日本へ発遣した。一方『続後紀』承和十年（八四三）十二月癸亥条には「入唐留学天台宗僧円載之弟子、仁好・順昌、与二新羅人張公靖等廿六人一、来二着於長門国一」とあるから、この船は、楚州出航から三ヵ月を費やし日本に到着している。あるいは、会昌五年の常州到着船がその廻船とする円仁の推測が外れていたとしても、船の目的地が楚州にあったこと、その情報が慎言宅に持ち込まれていることなどからみて、楚州の在唐新羅人につらなる船であったことは間違いあるまい。

しかし、この船が楚州を一旦飛び越え常州に帰着したとすると、それは朝鮮半島西海岸から山東半島へ到るルートではなく、新羅海岸沿いを避け直接唐土に到るいわゆる南路をとっていたことになる。どうやら彼らは、わざわざ新羅西海岸海域の通過を避けたらしい。その理由は、八四一年の張宝高殺害の混乱によるとみるのが正しかろう。新羅西海岸は本来宝高の影響下にあったが、当地には宝高に不満を持つ群小海上勢力もあり、宝高と新羅朝廷との間に亀裂が生じると、彼らは朝廷側に加勢したとみられている(15)。しかも宝高暗殺後、暗殺を支持した王京人らが新羅西海岸を影響下に置こうとしていた形跡もある(16)。

帰国のために新羅人金珍船でこの海域に踏み込んだ円仁も、やはりその緊張ぶりを伝えている。『行記』大中元年(八四七)九月六日条によれば、この時円仁は、新羅武州南界のおそらくは莞島の近くと思われる「黄茅嶋」に停泊中、船上にやって来た新羅人から、対馬の漂流漁民らが武州で囚禁され、一人が病死したことを聞かされた。宝高死後の当地では来航船が厳しく警戒されたことが知られよう。さらにその二日後の八日条で円仁は「聞二悪消息一、異常驚怕、無レ風発不レ得」と記す。円仁が恐れた「悪しき消息」の中身は不明だが、在唐新羅人の船を使う円仁ですら、ここが安全な場所ではなかったのである。

このように、宝高死後の新羅人の交易は対立・分裂を抱え、在唐新羅人の交易ルートも危険を増していたとみられる。ならば、史料19にみる楚州・漣水間の在唐新羅人社会の矛盾も、その反映とみて大過なかろう。事実、在唐新羅人社会内部に対立のあったことは、登州の例からも知られる。すなわち、漣水県から「地極之処」登州文登県界に到達した円仁は、ここの新羅人戸を勾当する張詠の援助でようやく帰国船を準備できた(会昌五年八月二十七日条)。ところが、船の竣工直後、新羅王冊立のために当地に立ち寄った唐使に張詠を讒言した者があり、この船も出航できなくなった。以下はその際の記事である。

〔史料20〕『行記』大中元年閏三月十日条

間〔開カ〕、入新羅告哀兼予祭冊立等副使試太子通事舎人・賜緋魚袋金簡中、判官王朴等、到二當州牟平県南界乳山浦一、上レ船過レ海。有レ人諸〔讒カ〕二佞張同軍将一「遣二国章一、擬レ発二送遠国人一、貪造レ舟、不三来迎二接天使一」云云。副使等受二其讃〔讒カ〕言一、深怪牒「挙二国制一不レ許三差レ船送レ客過レ海等二。」張大使不三敢専拒二、仍従二文登界一過レ海帰国之事不レ成矣。商量往二明州一、趁二本国神御井等船一帰国。縁三目下無二船往一レ南、将二十七端布一雇二新羅人鄭客車一、載二衣物一、傍レ海望二密州界一去。

右によれば、張詠への讒言は、唐朝が新羅へ送る使節に対し彼が非協力的であるということから始まっている。したがって少なくとも張詠は、張宝高暗殺後の新羅王権に対しては一定の距離をとっていたとみられ、これが、他の在唐新羅人らからの讒言を誘うことにもなったとみられる。宝高暗殺をめぐる混乱は、登州文登県の在唐新羅人社会にも達していたことが窺える。それは、新羅西海岸の矛盾と対応するものであったとしてよかろう。

以上のようにみるならば、新羅系交易者の江南地域における活動の初見ともなる明州の李隣徳船が、会昌二年（八四二）のものであることが注目される。『続紀』承和九年（八四二）正月乙巳条にあるように、宝高暗殺は会昌元年十一月に起こった。そして史料15にあるように、恵蕚が楚州の慎言に隣徳船で明州から帰国すると伝えたのも、「冬中」、すなわち会昌元年末ごろのことである。それは宝高暗殺時期と重なる。したがって、恵蕚の楚州から明州への突然の出港地変更を、混乱を抱える新羅周辺海域を避けるためではないかとする推測(17)は、正しいとすべきである。ここに、八四〇年代の画期の背景、すなわち新羅人が江南地域に引き寄せられる要因の一つが浮かび上がる。

三　江南における対日交易の黎明

1　唐大中年間の明州張友信船

ところで、円仁が楚州以北の新羅人ネットワークを頼り、帰国船を得られず苦労していたところ、明州では日本へ向かう船が準備されていた。以下はその関連史料である。

〔史料21〕『行記』大中元年（八四七）閏三月十日条

　商量往二明州一、趁二本国神御井等船一帰国。

〔史料22〕『行記』大中元年六月九日条

九日、得二蘇州船上唐人江長、新羅人金子白・金珍等書一云、（中略）書中又云「春大郎・神一郎等、乗二明州張支信船一帰国也。来時得二消息一、已発也。春大郎本擬下雇二此船一帰国上。大郎往二広州一後、神一郎将二銭金一、付二張支信一訖。仍春大郎上二明州船一発去。春大郎児宗健兼有レ此、々々々、物今在二此船一」云々。

〔史料23〕『安祥寺資財帳』（『平安遺文』一―一六四）

承和十四年即大唐大中二年歳次丁卯夏六月廿一日、乗二唐人張友信・元静等之船一、従二明州望海鎮頭一而上レ帆、得二西南風一三箇日夜、帰二著遠値嘉嶋那留浦一、纔入二浦口一、風即止、挙レ船歎云、奇快々々、旋帰二本朝一。

〔史料24〕『続後紀』承和十四年（八四七）七月辛未条

天台留学僧円載傔従仁好及僧恵蕚等至レ自二大唐一。上二奏円載之表状一。唐人張友信等卌七人同乗而来著。

右のうち史料21は、前述の新羅人張詠船での帰国を断念した円仁が、明州の「本国神御井等船」での帰国を計る場面で、史料22によれば、その船は春大郎（春日朝臣宅成）・神一郎（大神宿禰巳井）らの雇った明州張支（友）信船であった。宅成・巳井はいずれも日本の中央貴族層と関係を持ち在唐交易活動を行い、以後も国際交易に深くかかわる律令官人である(18)。しかしその船は大中元年（八四七）六月九日以前に明州を出港したらしく、円仁はこの船に間に合わなかった。けれども史料23によると、張友信船が明州望海鎮を出港したのは、それよりも遅い同年六月二十一日である。要するに、張友信船の明州出港については六月九日以前とする史料と六月二十一日とする史料があるのだが、明州は現在の寧波市内三江口に港があり、船はそこから甬江を下り、大海に面した望海鎮で一時停泊した後、大海へ漕ぎ出したらしいから[19]、この船も六月九日以前に三江口から望海鎮を目指し、六月二十二日に望海鎮から日本へ向かったと理解すれば矛盾がない。したがって史料21・22と23の張友信船は同じものとして問題はなく、その日本到着が史料24に記録されたということになる。ならば、大中元年の明州張友信・元静らの船には、日本僧円載の傔従仁好と、恵蕚・恵雲、日本官人の春日宅成・大神巳井らが乗り込んでいたことが判明する。

さらに、高木訷元氏が明らかにしたところによれば、この船には恵蕚が太皇太后橘嘉智子の意を受け唐より招聘した禅僧義空と、それに同道した道昉も乗船していた[20]。以上から、この時の明州張友信船は、日本王家招聘の唐僧、中央貴族層ともつながる多くの日本官人・僧侶らを乗せた、日本王権にとって政治的にも重要な意味を持つ船だったことが判明する。その後、張友信は日本の大宰府で大唐通事に就任し、日唐間に立って海商の船の修理やそのほかの雑務をこなし、自らも日唐間を往来するようになるから[21]、この時の船が唐商の友信に日本との関係を深める契機を与えたとみられる。

ただし、この張友信船を準備した春日宅成・大神巳井らは、もともと別の船で帰国するつもりだったらしい。史料22によれば、彼らは張友信と契約をする前、後に円仁も山東半島から途中乗船した新羅人金珍らの蘇州船で帰国する準備をすすめていた。しかも、蘇州船での帰国を計画する前は、長江以北の在唐新羅人の力を借りての帰国を考えていた節がある。

すなわち、『行記』会昌六年（八四六）三月九日条、同四月二十七日条によれば、この時、日本から円仁を探しに来た日本僧性海と俗人四人が揚州にあった。このうち性海は、史料17で楚州に到来し円仁を探す二人の僧の一人とみられる。[22]また、この僧らが李隣徳船で楚州に到り、陶中を探して劉慎言宅を訪ねた「日本客」の一員であることは既述した。そして、諸氏の指摘するように、揚州で性海と行動をともにする俗人四人のうち、二人は宅成と巳井の可能性が高いから、[23]史料17で陶中を求めて楚州劉慎言宅を訪れた「日本客」のなかにも、宅成・巳井の両名があったとすべきである。

ところで『行記』会昌二年（八四二）五月二十五日条によれば、新羅人の陶中（陶十二郎）は日唐を往来し、日本僧らの活動資金や書状を運び、これを楚州の慎言が管理していた。このことから、日本客が陶中を求めて慎言のもとを訪ねたのも、陶中と慎言の関係を了解し、交易船・帰国船を相談するためであったとみて大過あるまい。すなわち入唐後の宅成・巳井らは、まず楚州の在唐新羅人の船を期待し、その後揚州に移り、さらに長江を南に渡って蘇州・明州と帰国船を求めていったと考えられる。そして彼らが、史料21にあるように前約を違えてまでも新羅の西海を経由する蘇州船には乗らず、明州から日本へ一気に横断する張友信船に乗り換えたのならば、ここにも、先にみた当該期の長江以北の在唐新羅人ネットワークの混乱が影響した可能性が推測されることになる。東アジアの政治的混乱は、新羅人だけでなく、それを頼る日本人をも江南へ引き寄せる契機となったらしい。

2　入唐僧恵蕚と江南情勢

この明州出港の張友信船の史的意義は、それに乗船した恵蕚のそれまでの足取りからも窺い知ることができる。前述のように、恵蕚は楚州の在唐新羅人を頼って会昌元年（八四一）に五臺山・天台山を巡礼し、翌年、李隣徳船で明州から帰国した。その後再び渡唐し、大中元年（八四七）、義空らを連れて明州の張友信船に乗り込んだのである。『元亨釈書』巻六・唐国義空伝、巻一六・唐補陀落寺慧蕚伝によれば、太皇太后橘嘉智子の意を受け入唐した恵蕚は、禅僧を求めて杭州塩官霊池院の斉安国師のもとを訪ね、斉安から弟子義空を紹介されて義空来日となった。その経緯は概ね史実を伝えたものと理解されるが、恵蕚が斉安の紹介で義空を知ったのは李隣徳船で会昌二年に明州を発つ前に遡る(24)。そして李隣徳と義空も、どうやら互いに面を通じていたらしい。それは、高木訷元氏紹介の『高野雑筆集』下巻所収「唐人書簡」（以下「唐人書簡」と記す）のうち、次の書簡によって知られる(25)。

〔史料25〕

去年十一月中信到奉㆓　廻示㆒、兼恵㆓及龍鬚席一領㆒。謹依㆑命撿受訖。滄溟遠地、遺㆓及珎奇㆒。不㆑勝㆓感戴㆒。孟夏漸熱。伏惟　和尚法体万福。即日璘蒙㆑恩。不審近者何如。伏計不㆑失㆓調慎㆒。伏奉㆓来示㆒、承㆓　国家供養㆒、勤厚頗深。長幼官寮無㆑不㆓欽奉㆒、此亦　和尚道徳所㆑感。方㆑獲㆑如㆑斯。久承㆓眷怜㆒。遥資㆓忻悵㆒。拝頂未㆑由、空増㆓馳結㆒。伏惟珎重。謹因㆑信附㆑状。不宣、弟子李隣再拝。

四月三日

義空和尚法前謹空

これは渡日し京にある義空に対し送られた書簡なので、義空が来日した大中元年（八四七）以後に書かれたものである。この書簡を書いた「弟子李隣」こそ李隣徳であろう。そしてこの書簡からは、義空が京にあって両者が直接面会できない状況下、互いに交流を続けていたことが知られる。ならば、彼らは義空来日前からの知り合いであったとすべきで、会昌二年（八四二）に恵蕚の帰国に協力した李隣徳は、義空招聘の協力者でもあったとみるべきである。

加えて、恵蕚は、義空招聘に関し、江南の唐商の協力も得ることができた。それは以下の「唐人書簡」などから確認される(26)。

〔史料26〕

頂謁既久、思仰殊積。伏知二愜適一、塵俗不レ同。仲夏炎毒。伏惟道体安和。即此公直蒙レ免。不審近日如何。自二去年舎弟所レ往貴土一、毎蒙二周厚一、兼恵二土物一。愧荷実増、納二於膀懐一、卒難二申述一、自三田三郎至二於此土一、公直忝為二主人一。然雖二寂寥一、州郡毎レ事相奉、淮南崔僕射及太原王司徒、皆荷二遠献之恩一、具事二文奏一。塵俗惟忻躍、共談レ善焉。今秋、舎弟重往、相煩頗深。仁眷之誠、難二当陳謝一。途路遥遠、頂謁未レ由、空積二思羨一。謹因二舎弟往一奉レ状。不宣、謹和南。

五月廿七日婺州衙前散将徐公直状上

義空和尚侍童

無々和尚言、承レ要二童子一。弟子頑愚。幸願寄二於貴国一結レ縁。寔未レ有レ所レ知。望賜二駈使一、垂流レ不レ責。謹空。

〔史料27〕

不二頂謁一来、累二経数歳一。自二舎弟廻日一、忽奉二芳音一。頓解二思心一、無レ為レ所レ喩。仲夏炎毒。伏惟法体安和。即此弟子、塵俗之類、是事相纒。自下往年舎弟随二蕚禅一東行、達中於彼国上、毎蒙二恩煦一、眷念之深、愧佩在レ心。未レ能二陳謝一。又児子胡婆、自二小童一来、心常好レ道、阻二於大唐一、仏法褰否、遂慕二興邦一。伏惟和尚不レ弃二癡愚一、特賜二駈使一。此之度脱、無二喩可レ陳。幸乗二日月之明一、廻照二心腑一。溟漢所阻、頂拝未レ間。思羨之誠、毎増二馳糸一、今因二舎弟往一奏状。不宣、謹状。

大中六年五月廿二日蘇州衙前散将徐公直状上

義空和尚法前

越綾一疋、靺鞋一量、沙糖十斤、不レ責二軽微一。乞レ賜二撿納一。此即恩霑雨露。無レ不二重軽一九幸。謹空。

右のうち史料26は婺州衙前散将徐公直より日本の義空に宛てた書簡で大中三年（八四九）のもの(27)、史料27は蘇州衙前散将徐公直より日本の義空に宛てた書簡で大中六年のものである。どうやら公直は、この三年の間に婺州衙前散将から蘇州衙前散将に異動したが、その肩書きの実態は、節度使の意向を受けた商人に与えられる「牙職」とみられる(28)。公直は、彼の下で明州を母港とし日唐間を往来する舎弟徐公祐とともに、両浙地域を拠点に華北・南海にまでつらなる交易網を持ち、対日交易にも乗り出した唐人であった(29)。また、兄公直の「蘇州衙前散将」や、弟公祐の蘇州における田畑所有に示されるように、蘇州は彼らの重要な拠点の一つとなっていた(30)。

ここで史料27の傍線部分に注目したい。そこには、舎弟公祐が恵蕚に従い日本を訪れてよりの義空の恩情に、兄公直が恐縮している気持ちが述べられている。これと関連し、大中三年（八四九）の史料26傍線部分によれば、公直は「去年」に日唐を往還した舎弟公祐から義空よりの土物を得たらしい。したがって、史料27の傍線部分のいう、恵蕚に従った公祐渡日を契機とする公直・義空の交流は、少なくとも大中二年以前に出発点がある。しかも、義空の恵蕚に伴われた来日は大中元年七月ごろであるから、それは大中元年七月から大中二年の間に限定される。ならば、恵蕚と公祐がともに日本へ向かった船とは、大中元年に恵蕚が義空を連れて日本へ渡った時の船とするほかなかろう。すなわち、徐兄弟は恵蕚の義空招聘に協力し、弟公祐は恵蕚・義空とともに大中元年の明州張友信船に同乗していたとすべきである。そして翌年の帰国後も、度々渡日の機会を持ち、日本の義空とも親交を続けたのであった。ここに、大中元年の明州船が、張友信だけでなく、徐兄弟にも対日交易の重要な契機を与えていたことが知られる。

それでは、恵蕚と徐兄弟との関係は、大中元年（八四七）までのいつごろ築かれたのであろうか。ここで留意すべきは、会昌二年（八四二）帰国の恵蕚が、少なくとも会昌四年三月までには再入唐を果たし、徐兄弟ゆかりの蘇州に滞在していた事実である。それは、恵蕚自ら蘇州で書写し日本へ送った『白氏文集』の奥書によって知られるもので(31)、その巻五〇奥に「日本国遊五臺山送供居士空無旧名恵蕚、忽然偶₂着勅難₁、権時裹頭、暫住₂蘇州白舎人禅院₁」と記すように、この時の恵蕚は五臺山巡礼を目指しながら、廃仏政策の影響で還俗を余儀なくされ、「居士空無」と名を変えて蘇州白居舎人禅院（南禅院）に足止めされていた。

会昌五年七月五日の日付を持つ『行記』前掲史料16が「日本国恵蕚闍梨子（〔弟〕脱カ）、会昌二年、礼二五臺山一、為レ求二五臺供一、就二李驎徳船一、却二帰本国一去、年々将二供料一到来」とするのは、まさにこの間のことをいっている。しかし史料16がこれに続けて「今遇二国難一還俗、見在二楚州一」とするのは、小野勝年氏が「現に円仁が楚州にあって相遇わざることはまったく理に合わない。楚州はあるいは蘇州の誤りではあるまいか」と指摘するとおりであろう(32)。加えて、『行記』に次のようにあるのも留意される。

〔史料28〕『行記』会昌四年三月条

又勅下云、「代州五臺山及泗州普光王寺・終南山五臺・鳳翔府法門寺、寺中有二仏指節一也。並不レ許二置レ供及巡礼等一。如有三人送二一銭一者、背杖貳拾。如有下僧尼等在二前件処一受中一銭上者、背杖貳拾。諸道州県応有二送供人一者、当処捉獲、背杖貳拾。」因レ此四処霊境、絶二人往来一、無二人送供一。

右によれば、会昌四年三月ごろまでに、普光王寺・終南山五臺・法門寺と五臺山に対して「送供」行為を厳禁とする勅が下り、このため四処の霊境では人の往来が絶え、送供人がいなくなったという。ここでその勅が下ったとみられる会昌四年三月ごろは、ちょうど恵蕚が蘇州にあった時期と重なっている。蘇州は江南東道に属し、北は揚州・楚州を抱え東西に細長い淮南道と接しており、恵蕚が五臺山へ行くためにはこの淮南道を通過せねばならないのだが、『行記』開成四年（八三九）正月十七日条によれば、両道の相公は「彼此守レ職、不二相交一」という状況で、その間の移動には勅許が必要であった。すなわち、恵蕚が蘇州で足止めされたのは、「遊五臺山送供」を目的とする彼に、史料28の勅の影響で長江を渡り淮南道に入る許可が下りなかったためとみられる。しかも恵蕚が蘇州にあった会昌四年ごろ、廃仏政策は厳しさを増し、淮南道節度使には廃仏を主導する前述の李紳があった。したがって、先の楚州での円仁の処遇からみても、また益々激しさを増す廃仏政策の状況からも、会昌五年七月までに、五臺山巡礼を目指し蘇州に足止めされていた恵蕚に蘇州から淮南道への移動許可、あるいは楚州滞在許可が出されたとは考え難い。むしろ、そのすぐ後に恵蕚が日本へ伴うこととなる義空が、渡日直前は蘇州にあったという事実が[33]、恵蕚の蘇州滞在が長期に及んでいた可能性を示唆している。

以上のようにみるならば、恵蕚・義空と徐兄弟との関係は、蘇州を起点に深められたとみて大過あるまい[34]。その後、徐公祐は、蘇州滞在中の恵蕚と義空を連れて明州へ向かい、そこで張友信らと合流し、日本へ向かったと考えられるのである。

3　江南と廃仏政策

ここで、恵蕚の長期滞在を許した江南情勢について考えてみると、当地も廃仏政策の影響は確かに深刻であった。例えば明代の『武林梵志』（文淵閣本「四庫全書」史部）巻六・安国寺条によれば、会昌五年（八四五）、杭州塩官の鎮国海昌院が廃されたが、これはまさに義空の師斉安の寺院であった[35]。したがって、斉安の弟子義空が訪日直前に蘇州にあったのも、塩官の海昌院などが廃寺となったことを契機とするとみられる。また同年には、著名な天台山国清寺も廃寺の憂き目にあっている[36]。

ところが、『文苑英華』巻四二九「会昌五年正月三日南郊赦文」には「如レ聞、両浙・宣・鄂・潭・洪・福・三川等道、縁二地稍僻一、姑務寛容、僧尼之中、尚多二踰濫一」とあって、実は両浙地域とその周辺諸州で、会昌五年（八四五）以前、僧尼に対する取り締まりが極めて寛容となっていた実態が知られる。事実、例えば潭州では、観察使の裴休が禅僧の活動を支援していた。『旧唐書』巻一七七・裴休伝に篤い仏教信者と伝えられる裴休は、会昌三年から大中元年（八四七）まで湖南観察使の地位にあり、[37]『宋高僧伝』巻十一・唐大潙山霊佑伝によればここで僧霊佑を支援したらしい。ただし、「会昌五年正月三日南郊赦文」はこうした「姑務寛容」を改めるよう官吏に促し、その後江南地域で廃寺となる寺も出たように、「両浙・宣・鄂・潭・洪・福・三川等道」でも、会昌五年からは廃仏政策の影響がさらに強まったであろう。実際『全唐文』巻八二〇「潭州大潙山同慶寺大円禅寺碑銘并序」によれば、潭州の霊祐は「毀寺逐僧」という状況に直面し、頭を隠して民間に入らざるを得なくなった。しかし、その時も人々は彼を篤く敬ったし、廃仏をすすめた唐帝武宗が死去すると真っ先に霊祐を迎えたのは裴休であったという。

　このころ、恵蕚のある蘇州において、会昌四年から会昌五年までの刺史は楊漢公であった。[38]『仏祖統記』巻四三・宣宗大中元年条の項によると、武宗が死去し宣宗が即位すると、この時統左禁軍の地位にあった楊漢公は、いち早く「策定功」を以て仏教復興を請うとともに、知玄法師を訪ね求めて、僧に復して宝応寺に住まわせたという。関連記事は『宋高僧伝』巻六・唐彭州丹景山知玄伝にもあって、それによれば、桂嶺にあった楊漢公が、廃仏を逃れて湖湘に到った僧知玄を開元寺に留め、宣宗の即位とともに宝応寺に移したという。漢公は会昌五年の途中から蘇州刺史より桂管の観察使に移り当地を管轄していた。[39]要するに、楊漢公もまた、武宗の廃仏に批判的で、弾圧される僧侶に同情的な立場を取った刺史である。会昌の廃仏政策に対する地域社会の対応は、円仁のみた長安や揚州・楚州以北の状況と「会昌五年正月三日南郊赦文」が問題とした江南諸地域とでは大きく異なっていたとみて良いだろう。

　さらに注目すべきは、『唐会要』巻八六・奴婢項会昌五年条所引中書門下奏に次のようにあることである。

〔史料29〕

　会昌五年四月中書門下奏。天下諸寺奴婢、江・淮人数至レ多。其間有二寺已破廃一、全無二僧衆一。奴婢既無二衣食一、皆自営レ生。或聞洪・潭管内人数倍一千人以下、五百人以上処、計必不レ少。臣等商量且望、各委二本道観察使一、差二清強官与二本州刺史県令一、同点検具二見在口数、及老弱嬰孩一、並須二一一分析聞奏一。如レ先自営レ生及已輸納者、亦別項分析。深恐無二良吏一、及富豪・商人・百姓・綱維、潜計二会蔵隠一事。須三稍峻二法令一。（中略）其年八月中書門下奏。応下天下廃レ寺、放二奴婢一従レ良百姓上者。今聞有二細口一、恐刺史以下官人、及富豪・衣冠・商人・百姓、計二会蔵隠一、及量下与二銭物一索取上。

これによれば、唐中央政府は、地方の官人・富豪・衣冠・商人・百姓・綱維らによる寺奴婢の「計会蔵隠」を警戒していた。廃寺となった僧らと関係を結び、さらには彼らの日本への脱出に協力した徐公直や徐公祐らは、(40)おそらくここでいうところの富豪、商人に該当するとみてよいだろう。また「刺史以下官人」と区別される「衣冠」についても、公直の冠した婺州衙前散将、蘇州衙前散将などの肩書きとの関連性が想起される。

以上のように、会昌期の江南地域は長江以北とは対照的であった。ここでは廃仏政策に批判的な地方官が健在で、また急成長の唐商たちも、排撃される諸寺院と関係を結び、それを裏から支えていたのである。こうしたところにも、九世紀中葉の江南地域が、東アジアの交易拠点としての役割を担い成長する背景があったと考えられる。

むすび

本章の分析から、あらためて九世紀中葉の東アジアにおける交易の変動を捉えると、以下のようにまとめることができよう。

九世紀中葉、唐では会昌の廃仏政策が、新羅では張宝高暗殺をめぐる混乱が、東アジアの交易関係に大きな影を落としていた。これにより、長江以北の在唐新羅人社会は、その内部に矛盾を抱え込み、あるいは彼らの国際交易の大動脈たる新羅西岸海域は対立・分裂に揺れていた。そのため新羅人の一部は、南路を選択しながら、新たな交易拠点を江南に求め始めたのである。一方江南では、廃仏政策に批判的な地方官、急成長の唐商が、唐朝の標的となった諸寺院との関係を深め、それを密かに支援していた。そしてこれらが、在唐新羅人と、それを頼る日本人の、江南地域との関係をより密接なものとしていったとみられる。例えば、恵蕚の江南への旅と明州からの帰国は楚州の新羅人ネットワークに支えられて始まったが、廃仏政策に困惑する在唐の恵蕚を江南唐商が援護したことなどを契機に、恵蕚は江南唐商との関係も深めた。恵蕚の義空招聘を支援した明州の李隣徳や徐兄弟は、その後も義空・恵蕚との交流を保ち続けたから、新羅人ネットワークを持つ隣徳と江南唐商徐兄弟との間にも交流があったはずである。円仁の帰国を助けた「蘇州船」も唐人・新羅人混交の船であった。成長する江南の唐商は、南遷する新羅人をも取り込んだのである。その底流には、張宝高の時代に遡る揚州を基点とした両者の関係があったであろう。したがって、九世紀中葉の東アジアにおける対日交易の変化は、単に交易の主役が新羅人から唐人に変化したというようなものではない。それは、東アジアの政治的混乱を背景に、南下する在唐新羅人、あるいはそれとともに南下する日本官人・僧侶を、成長する江南の唐商が取り込んで形成された、江南地域における新たな複合的交易ネットワークの登場を意味したのである。

註

（1）拙著『日本古代国家の民族支配と渡来人』第二編第三章（校倉書房、一九九七年）。

（2）松原弘宣「九世紀における対外交易とその流通」（『愛媛大学法文学部論集』〈人文学科編〉六号、一九九九年）、渡邊誠「承和・貞観期の貿易政策と大宰府」（『ヒストリア』一八四号、二〇〇三年）。

（3）呉玲「九世紀唐日貿易における東アジア商人群」（『アジア遊学』三号、一九九九年）、李侑珍「九世紀、唐・新羅・日本の交易と商人」（『國學院大學大学院紀要』〈文学研究科〉三五輯、二〇〇三年）。
（4）愛宕元「唐代の揚州城とその郊区」（『唐代地域社会史研究』同朋舎出版、一九九七年）、山崎覚士『中国五代国家論』第八章（思文閣出版、二〇一〇年）。
（5）林士民「唐、呉越時期浙東与朝鮮半島通商貿易和文化交流之研究」（『海交史研究』一九九三年第Ⅰ期）。
（6）李基東「張保皐とその海上王国（下）」（『アジア遊学』二七号、二〇〇一年）一四二頁。
（7）このほか、『入唐五家伝』「禅林寺僧正伝」には、宗叡が貞観八年（八六六）に明州望海鎮から李延孝船に乗って帰国したとあり、同「頭陀親王入唐略記」には、宗叡・伊勢興房が咸通六年（八六五）六月に福州から李延孝船に乗り日本に帰ったとある。
（8）堀敏一「在唐新羅人の活動と日唐交通」（『東アジアのなかの古代日本』研文出版、一九九八年）、鈴木靖民「渤海の遠距離交易と荷担者」（『アジア遊学』六号、一九九九年）。
（9）坂上早魚「九世紀の日唐交通と新羅人―円仁の『入唐求法巡礼行記』を中心に―」（『文明のクロスロード　Museum Kyushu』二八号、一九八八年）、亀井明徳「鴻臚館貿易」（下条信行他編『新版　古代の日本』三　角川書店、一九九一年）、金文経「在唐新羅人社会と仏教―入唐求法巡礼行記を中心にして―」（『アジア遊学』二六号、二〇〇一年）、李侑珍前掲註（3）論文など。
（10）金文経前掲註（9）論文。
（11）榎本渉「明州市舶司と東シナ海交易圏」（『歴史学研究』七五六号、二〇〇一年）。
（12）小野勝年「会昌の廃仏と円仁」（『入唐求法巡礼行記の研究』第四巻、鈴木学術財団、一九六四年）。
（13）呉廷燮『唐方鎮年表』（中華書局、一九八〇年）参照。
（14）金文経前掲註（9）論文。
（15）李基東前掲註（6）論文。
（16）近藤浩一「九世紀中葉・聖住寺と新羅王京人の西海岸進出」（『「入唐求法巡礼行記」に関する文献校定および基礎的研究』〈二〇〇一年度～二〇〇四年度科学研究補助金基盤研究（C）（2）研究成果報告書〉二〇〇五年）。
（17）坂上早魚前掲註（9）論文。
（18）本書第一部第三章。

(19) 林士民「日本遣唐使入明州地点考」(『浙東文化』二号、二〇〇四年)。
(20) 高木訷元「唐僧義空の来朝をめぐる諸問題」(『空海思想の書誌的研究』法蔵館、一九九〇年)。
(21) 山崎雅稔「九世紀日本の対外交易」(『アジア遊学』二六号、二〇〇一年)。
(22) 佐伯有清『円仁』(吉川弘文館、一九八九年)二〇二頁。
(23) 木宮泰彦『日華文化交流史』(冨山房、一九五五年)一二四頁、佐伯有清『日本古代氏族の研究』(吉川弘文館、一九八五年)二八三～二八四頁。
(24) 本書第二部第三章。
(25) 史料24は高木訷元前掲註(20)論文収載史料⑥と対応するが、文字は、拙稿「恵蕚史料」『入唐僧恵蕚の求法活動に関する基礎的研究』(二〇〇七年度～二〇一〇年度科学研究費補助金基盤研究(C)「入唐僧慧蕚の求法活動に関する基礎的研究」成果報告書、研究代表者田中史生、二〇一一年三月)による。「唐人書簡」の扱いについては以下同じ。
(26) 史料25は高木訷元前掲註(20)論文収載史料①、史料26は同史料⑬と対応する。
(27) 佐伯有清「円珍と円覚と唐僧義空」(『最澄とその門流』吉川弘文館、一九九三年)。
(28) 石井正敏「九世紀の日本・唐・新羅三国間貿易について」(『歴史と地理』三九四号、一九八八年)。
(29) 本書第二部第三章。
(30) 本書第二部第三章。なお、山崎覚士前掲註(4)書第五章は、徐公直は婺州出身者で、当地の人口圧力や自然災害による人口流動のなかで蘇州へ移住した海商と推測する。
(31) 金子彦二郎「金沢文庫本白氏文集に関する研究」(『平安時代文学と白氏文集』講談社、一九四八年)、小松茂美「白氏文集の渡来とその諸本」(『小松茂美著作集』二、旺文社、一九九七年)、池田温『中国古代写本識語集録』(大蔵出版、一九八八年)三四六～三四七頁。陳翀『白居易の文学と白氏文集の成立』第六章(勉誠出版、二〇一一年)。なお、当該史料に関する詳細な分析は、拙稿「入唐僧恵蕚に関する基礎的考察」(『入唐僧恵蕚の求法活動に関する基礎的研究』〈註25報告書〉)において行った。
(32) 小野勝年前掲註(12)書二〇六頁。
(33) 山崎覚士前掲註(4)書第五章。
(34) なお、大中七年(八五三)入唐の日本僧円珍を徐兄弟が世話した場所も蘇州であった(佐伯有清『智証大師伝の研究』〈吉川弘文館、一九八九年〉二六九〜二七〇頁）。

（35）『宋高僧伝』巻一一唐杭州塩官海昌院斉安伝によれば、海昌にはもともと放生池があり、恵蕚の訪れた霊池院がこの放生池にちなむ海昌院の別名と考えられなくもないが、葛継勇「東アジアにおける唐僧斉安禅師像」（『入唐僧恵蕚の求法活動に関する基礎的研究』〈註25報告書〉）は『咸淳臨安志』巻八五寺観一一、塩官県に「崇福寺、在県六十里、乾元元年建、旧名霊池、会昌五年廃、大中元年重建、祥符元年改今額」とあることから、会昌五年に廃されたこの崇福寺が霊池院ではないかと指摘する。

（36）丁天魁主編『国清寺志』（華東師範大学出版社、一九九五年）。

（37）呉廷燮前掲註（13）書参照。

（38）郁賢皓『唐刺史考全編』（安徽大学出版社、二〇〇〇年）参照。

（39）呉廷燮前掲註（13）書参照。

（40）高木訷元前掲註（20）論文。

第三章　唐人の対日交易
――『高野雑筆集』下巻所収「唐人書簡」の分析から――

はじめに

九世紀の唐における対日交易の具体像は、これまで主に承和五年（八三八）入唐の天台僧円仁が記した『入唐求法巡礼行記』や、仁寿三年（八五三）入唐の天台僧円珍の関連史料によって把握されてきた。これらに加えて、近年あらたに注目されるようになった史料として、『高野雑筆集』下巻所収の「唐人書簡」がある。これは、空海の書簡集『高野雑筆集』の末尾に収録され伝来した唐人の書簡群で、そのほとんどが、九世紀中葉に日本に滞在していた唐僧義空宛のものとなっている。これを、高木訷元氏が、内閣文庫所蔵本を底本にいくつかの写本で詳細に校訂し、考察を加えて一九八一年に発表し[1]、その後さらに内閣文庫所蔵本の親本となる承安元年（一一七一）書写の現大谷大学図書館所蔵神田喜一郎旧所蔵本を底本に一部加筆し、同氏著『空海思想の書誌的研究』（法蔵館、一九九〇年）に収録して、広く知られるようになった。現在、高木氏が底本とした神田氏旧蔵本の全文画像は、「大谷大学蔵品紹介」として大谷大学のホームページ上で公開されている[2]。その後、密教文化研究所弘法大師著作研究会編『定本弘法大師全集』第七巻（高野山大学密教文化研究所、一九九二年）が、大谷大学所蔵本を底本に、鎌倉期書写の東寺観智院本を校合本として活字化した『高野雑筆集』を収めたが、最近、これらをさらに遡る一〇世紀書写の石山寺蔵「大師文集」の影印本も公刊され、(3) この「大師文集」によっても文字校訂が可能となっている。

高木氏が注目したように、この書簡群は、当該期の日中仏教交流史の断面を生々しく伝えるものである。しかしそれだけではなく、唐と日本の間を往来した唐人交易者の姿を唐人の視点から描く点でも他に類をみない貴重な情報を含んでいる。この書簡を運んだ唐人は、杭州湾へ注ぐ銭塘江を挟み、その南北に広がる両浙地域を拠点とした交易者であった。そこで本章は、高木氏の研究成果に導かれながら、この「唐人書簡」にあらわれた唐人の対日交易の実態を検証してみたいと思う。(4)

一　義空の来日

『高野雑筆集』下巻所収の「唐人書簡」は全部で一八通が確認されており、そのほとんどはすでに述べたように唐僧義空宛のものとなっている。ここではまず義空の来日をめぐる問題について検討してみたい。

義空の来日に関し、比較的古い史料でその経緯をよく伝えるのは以下の虎関師錬による元亨二年（一三二二）の『元亨釈書』である。

〔史料30〕『元亨釈書』巻六・唐国義空伝

釈義空。唐国人。事㆓塩官斉安国師㆒、室中推為㆓上首㆒。初慧蕚法師跨㆑海覓㆑法、吾皇太后橘氏、欽㆓唐地之禅化㆒、委㆓金幣於蕚㆒、扣㆓聘有道尊宿㆒。蕚到㆓杭州霊池院㆒参㆓于国師㆒、且通㆓太后之幣㆒、国師感嗟納㆑之。蕚曰、我国信根純熟、教法甚盛。然最上禅宗未㆑有㆑伝也。願得㆓師之一枝仏法㆒、為㆓吾土宗門之根柢㆒、不㆓亦宜㆒乎。国師令㆔空充㆓

其請一。空便共レ蕚泛レ海著二大宰府一。蕚先馳奏。勅迎レ空館二于京師東寺之西院一。皇帝賚錫甚渥。太后創二檀林寺一居焉、時時問レ道。官僚得二指受一者多。中散大夫藤公兄弟其選也。蕚再入二支那一、乞二蘇州開元寺沙門契元一、勒レ事刻二琬琰一。題曰二日本国首伝禅宗記一。附レ舶寄来。故老伝曰、碑峙二于羅城門側一、門楹之倒也、碑又砕、見今在二東寺講堂東南之隅一。

〔史料31〕『元亨釈書』巻一六・唐補陀落寺慧蕚伝

釈慧蕚。斉衡初、応二橘太后詔一、賷レ幣入レ唐。著二登萊界一、抵二雁門一上二五臺一。漸届二杭州塩官県霊池寺一、謁二斉安禅師一通二橘后之聘一、得二義空長老一而帰。

以上によれば、義空は唐杭州塩官県霊池院（霊池寺）の斉安禅師の弟子である。皇太后橘嘉智子の意を受け入唐した日本僧恵蕚（慧蕚）は、禅僧を求めて斉安のもとを訪ねた際、斉安からこの義空を紹介された。こうして来日した義空は、勅によってまず東寺西院に住み、後に橘嘉智子が建てた壇林寺に移ったという。

さて、高木氏の「唐人書簡」の研究によって、恵蕚が実際に義空招聘にかかわっていたこと、また義空には仁明天皇や橘嘉智子の支援があったらしいことなどが裏付けられた。ただし『元亨釈書』が史料31において、義空の来日を斉衡初年と記すのは正しくない。後述するように、在日唐僧義空宛の「唐人書簡」には斉衡年間を五年も遡る唐大中三年（八四九）のものがあるからである。これに関し佐伯有清氏は、恵蕚が義空招聘とかかわり面会した斉安は唐の会昌二年末（八四二）に入滅したこと[5]、『行記』によって恵蕚の最初の渡唐が会昌元年、その帰国が会昌二年と確認できることなどから、恵蕚が義空を伴い帰国したのは、斉安が死去する直前の会昌二年、すなわち日本の承和九年しかあり得ないとした[6]。しかし高木氏は、唐の蘇州衙前散将徐公直から義空に宛てられた大中六年書簡（後掲書簡⑬）に「頂謁せざりしより来、数歳を累経す」とあることに注目し、「数歳」は五年以上十年未満を指すとみられるから、義空は大中六年の五、六年ほど前に離唐したとみなす。そして、『続紀』承和十四年（八四七）七月辛未条に「天台留学僧円載傔従仁好及僧恵蕚等至レ自二大唐一。上二奏円載之表状一。唐人張友信等卌七人同乗而来著」とあることから、この承和十四年の恵蕚帰国の時こそ、義空が来日した時であるとしたのである。その後、佐伯氏も自説を改め、高木氏の承和十四年説を支持している。[7] 義空は、渡日をすすめた師の斉安が死去して五年を経過した後に来日を実現させたとみて良いであろう。

しかし渡日後程なくして義空は唐へ帰ってしまったらしい。文安三年（一四四六）の『塵添壒嚢鈔』[8]巻一五の「卅六、東寺瑪瑙ノ文ノ事」が、史料30の伝える「日本国首伝禅宗記」に関し、「此ノ義空帰国ノ後、恵蕚又渡唐シテケリ、其後使船ニ付テ、此碑ヲ送レリ」と記すからである。義空の帰国についてさらに詳しく書くのは江戸前期の師蛮である。彼は延宝六年（一六七八）完成の『延宝伝燈録』[9]巻一に「稍歴二数歳一、唐壇超貴介、寄レ書而招、師遂帰レ唐」、元禄十五年（一七〇二）成立の『本朝高僧伝』[10]巻一九・義空伝の賛に「然実レ参実レ悟者、橘后一人而已、空公知二時未熟一、辞之帰レ唐」と記し、日本で禅宗を真に理解できるのが橘后ただ一人であることをみた義空は、日本での布教が時期尚早と判断して帰国したと述べている。

来日した義空が日本の現状に失望したのは事実とみられる。仁和四年（八八八）成立の円珍の『仏説観普賢菩薩行法経記』巻下・修六念法に「令四他客僧義空等、責三昔鑑真来此伝戒有二何軌則一、僧頭似レ唐行之與レ衣、曾無二交接一、一切行事多與レ戒背」とあるからである。[11] 義空は、日本仏教界の戒律の乱れを嘆いていたらしい。しかも、会昌の廃仏で荒廃した唐仏教界への憂慮もあって来日した[12]義空のもとには、後掲の「唐人書簡」に明らかなように、本国の仏教復興の様子が伝わっていた。明代の『武林梵志』巻六・安国寺条などによれば、義空の師斉安の住寺で会昌五年に廃寺となった海昌院も大中四年（八五〇）に復置されている。さらにこれと重なるように、義空の最大の支援者嘉智子や仁明天皇も八五〇年に相次いで死去している。この時点で、義空が帰国する動機や条件は確かに揃っている。しかも、前述のように義空来日が承和十四年（八四七）であるならば、「唐人書簡」の年紀の記された最も新しいものが大中六年（八五二、仁寿二）なので、これに数年を加算しても、師蛮が彼の滞日を「数歳」としたことと矛盾がない。義空の日本におけるその後の足跡がまったく確認できないことからみても、彼が「数歳」を経て帰国した可能性は高いと思われる。なお、この点で『元亨釈書』の史料31が、義空来日を「斉衡初」としたことがあらためて留意されよう。八五四年にあたる斉衡元年は、義空の帰国年とするならばふさわしいものだからである。「斉衡初」とはもともと義空帰国の年紀であったものが、ある段階で来日の年紀と誤って伝えられるようになったものではあるまいか。

ところで、『鹿添壒嚢鈔』が記す、義空の帰国後恵蕚が唐からもたらしたという「東寺瑪瑙ノ文」とは、前述のように史料30の「日本国首伝禅宗記」にあたる。おそらくこの碑には上述の義空来日の顚末などがより詳しく書かれていたであろうが、残念ながら今は伝わらない。史料30によればこれは恵蕚が蘇州開元寺沙門の契元に依頼し製作したもので、当初羅城門の側に建立されたが、門柱の倒壊で砕けてしまい、『元亨釈書』編纂期、その破片が東寺講堂東南隅に実在したという。『本朝高僧伝』巻一九・義空伝は、それが永祚二年（九九〇）秋の「大風」の被害によるとしている。[13]史料30に続く賛で、師錬は東寺においてその碑片を観察した様子も記しているが、碑文の内容を復元するには到らなかった。ただ先の『鹿添壒嚢鈔』が「本朝ニ禅門得法ノ人多事ヲ讃ムル文章也」とし、『夢窓正覚心宗普済国師語録』[14]巻下が義空の事蹟と檀林寺を創建した皇后橘嘉智子の外護に関して記したものとするが、詳細は不明である。

ところが、『元亨釈書』から約半世紀後の中国の『宋学士文集』に、この「日本国首伝禅宗記」がみえることはあまり知られていない。すなわち、『四部叢刊』集部が収載する『宋学士文集』巻三八「贈令儀蔵主序」は、明の初期、宋濂が日本僧「範堂儀公」に贈ったもので、それによると、範堂は禅を学ぶ目的で元代の至正壬寅秋（一三六二年）に中国へ渡った。師錬が死去した僅か十数年後のことである。「贈令儀蔵主序」はこの範堂について述べる前に、まず仏法の世界における中国と日本の一体性を強調し、その具体例として以下のような記述を掲げる。(15)

達摩氏自身毒西来、既至二中夏一、復示二幻化一、持二隻履一西帰、後八十六年、当二推古女主之世一、達摩復示レ化至二其国一、世子豊聡過二和之片岡一、達摩身為二餓者一、困レ臥道レ左、世子察二其異一、解レ衣衣レ之、已而入寂、遂蔵焉、及啓レ棺、無レ所レ有、唯賜衣存、事與二隻履西帰絶類一、所レ異者、当時無三人嗣二其禅宗一、爾自レ時厥後、橘妃遣二慧蕚一致二金絵一泛レ海来請二斉安一、国師卒、今義空比丘入レ東、其首伝禅宗之碑、信不レ誣矣、

ここでは、達摩和尚が転生して日本の片岡で飢者となって聖徳太子の前に現れたこと、その後日本に禅宗を嗣ぐものがなかったが、橘妃が恵蕚を派遣し斉安招聘をはかったこと、しかし斉安が没して義空が日本へ渡ったことなどが記されている。そしてこれらに関し「其首伝禅宗之碑、信不レ誣矣」と記しているから、これが「首伝禅宗之碑」を根拠に書かれたことが知られる。この「首伝禅宗之碑」こそ史料30のいう「日本国首伝禅宗記」であろう。

宋濂は『元史』の編纂者としても著名だが、すでに日本では不明瞭となった碑文を、彼がどのようにして参照し得たかはよくわからない。しかし、斉安没後に義空が日本へ渡ったことなど、現存史料にはみえない情報が正しく書き込まれており、(16)もともと斉安の招聘が計画されていたことも、この史料で明確に知られる。そもそも宋濂が「推古女主」「世子豊聡」から「橘妃」「慧蕚」「斉安」「義空」に到る一連の話を創作できるはずはなく、この文章は渡宋・渡元した日本僧らによって伝えられた碑の内容を、宋濂が目にしたことによるとみられる。そうであれば、「首伝禅宗之碑」には、達摩の片岡飢者説話と、その後の義空渡日の経緯が記されていたことになる。これは『鹿添墻嚢鈔』が

碑に関し「本朝ニ禅門得法ノ人多事ヲ讃ムル文章也」とすることとも一致する。

ただし「日本国首伝禅宗記」に聖徳太子の出会った片岡の飢者を達摩とする話が掲載されていたとすると、この説話は碑の作成された九世紀半ばには成立していなければならなるまい。片岡飢者説話は『書紀』推古二十一年十二月条にもみえるが、この飢者を達摩とする話は、八世紀前半の『書紀』編纂段階にはなかったものである。ここで『書紀』以後の太子信仰の比較的古い史料として知られる『七代記』（『寧楽遺文』下）をみると、片岡の飢者について「彼飢者蓋是達摩歟」という注記がなされていることが注目される。また、今は失われた『明一伝』を伝えた史料とされる広島大学架蔵『異本上宮太子伝』にもこれと同じ注記がある。(17)『七代記』『明一記』とも八世紀後半期には成立したとされているから、(18)片岡の飢者を達摩とする説は、少なくともこのころには登場していたことになる。ならば、その後作られた碑が「日本国首伝禅宗記」という題を持つ以上、禅宗の開祖達摩と日本とをつなぐこの説を積極的に採用したのは当然のことであったろう。宋濂が達摩の片岡飢者説話の根拠を「首伝禅宗之碑」に求めたように、後世広く流布するこの説話に「日本国首伝禅宗記」の果たした役割は小さくなかったと推察される。

以上のことから、「贈令儀蔵主序」が「日本国首伝禅宗記」の内容を伝えているとみることに矛盾はないと考える。ならば、橘嘉智子の意を受けた恵蕚が斉安禅師を訪問し、その弟子義空を得たという『元亨釈書』の話は、恵蕚の「日本国首伝禅宗記」にも記されていたことになり、これらはほぼ史実とみなして良いことになる。

以上を踏まえて、義空の来日に関してあらためてまとめると次のようになる。すなわち、橘嘉智子の意を受けた恵蕚は、八四一年ごろ入唐し、斉安招聘のために塩官で彼と面会したが、晩年の斉安は、その弟子義空を紹介した。しかし八四二年の恵蕚の帰国に義空は同道しなかった。義空にその準備ができていなかっただけでなく、恵蕚も、斉安ではなく義空が訪日することを本国に確認する必要があったためだろう。そしてその年の暮れ、斉安が死没する。後に再び唐に戻った恵蕚は、八四七年、ようやく義空を連れて日本へ向かった。しかし義空は結局十年も満たずに唐へ帰ってしまった可能性が高い。おそらくその帰国は、日本の斉衡元年、すなわち八五四年ごろのことであったろう。

二　「唐人書簡」について

上記のことを確認した上で、次に「唐人書簡」を取り上げたい。書簡番号は高木氏の整理に従い、また《》内に差出人と受取人を示しながら、まずは以下に、一八通の書簡の全文を掲げることとする。(19)

①《徐公直より義空宛》

頂謁既久、思仰殊積、伏知愜適、塵俗不同、仲夏炎毒、伏惟道體安和、即此公直蒙免、不審近日如何、自去年舎弟所往貴土、毎蒙周厚、兼恵土物、愧荷實增、納於滕懐、卒難申述、自田三郎至於此土、公直忝為主人、然雖寂寥、州郡毎事相奉、淮南崔僕射及太原王司徒、皆荷遠献之恩、具事文奏、塵俗惟忻躍、共談善焉、今秋舎弟重往、相煩頗深、仁眷之誠、難當陳謝、途路遥遠、頂謁未由、空積思羨、謹囘舎弟往奉状、不宣、謹和南

五月廿七日婺州衙前散将徐公直状上

義空和尚侍童

無々和尚言、承要童子、弟子頑愚、幸願寄於貴国結縁、寔未有所知、望賜駈使、垂流不責、謹空

②《徐公直より義空・道昉宛》

當境所出土物

席五合　沙糖一十斤　蜜五升　靸鞋兩量

右件物、大唐當州所出、持此献上、望垂不責輕鮮、恩幸、謹状

五月廿七日直状上

議空和尚　道昉和尚各侍童　謹空

③《徐公祐より義空宛》

頂辞多年、但増翹慕、昨奉簡信廻、奉於示問、無任慰忭、季秋已冷、伏惟道體動止萬福、即此公祐昨蒙幸、又遂到此、不勝歡慰之甚、不審近日徳味何如、伏計日親帝賛法義逾明、不於寂寥耳、惟遥羨慕、瞻望煙山、拜礼難遂、謹回入京信、附状起居、不宣　和南、謹状。

九月十一日　唐客徐公祐状上

義空大徳法前

昨　唐来、家兄具有書信、由和尚到京日、伏望撿視、茶一斤、白茶椀十口、公祐謹献上、伏惟不責輕鮮　謹空

④《唐僧雲叙より義空宛》

蕚闍梨至枉　手字、兼恵方物、大海間闊、如是留意、不忘細微、寄以方物、若非吾人情至曷於是捧授、不勝悚佩吾人在彼、雖是異域、行於大法、利物為心、沾濡品類、彼此豈殊、况承国恩、渥澤稠疊、亦人間盛事也、勉之々々、雲叙以大教淪替、曽為所駈、慚顔被縫腋之衣、末路阻望烟之食、尋遇王臣外護、塔寺爰興、禪林重賜、掄材朽質、蒙状入籍、微願既逼、来回可修、鄙情不勝慶幸、今蒙衆令句當造寺、道力輕微、庶事荒浅、且竭蹇鈍、敢有怠息、無物可表微誠、白角如意謹寄上、望垂撿納、幸甚、廻使還状、不宣、僧雲叙状上

大中三年六月七日

空禪兄国大徳侍者

雲叙附申礼禮　昉禪兄、乍到異国、望善安禪　玄真蔵主、附申誠意、不異前　曠長者申敬空昉二禪徳、不異、有状　謹空

⑤《日本僧真寂より義空宛》

秦揀廻奉　書問、頓慰下情、季秋極冷、伏惟兄動止康福、即此真寂幸免、不審、近日先有所患、将痊愈否、伏惟保攝昨、乃今年春初諸無兄一言、遂此而来、得渡滄溟、不任忻慰、未前礼奉、遥増勤慕、謹曰信附状、代申諸面併會、不宣、僧真寂状上

九月十三日

空兄侍童　謹空

昨呉中来、所有信物、縁無兄入城揮霍、未獲附入、幸望照察、重空

⑥《李璘より義空宛》

去年十一月中信到奉　廻示、兼恵及龍鬚席一領、謹依命撿受訖、滄溟遠地、遺及珎奇、不勝感戴、孟夏漸熱、伏惟　和尚法體萬福、即日璘蒙恩、不審近者何如、伏計不失調慎、伏奉来示、承　國家供養、勤厚頗深、長幼官寮無不欽奉、此亦　和尚道徳所感、方獲如斯、久承眷怜、遥資忻愜、拜頂未由、空増馳結、伏惟珎重、謹曰信附状、不宣、弟子李隣再拜

四月三日

義空和法前　謹空

⑦《唐僧志円より義空宛》

自従崑山一別、早逾数載、忽攬遠書、捧仰再三思徳、季春極暄、伏惟所履萬福、且志圓随分遣日、行者恩眷、且守舊居、奉計長老縁遊外国、帝主欽風欽徳巌、寧供奉至得書、具知道味増積、仰々羨々、伏謝遠邀、媿悚之外難

説、圓年過老邁、日暮之光、未遂遠渉、伏々謝々、願長老善自安攝、展覿未由、囙寫供奉廻信、不宣、志圓狀上

三月廿九日

空長老前　謹空

⑧《唐僧趙度より義空宛》

京叙、謹具短封、仲夏毒熱、伏惟　和尚道體萬福、即日度晨昏外蒙恩、蕚和尚至伏蒙恩念、不忘遠賜存問、幷恵及名席、捧受慙荷、下情難勝、不審、近日寢膳何如、伏計不失調護、限以山海阻隔、毎思頂礼無囙、但積瞻仰之極、謹囙蕚和尚廻、附狀起居、不次、謹狀

五月廿七日　趙度狀上

空和尚法前

信發揮霍間、下及異物、奉獻尤積、所慙、莚錦縁摺疊燈心席壹領、謹附上、忽不嫌悪弱、伏垂處分、撿納恩幸々々、謹空

⑨《唐僧趙度より義空宛》

度言、私門凶釁　十二房傾逝、哀慕摧裂、五内煩寃、楚毒纒綿、不自堪處、苦痛至深、苦痛至深、十二房威季、忽縈気疾、薬餌無徵、以前季六月五日、奄従傾逝、日月迅速、姪女子屠毒如昨、俯臨祥制、追慟摧裂、情不自任、苦痛至深、痛苦至深、伏奉問及、下情倍増摧咽、謹附疏、不次、趙度頓首再拜

五月廿七日

⑩《唐僧法満より義空宛》

蕚闍梨到蒙　書問、具知彼德趣乎善深、當喜荷、伏以闍梨紹隆三寶、遠渉滄溟、傳西土佛心、印東土心佛、法延

流　注、導取上乗、開闡玄関、投機而設語、上者不離凡而果聖、亦不与具語、下者不存聖而捨凡、亦不中立、不上不下者覚智永忙、對敵者一撃而矣、是上人之徳、漕渓玄旨、嘱在應機、衆會住持、當効先徳、毎聞、彼国々王太后崇敬佛、善名流注於他邦、人第有縁、衆皆賀喜、常聞、菩薩所作化人、大悲無倦、本國佛法　聖主今已再興、置寺度僧、倍加巌峻、雖則廢興今運、法満等亦且常耳、禪宗長老毎以欽風、若非有力者哉、焉以弘持大教、謹書丹疑、以代鄙情、時候是常、故不煩述、謹曰蕁闍梨廻信、附状奉申、不宣、法満状上

　　月　　日

空闍梨侍者

　中奉昉禪伯、意不殊前持、謝遠遺褻席、實増悚媿、謹空

⑪《唐僧無々より義空宛》

五百人供及十石料米、二月十日到開元寺入庫、頭期十一日供、而徐州節度使李尚書送僧伽和尚寺、十日晩衙三千斤銅鍾一口、三四千軍、其十一日尚書生日斎、改日十二日設供、超三窠綾卅疋、斎供見銭四千文、料米、更留綾二疋、直写観音誌公僧伽三楨、彼像物在大宰府、法花經一部安置開元寺了、近来事々繁多、未到彼亭、遂遠歸礼、數反々庂々敬、且先人々附書代悚息、清涼山穢僧無々、謹状

　　十月十四日

空長老禪室　謹空

⑫《廖公著より長官宛》

公著啓、季秋漸冷、伏惟長官尊體動止萬福、公著役限、不獲道左拜賀、下情無任戰懼、謹奉啓、不宣、謹啓

　九月十五日耆壽廖公著啓上

⑬《徐公直より義空宛》

不頂謁来、累經數歳、自舎弟廻日、忽奉　芳音、頓解思心、無為所喩、仲夏炎毒、伏惟法體安和、即此弟子、塵俗之類、是事相纒、自往年舎弟随蕚禪東行、達於彼國、毎蒙恩煦、眷念之深、愧佩在心、未能陳謝、又兒子胡婆、自小童来、心常好道、阻於大唐、佛法襄否、遂慕興邦、伏惟和尚不弃癡愚、特賜駈使、此之度脱、無喩可陳、幸乗日月之明、廻照心腑、溟漢所阻、頂拜未間、思羨之誠、毎増馳糸、今囙舎弟往奏状、不宣、謹状

大中六年五月廿二日蘇州衙前散将徐公直状上

義空和尚法前

越綾一疋、靸鞋一量、沙糖十斤、不責軽微、乞賜檢納、此即恩霑雨露、無不重軽尢幸、謹空

⑭《徐公祐より義空宛》

頂別久矣、無任馳渇、歳暮甚寒、伏惟　道體動止万福、即此公祐客情且蒙過日、不審、近来法履何如、前廻重信至奉示及、深慰馳情、瞻礼未前、但増勤戀、謹囙信附状、代申起居、不宣、謹状

閏十一月廿四日唐客徐公祐和南

空和尚法前

謹奉　白茶垸五口　越垸子十五對、青瓶子一、銅匙筯三對、伏惟軽鮮、幸甚、謹空

⑮《徐公祐より義空宛》

忽奉来書、又恵跨帯、圻封捧納、愧荷盈懐、方々寸之中、豈敢消受、冬首向寒、伏惟大徳道體萬福、不審近日法履何如、伏惟遠邦善為保慎、是所願也、其胡婆、伏承々和尚慈悲収教、此子毎事癡愚、無一所解、伏望日夕勤与提将、他日併謝、或明年歸唐、此時道途遥阻、客程有限不及面礼辞、但多馳系之極、伏惟千万々々、珎重々々、

頂拝未前、無任瞻慕、謹囙廻信還状代下情、不宣、唐客弟子徐公祐和南

十月十五日

義空和尚法前

家兄信物、謹依領訖、至唐達上、伏惟照察、謹空

⑯《徐公祐より義空宛》

瞻奉已久、誠仰惟深、季夏毒熱、伏惟和尚道體萬福、即日公祐俗務常勞、不審比日法體何如、公祐従六月五日發明州、至廿日到此館中、且蒙平善、伏承真寂和尚遷化、聞問驚怛、情不能已、無任酸哽之至、子姪胡婆在京甚煩和尚仁徳、家中将得少許衣服及信物来、無好信得附従、伏望和尚垂情發遣　一来已後的不妨駈使、公祐蘇州田稲三二年全不収、用本至多、囙此困乏、前度所将貨物来、由和尚与将入京、不免有損折、今度又将得少許貨物来、不審胡婆京中有相識、投託引用處否、望与發遣来鎮西府取之、五斤香處置、乞不責下情、限以路遥、未由礼謁、不宣、俗弟子徐公祐和南

六月卅日

和尚　法前

家兄亦有状及信物、候官中開庫附往、謹空

⑰《徐公祐より胡婆宛》

別汝已久、憶念殊深、吾六月初發明州、廿之到鴻臚館、州宅中婆萬福、汝父母並萬福、弟妹已下亦蒙平善、不審汝在彼如何、家中将渇衣服来与汝、々且辞和尚、蹔来鎮西府、一轉不妨多日、見汝在即餘留面處分、不具、叔公祐、委曲分付

六月卅日

胡婆省　後寛

⑱《徐公祐より義空宛》

孟夏薄寒、伏惟　和尚法體萬福、即此公祐在客之下、諸弊可悉、前月中京使至、竟謝垂情、特賜札示、悚媿無極、子姪愚昧、在京深蒙　和尚賜収教示、甚困心力、反々側々、公祐今度所将些子貨物来、特為愚子姪在此、欲得看集一轉、伏望和尚慈流發遣、暫到鎮西府相見了、却令入京侍奉和尚、伏惟照察、謹囙恵闍梨廻奉状、不宣、俗弟子徐公祐和南

十月廿一日

義空和尚　法前

別無異物堪献、銭香毬兩箇、幡子兩箇、充供養、家兄書中有綾一疋、被官中収市出不得、今将百和香十兩充代後處、伏望照察、謹空

上記書簡の差出人のうち、①〜③と⑬〜⑱は、徐公直・徐公祐の兄弟によって記されたものである。兄公直は①で「婺州衙前散将」、⑬で「蘇州衙前散将」といった肩書きを持つが、安史の乱後の「衙前」は、藩鎮体制のもとで抽象的な位階・散号としてあった[20]。公直の場合は、石井正敏氏が指摘するように、節度使の意向を受けた商人に与えられた「牙職」であろう[21]。園城寺蔵「唐人送別詩幷尺牘」[22]には、天安二年（八五八）十月二十一日、鴻臚館において「大唐客管道衙前散将蔡輔」が円珍へ書き送った書簡が伝わっており、この「管道衙前散将」も、国際交易にかかわり、渉外・監視などを係りとする肩書きとして用いられたものとみられる[23]。九世紀半ば、国際交易に携わる唐商たちは、節度使らと結びつき、「衙前」の肩書きを得て活動していたことがわかる。

また、この兄公直のもとで実際に商船に乗って日唐を往来し、書簡を日本へ運んだのが公祐であった。⑯・⑰から公祐は、明州を発して鴻臚館に入ったこと、蘇州に田宅を所有していたことがわかる。公直の書簡は唐で、公祐の書簡は来日中の鴻臚館で、いずれも記されたとみられる。また⑥の差出人李璘（隣）は、会昌二年（八四二）に恵蕚が明州から帰国する際に協力した李隣徳とみられる。[24] 一方、④と⑦〜⑪は唐僧からの書簡で、このうち⑪の差出人無々は、この時来日したことも知られる。その無々の来日について記した⑤は、日本僧真寂の義空宛書簡である。残る廖公著からの書簡⑫は、「長官」宛のもので、これについて高木氏は義空宛の書簡ではないだろうと指摘している。[25]

以上の書簡は、唐僧雲叙からの書簡④に大中三年（八四九）、徐公直からの書簡⑬に大中六年とあるほかは年紀が記されていない。しかし、年紀を記さないほかの書簡のいくつかについても、日付や内容から、それの書かれた時期がすでにある程度明らかにされている。

まず来日した徐公祐が義空に宛てた書簡⑭について、高木氏は、「歳暮甚寒」の表現から、日付の「閏十一月」が「閏十二月」の誤写の可能性を疑い、そうであるならば大中三年（八四九）の書簡となるとの指摘を行っている。『日本暦日便覧』（汲古書院、一九八八年）に従っても、義空来日以後で閏十一月のある年は八八七年（仁和三）まで下ってしまうから、高木氏の見解は支持されるべきと考える。さらに佐伯有清氏は、唐にある徐公直が義空宛に記した書簡①についても、その文中に登場する「淮南催僕射」の在任期間から、大中三年のものであることを明らかにしている。[26] ならば、日付「五月廿七日」の一致などからみて、公直が差出人となる書簡②は書簡①とセットとすべきだから、②も大中三年のものとして良かろう。公直は、義空宛書簡①とは別に、義空・道昉両僧に贈る物品に添えるための書簡②を用意したとみられる。

さらに、内容などからある程度時期や前後関係が絞られる書簡がある。清涼山（五臺山）僧無々が「十月十四日」

表1　唐人書簡の作成年代と作成地

書簡番号	年／月／日	差出人	宛先	作成地	備考
①	大中3/5/27	婺州衙前散将徐公直	義空	唐	②とセット
②	大中3/5/27	婺州衙前散将徐公直	義空・道昉	唐	①とセット
④	大中3/6/7	唐僧雲叙	義空	唐	
⑩	大中3(月日不明)	唐僧法満	義空	唐	
③	大中3/9/11	徐公祐	義空	日本	
⑤	大中3/9/13	日本僧真寂	義空	日本	
⑪	大中3/10/14	唐僧無々	義空	日本	
⑮	大中3/10/15	徐公祐	義空	日本	
⑭	大中3/閏11/24	徐公祐	義空	日本	
⑬	大中6/5/22	蘇州衙前散将徐公直	義空	唐	
⑯	大中6/6/30	徐公祐	義空	日本	⑰とセット
⑰	大中6/6/30	徐公祐	胡婆	日本	⑯とセット
⑱	大中6/10/21	徐公祐	義空	日本	

に書いた書簡⑪の文中には、来日前の二月ごろのこととして「徐州節度使李尚書」のことがみえる。これは徐州武寧軍節度使の李廓を指し、李廓は大中二年（八四八）から大中三年五月に武寧軍の乱で追放されるまで武寧軍節度使の任にあった[27]。このため佐伯有清氏は、書簡の「十月十四日」は大中二年のことでなければならないとする[28]。ただしこの書簡には、二月に徐州において観音・宝誌和尚・僧伽和尚の三像を直写し、「彼の像、惣て大宰府に在り」と記されているから、五臺山僧の無々は二月ごろ徐州に立ち寄り観音等三像を直写し、「十月十四日」までには来日して、大宰府管内で書簡⑪を書いたとみるのが妥当である。日本僧真寂が義空宛に無々の来日を伝える書簡⑤の日付も「九月十三日」と、書簡⑪の一ヵ月前であるから、このように考えて矛盾がない。書簡⑤追伸は「昨、呉中より来る所有の信物、無兄入城の揮霍に縁り、未だ附入すること獲ず」とあるから、無々の入国手続きに手間取った様子も窺え、そのために書簡⑪で無々は、「近来事々繁多にして、未だ彼の亭に到らず、遂に遠く帰礼す」と義空に書き送り、また徐州で直写した「彼の像」もまだ「惣て大宰府に在り」と記したのであろう。

このように理解するならば、書簡⑪のいう徐州での話はあくまで二月ごろのことだから、李廓が大中二年から大中三年五月まで武寧軍節度使であったことを考えると、書簡⑪は大中二年だけでなく大中三年でも構わないことになる。

では無々来日とかかわる書簡⑤・⑪は、大中二年と三年のいずれの書簡であろうか。結論からいえば、大中三年の可能性が高いと考える。というのは、徐公直が大中三年の書簡①追伸に「無々和尚の言に、童子を要むと承る」と書いたことからみて、無々来日には徐兄弟もかかわっていた可能性が高い。そしてその書簡①に「今秋、舎弟重ねて往く」とあり、徐公祐が大中三年秋に日本へ赴くことになっていたことも判明する。実際、この年に公祐が来日したことは、書簡⑭によっても確かめられる。さらに、書簡⑪によれば、節度使李廓は二月の自らの生日斎とかかわり「三四千軍」を動かしており、これが文字通り「軍」であれば、大中三年五月の武寧軍の乱につながる一連の動きとかかわると理解されよう。

ならば書簡③の年紀にも手がかりがうまれる。徐公祐の「九月十一日」の書簡③に「季秋已に冷し」「また遂に此に到る」とあるように、公祐は書簡③で九月ごろ日本に到来したことが知られ、しかもそれは無々の来日を伝える真寂の「九月十三日」の書簡⑤とも月日が近い。また、徐公直の大中三年書簡①が「今秋、舎弟重ねて往く」とすることとも対応する。すなわち、書簡③も大中三年に置くのが最もふさわしい。一方、来日した徐公直が六月三十日に記した徐公祐の書簡⑯は、書簡⑤を記した真寂の遷化について書くから、⑤・⑪の大中三年より後の書簡とすべきことになる。

これら書簡の時期については、徐公直の息子胡婆の来日時期も論点となる。大中六年（八五二）の年紀を持つ徐公直の書簡⑬は、幼いころから仏教に傾斜していた息子胡婆が、会昌の廃仏を契機とする唐の仏法荒廃を憂い、日本の義空のもとへ行く決心をしたことを述べるとともに、義空に胡婆を傍に置くよう伏して依頼して、今回の息子の決心を喜んでいることが記されている。高木氏は、これを大中六年の胡婆来日に際して徐公直が義空へ書き送った書簡とみなしている。

ところが、最近、山崎覚士氏は胡婆来日を大中三年（八四九）とする新たな解釈を示した[29]。山崎氏が胡婆の来日を大中三年とみたのは、徐公祐が義空のもとにある胡婆に宛てて「汝に別れて已に久し」と書いた書簡⑰を大中六年のものとみることによる。すなわち山崎氏は、徐公祐の義空宛書簡⑬の「越綾一疋」と対応するとみて、書簡⑱も⑬と同じ大中六年のものと推断した。さらに、書簡⑱追伸の「家兄の書中に綾一疋有り、官中の収市を被り、出すことを得ず」と書簡⑯追伸の「家兄よりも亦た状及び信物有り、官中の庫を開くを候ちて往くに附さん」も対応するとし、書簡⑯も大中六年のものと推定する。そうなると、書簡⑯と書簡⑰は日付や内容からみて、同時に作成されたとみられるから、書簡⑰も大中六年の書簡となり、そこに「汝に別れて已に久し」と書かれている以上、胡婆の来日は大中六年より前の徐公祐訪日の時、すなわち大中三年としなければならないことになるというのである。

この説は、書簡⑬と書簡⑱の「綾一疋」が同じものであることを前提として成り立つものだが、日付や内容からも、山崎氏のように考えて矛盾はない。しかも、胡婆来日を大中六年ではなく大中三年とみる方が、大中三年の書簡①追伸部分がむしろわかりやすくなる。というのは、公直はこの追伸で童子の必要なことを無々和尚から聞いたと記しているから、前述のように大中三年の無々来日に徐兄弟がかかわっていただけでなく、その無々が胡婆の来日にかかわっていたとみなければならない。したがって、胡婆来日を大中三年とすると、徐公直が書簡①追伸において、無々の「童子を要むと承る」という「言」を根拠に、胡婆を「貴国に寄せて結縁せん」と記し、義空に「望むらくは駈使を賜り、責めざることを垂れ流《そそ》がれよ」と書き送ったのは、まさしく、徐公直が無々に胡婆を同道させて義空のもとに送った際のものとみれば筋が通る。さらに、大中三年の唐僧雲叙の義空宛書簡④には「王臣の外護」により「塔寺爰く興る」とあるように、大中三年段階ですでに仏教復興の動きがみえ始めていたはずだから、会昌の廃仏の影響を憂いたという胡婆の来日動機からも、大中六年よりは大中三年の来日の方がより実情にあったものといえよう。一方、『新唐書』巻八・宣宗本紀大中五年是歳条に「湖南饑」、同六年是歳条に「淮南饑」などとあるように、大中五・六年ごろは長江一帯を饑饉がおそっていたとみられるが、それは書簡⑯に「公祐蘇州田稲三二年全不収」とあることともかかわっている可能性が考えられる。こうしたことから、ここでは、胡婆来日を大中三年、書簡⑯〜⑱を大中六年とする山崎氏の説を支持したいと思う。この場合、山崎氏の指摘するように、九州にあって「明年」の帰国を前にした「十月十五日」に胡婆をよろしくと頼むと義空へ書き送った徐公祐の書簡⑮も大中三年のものということになる。

こうして、書簡①〜⑤・⑪・⑭・⑮が大中三年（八四九）の書簡、⑬・⑯〜⑱が大中六年（八五二）の書簡とみなしうることになり、一八通の書簡のうち実に一二通もの書簡が大中三年と大中六年に集中する結果となる。そして、これを前提とすると、書簡⑩も④同様、大中三年に恵蕚によってもたらされた可能性が高い。「毎に聞く、彼の国の国王・太后は仏を崇敬す」とあり、日本の「太后」橘嘉智子の仏教崇拝を喜ぶ記述があるが、嘉智子は嘉祥三年（八五〇）、すなわち唐の大中四年五月に死去していて、(30)⑩はそれ以前に記されたものとみられるからである。仏教再興が始まったことを記す点も、大中三年の書簡④と重なる。(31)

以上の検討を踏まえると、徐公祐は少なくとも大中三年五月二十七日（①・②）以降、同年九月十一日（③）より前に来日していたことが確実となる。ならばちょうどこの間の『続後紀』嘉祥二年（八四九）八月乙酉（四日）条に「大宰府馳駅言上、大唐商人五十三人多齎二貨物一、駕二船一隻一来著」とあることが注目される。これは、時期・内容からみて徐公祐一行の来航のことを記録した六国史の記事の可能性が極めて高い。またそれは、公祐がその閏十一月

（実際は閏十二月）の書簡⑭で「即《ちかごろ》、此の公祐、客情且《しばら》く日を過ことを蒙る」と書いていることとも矛盾しない。ここに、義空への手紙を唐から運んだ公祐は、多くの「貨物」を日本へ運んだ唐海商であったことが確認されるのである。

しかも徐公祐の日唐往来の始まりは、大中三年をさらに遡る。徐公直の大中六年の書簡⑬には「往年、舎弟の蕚禅に随いて東行し、彼の国に達してより、毎に恩煦を蒙る」とあって、舎弟公祐が恵蕚に従い日本を訪れてよりの義空の恩情に、兄公直が感謝を述べる部分がある。山崎氏はこれを大中三年のこととみるが、むしろこれは義空が来日した大中元年以来のことを指すとみた方がよい。すでに高木氏も指摘したように、大中三年六月の唐僧雲叙書簡④には「蕚闍梨至るに手字を枉げられ、兼ねて方物を恵まる」とあり、最後に「廻使に状を還す」とあって、この時、唐の雲叙は恵蕚と面会して義空宛の書簡④を恵蕚に託したとみられる。したがって、恵蕚が大中三年の公祐らの船で帰国した可能性は極めて高い。けれども、大中三年の徐公直の義空宛書簡①には「去る年、舎弟往く所の貴土より、毎に周厚を蒙り、兼ねて土物を恵まる」とあって、公直は「去年」に日唐往還を果たした舎弟公祐から義空よりの土物を得ていた。つまり⑬のいう、公祐の恵蕚に従った渡日を契機とする公直と義空の日唐を挟んだ交流の開始は、大中三年ではなく、大中二年以前に遡る。しかも、恵蕚に伴われた義空の来日は大中元年七月ごろであるから、それから大中三年までの一年半の間に恵蕚が日唐を一往復半したというような無理な想定でもしない限り、公祐が恵蕚とともに日本へ行く機会は、大中元年の義空来日の際の船とするほかない。つまり、徐兄弟は恵蕚の義空招聘に協力し、舎弟公祐は恵蕚・義空とともに大中元年の明州張友信船に同乗し、大中二年ごろ、義空の「土物」を持って帰唐したことになる。おそらくこの公祐の帰唐船で、恵蕚もまた渡唐したのだろう(32)。

そしてこの時期はまさに、江南の唐商が直接東シナ海を横断して対日交易を活発化させる初現期にあたる(33)。したがってこれらの書簡は、唐人がより直接的な対日交易ルートを切り開く時期の、交易者の実像を記録する点においても、極めて貴重な史料群であることが確認されるのである。

三　徐兄弟の対日交易

ここで、「唐人書簡」から窺われる徐公直・徐公祐兄弟の人的交流についてみると、まず大中三年の書簡①に「田三郎、此の土に至りてより、公直忝くも主人と為る。然るに寂寥と雖も、州郡事毎に相奉り、淮南の崔僕射及び太原の王司徒は、皆遠献の恩を荷い、具さに文奏を事とす」とあることが注目される。ここにみえる田三郎は、太后橘嘉智子の母方の同族、田口氏出身の田口円覚のことである。[34]『円珍入唐求法目録』（『平安遺文』九―四四八〇）には「此本国僧田円覚、唐開成五年過来、久住二五臺一、後遊二長安一、大中九年城中相見」とあって、彼は八四〇年に入唐し、聖地五臺山に暫く住んだ後、長安に移って、そこで大中九年（八五五）に入唐日本僧円珍と会った。書簡①はちょうどこの間を埋める史料で、この時の円覚は僧ではなく俗人の「田三郎」と表記されている。これに関し佐伯有清氏は、円覚が俗人として入唐し、この時まで僧籍に入っていなかったことを示すとし、義空宛書簡に円覚のことが記されたのは、義空の日本招聘に円覚もかかわっていたためとする。[35]従うべきだろう。なお、円覚が「久しく五臺に住む」のは、彼が僧であったことを前提としなければ理解し難いし、書簡①で公直は「田三郎」の来唐以来の接待主と記しているのだから、この書簡は彼が「久しく五臺に住む」前のものとすべきだろう。

そして、この円覚の在唐活動の世話役を買って出た公直には、唐の有力な官人たちとのつながりがあった。前述のように徐公直は、婺州や蘇州の「衙前」を帯し、当地の行政機構とつながる商人であったが、彼の書簡①には、円覚の在唐活動に際し、淮南節度使の崔鄲や太原司徒の王晏宰（王宰）からの支持も得ていたらしいことが窺える。崔鄲は、大中元年（八四七）から死亡する大中三年まで淮南節度使の職にあった[36]。淮南節度使は、交易上重要な拠点である揚州を中心に、その沿岸部の楚州なども管轄下に置いたが、国際交易にかかわる徐公直にとって、揚州に強い影響力を持つ唐官人との関係は極めて重要な意味を持ったと推察される。一方、王晏宰は会昌四年より太原府の刺史で大中二年九月には司徒を拝したが[37]、彼はこのころ河東節度使の任にもあったから[38]、太原府だけでなく五臺山のある代州なども管轄していた。書簡に王宰の名が登場するのも、円覚の五臺山行きとかかわってのことではなかろうか[39]。

以上のことから、徐公直・徐公祐兄弟は、義空の日本招聘にかかわった恵蕚・円覚に協力したことを契機に、以後もこの三人との交流を深めたことが知られる。しかもこの三人は、いずれも太后橘嘉智子と強いつながりが認められるから、こうした関係のなかで行われた徐兄弟の対日交易には、日本王家の信頼も高かったとみられる。

なお、その後入唐した円珍も、徐兄弟の世話を受けることになった。園城寺文書「円珍奏上」（『平安遺文』九―四四九二）には、円珍が越州から洛陽に向かう途中の大中九年（八五五）の二月から四月の間、蘇州の「衙前同十将徐公直宅」に滞在したと記している。また、『批記集』所収「福州悉曇記批記」[40]で円珍は、同年四月七日に、「三郎押衙、舎弟五郎、合宅親情」のための祈願文を記しているが、「三郎押衙」は徐公直、「舎弟五郎」は徐公祐を指すとみてよい[41]。さらに円珍は長安から帰る途中の翌年五月にも「蘇州徐押衙宅」に身を寄せ、帰国後も公直から信物・書簡などを得ている[42]。恵蕚らとの関係を深めた徐兄弟が、以後も日本人・日本僧の在唐活動支援を積極的に行っていたことがわかる。

こうした徐兄弟と日本との関係は、かつて、恵蕚や円仁ら、入唐した日本の僧侶・官人の世話役となり、新羅人の対日ネットワークの中核として活躍した、楚州在唐新羅人劉慎言の果たした役割に似る[43]。それは、江南唐商の対日ネットワークが、九世紀半ばの長江以北の混乱を避けて南遷した新羅人を取り込み形成されたこととも関連しよう[44]。つまり、八四〇年代に黄海海域の新羅人ネットワークが機能不全に陥ると、劉慎言らの役割を、徐公直ら江南唐商が担うようになっていったと推定されるのである。またその関係は、橘嘉智子の計画した義空招聘への協力が出発点となっていることも注目されよう。

ただし、こうして日本側の信頼を得た徐兄弟の対日交易も、彼らの思惑通りに進んだわけではなさそうである。それは、大中三年と大中六年の書簡の比較から浮かび上がる、来着した公祐の義空への貨物運搬方法の変化にあらわれる。

すなわち、鴻臚館に入った公祐がその十日後の六月三十日に義空に送った大中六年の書簡⑯は、唐からもたらした「衣服」「信物」や「貨物」について、「好信に附従を得ることなし」との理由で、京にある胡婆に鎮西府まで取りに来させるよう、義空に依頼している。しかも、その追伸で「家兄よりも亦た状及び信物有り、官中の庫を開くを候ちて往くに附さん」とあるから、公直が義空のために用意した「信物」は、大宰府によって鴻臚館の庫に一旦収められてしまい、公祐は、その庫から「信物」が出されるのを待って、公直の「状」とともに、それらを義空へ送ることにしたのである。公直の書簡⑬によれば、彼が義空のために用意したのは「越綾一疋、鞾鞋一量、沙糖十斤」であった。ところが、十月二十一日の書簡⑱追伸には「家兄の書中に綾一疋あり、官中の収市を被り、出すことを得ず。今、百和香十両を将て後処に充て代う。伏して望むらくは、照察せられんことを」とあって、公直が「信物」として用意した物品のうち、「綾一疋」が官司先買品とされ[45]、それを「百和香十両」に代えて送ることになった。この書簡⑱は「恵闍梨」が京へ運ぶことになったらしいが、追伸によれば、その際に公直の「書」と、そこに記された「信物」の代わりに準備された「百和香十両」、それに公祐が「供養に充つ」として準備した「銭香毬両箇、幡子両箇」も義空のもとへ送られた。公直が「信物」として準備し、収市を免れた「鞾鞋一量、沙糖十斤」も、おそらくこの時送付されたであろう。

しかし、大中三年九月十一日の書簡③をみると、京への貨物運搬については、大中六年の時と様子が大きく異なっている。前述のように、この書簡も、九州に到着して間もない公祐が義空に書き送ったものであるが、その追伸では「家兄の書信」ならびに公祐から進物「茶一斤、白茶椀十口」を京の義空へ献上することが記されている。書簡②によれば、公直の「信」は「当境出す所の土物」である「席五合・沙糖一十斤・蜜五升・靸鞋両量」で、このうち沙糖と靸鞋は大中六年の公直の「信物」と重なる。これらは書簡③を運んだ「入京の信」とともに京へ向かう手はずを整えたらしい。真寂の無々来日を伝える書簡⑤もこの時運京されたのだろう。書簡⑮によれば、その一ヵ月以内には、義空からの書簡や信物が公祐のもとに届いている。

要するに大中三年の公祐は、来日早々、義空へ公直の「書」と「信物」、さらに公祐自身の義空への進物を、書簡③とともに京へ送ることができたのに、大中六年来日の際は、書簡⑯を京へ運ぶ使者はあったものの、公直の義空への「信物」が庫に収められて動かせないばかりか、そのほかの「貨物」の運京も叶わなかったのである。

ここで注目されるのは、公直の「信物」が官司先買を被り、その代用品を送ることになったことを告げる大中六年十月の書簡⑱に「前月の中、京使至りて、竟に垂情を謝し、特に礼示を賜う」とあることである。この「京使」は、官司先買・管理交易を遂行するために中央の蔵人所から大宰府へ派遣された唐物使とみるのが妥当である(46)。すなわち、大中六年六月来日の公祐がもたらした物品は、九月に到来する「京使」の官司先買手続きを終えるまで、「官中の庫」に収められて厳しい管理を受け、「信物」「貨物」の運京もできなかったとみられる。結局、公直からの「状及び信」の運京が可能となったのは、公祐が鴻臚館に入館して四ヵ月後のことであった。ところがその三年前の公祐は、八月の初旬ごろに来日すると、その約一ヵ月後には「信物」などの運京を行うことができた。来日の約二ヵ月後には、義空からの返信・返礼品まで受けとっているのである。この時は、官司先買などの交易管理が現地の大宰府に任され、唐物使を待つ必要がなかったのだろう。

なお、『行記』大中元年（八四七）十一月二十五日条によれば、唐から帰って鴻臚館にあった円仁は、大納言藤原良房宅への「奉啓」と右中弁伴善男・参議小野篁宅への「状」を、「入京」する大宰少弐の小野恒柯に「付」している。したがって、大中三年に書簡③を運んだのも、大宰府派遣の入京使であった可能性がある。おそらく公祐は、大中三年の来日の際は、府官との関係のもと、大宰府からの入京使の一行に私信とともに贈与物の運京も依頼できたのではなかろうか。

ところで、これまで唐物使の初見は、貞観五年（八六三）のものと推察される唐人陳泰信の円珍への書状とされてきた。そこに「従二京中一朝使来、収二買唐物一」とあり、これが唐物使を指すことは間違いなかろう[47]。しかし、書簡⑱は、この唐物使の初見を十年以上遡らせるものとなる。『扶桑略記』延喜十九年（九一九）七月十六日条に、唐人鮑置求が大宰大弐に献じた孔雀を、唐物使が差し押さえて交易入手したことが記されているように、唐物使は、海商が贈与品としてもたらした物品をも厳しく官司先買品対象に加えていた。また書簡⑱で「京使」は公祐に「礼示」を渡していて、この使が単に京の義空から滞在中の徐公祐に書簡を届けた使者の可能性も指摘されているが[48]、貞観五年正月の陳泰信の書簡も「今間従二京中一朝使来、収二買唐物一、承レ蒙二大徳消息一」とあるから、この時も円珍の消息が唐物使によって唐商にもたらされている。大中六年の「京使」は、上述のように海商のもたらした物品管理に対する大中三年と大中六年の違いからみても、また以後の唐物使の様態と比べても、唐物使であった可能性が極めて高いとすべきである。

では、書簡⑱において、「京使」による官司先買後も、「些子の貨物」の受け取りに胡婆派遣を強く求めた理由は何であろうか。前述のように、書簡⑱によれば、官司先買後、公祐や公直の義空宛献上品は、「恵闍梨」によって運ばれたとみられる。ならばなぜ、「些子の貨物」もこれに付けて送らなかったのであろうか。

そこで筆者は、これを、「官中の庫」への収納を逃れた物品ではなかったかと疑う。そもそも「家兄」の信物と異なり、書簡⑯・⑰には「家中より少許の衣服及び信物」「少許の貨物」「渇衣服」が官庫に収められたことを示す記載がない。これを京へ送れないのは、あくまで「好信に附従を得ることなし」が理由とされている。しかもこのうち、「衣服」は⑰にあるように胡婆のために用意されたとみられるが、そのほかは必ずしも胡婆のための品とは限らない。例えば胡婆派遣を義空に依頼する書簡⑯に「五斤の香は処置せり」とあるところをみると、義空の要望も踏まえた品が用意されていたことが推察される。

ここで、後の例となるが、『朝野群載』巻二〇「大宰府附異國大宋商客事」に、長治二年（一一〇五）に来着した宋商客の李充が、府官の「随身貨物」リストの提出の求めに応じず、それを「最少」「麁悪」として「進官」することを拒んでいることが注目される。李充は渡航目的・乗員・貨物などを書いた宋国市舶司の公憑を提出したが、にもかかわらず府官に「随身貨物」の申告を再三要求されても、それは拒んだのである。このことは、宋国市舶司に把握されていない貨物が日本に持ち込まれ、これらが官に把握されないまま交易されていたことを窺わせる。(49) すなわち「最少」「麁悪」とされた「随身貨物」については、官司先買・交易管理の対象から外されるという慣例があった可能性が高い。しかも、後の『小右記』万寿四年（一〇二七）八月二十五日・同三十日・同九月十四日条は、同一海商の頻繁な来航を規制した延喜年間制定の「年紀制」を破り来航した福州の陳文祐が、その来日目的を、彼の船の副綱首である承輔二郎が高齢の父母を訪ねるためとし、政府は結局、来春までの滞在を許し、父母を訪ねることも認めたと伝える。国家によって活動制限を加えられるべきはずの唐商も、日本居留の近親者との面会を建前とすれば、その規制が緩められることもあった。公祐は、「少許衣服及び信物」や「些子の貨物」を、官に申告しない貨物に含め、甥の胡婆を介して京に送ろうとしたのではなかろうか。

もし、以上のように考えられるとすれば、来航海商のもたらした物品は、唐物使による官司先買後の交易や移動においても、官によって厳しい把握・管理がなされていた可能性が高いことになる。鴻臚館で管理を受けた公祐は、官に未申告の貨物を鴻臚館外へはなかなか運び出せなかったのであろう。この点で、近年鴻臚館から、一〇世紀後半から一一世紀前半とされる銅印を摸した「開」の文字を陽刻した石印が出土していることは注目される。(50) 公祐は、書簡⑯で庫に収められた品が出されることを「官中開庫」と表現しているが、鴻臚館出土の「開」と刻んだ石印は、こうした「開庫」品の管理に用いるための印だったのではなかろうか。

四　日本にもたらされた物品

次いで公祐が運んだ対日交易品について検討してみたい。書簡が具体的に記す貨物は、いずれも義空らへの贈与品として日本へもたらされたものである。しかし、前述のように日本政府はこの贈与品も交易品とみなして先買対象としたから、ここにも唐人の交易品が反映されているはずである。以下に、それを整理しておこう。なお、以下の物品に付した〔 〕内の番号は「唐人書簡」の番号を示す。

陶磁器類：白茶椀（垸）〔③・⑭〕、越垸子〔⑭〕、青瓶子〔⑭〕
飲食品類：沙糖〔②・⑬〕、蜜〔②〕、茶〔③〕
香　関　連：香〔⑯〕、百和香〔⑱〕、銭香毬〔⑱〕

繊維類：越綾〔⑬・⑱〕、渇衣服〔⑰〕
敷　物：席〔②〕、莚錦縁褶畳燈心席〔⑧〕
その他：靴鞋〔②・⑬〕、銅匙筯〔⑭〕、幡子〔⑱〕、白角如意〔④〕

上記のうち、陶磁器類の白茶碗（垸）は白磁の茶碗、青瓶子は青磁の瓶、越垸子は越州窯の、おそらくは青磁碗と思われる。これらは、同時期の大宰府鴻臚館跡などの出土品とも一致する。また、著名な『新猿楽記』八郎真人段が列記する多くの「唐物」のなかには、綾、香木類、水牛如意などがみえるが、これは書簡においてそれぞれ、越綾、香、白角如意と対応させて捉えることができる。こうした事実からも、公祐が義空のもとにもたらした物品が唐商の交易貨物と重なることが知られるのである。

さてこれら徐公祐の貨物の特徴として、まず彼らが本拠としていた江南地域産のものが多く含まれていることをあげることができる。陶磁器類の越垸子、繊維類の越綾は、いずれも越州の地域名を冠しており、杭州湾南岸地域産であることが明らかである。青磁で著名な越窯の歴史は古く、創建は東漢（後漢）時代に遡るが、その最盛期は晩唐期にある[51]。また、江南地域は唐代絹製品の重要な生産地の一つでもあり、なかでも越州が生産量・技術の面においてその中核を占めていた[52]。そもそも唐前期において蚕桑・絹帛生産は河南道・河北道にあったが、唐後半からはこれが江南地域へ拡大したらしい[53]。徐公祐は、当時の江南地域、なかでも越州の代表的な名産品となっていた青磁や綾を日本にもたらしていたのである。

このほか、唐五代期の江南地域の産業を検証した張剣光氏の研究を参照するならば[54]、書簡中の沙糖、茶、銅匙筯、席なども当該期の江南地域で生産されていた。特に茶は、開成五年（八四〇）十月の塩鉄司による『禁園戸盗売私茶奏』に「伏以㆓江南百姓㆒営㆑生、多以㆓種茶㆒為㆑業」（『全唐文』巻九六七）とみえ、徐公祐の時代、江南地域で活発に生産・売買が行われていたことが知られる。なお、日本では正倉院宝物の新羅の佐波理匙などの例から、日本出土の銅匙筯を新羅産とみなすことが多いが、九・一〇世紀のものについては江南産を疑う必要があることはここからも明らかだろう。(55)そもそも、唐代は磁器、銅匙筯を茶器としても用いていた。(56)したがって、徐公祐によって茶、磁器、銅匙筯が運ばれた事実は、当該期の日本に、江南地域から茶文化が移入されていたことを強く示唆している。

しかし、公祐の運んだ物品には江南地域産とすることができないものもある。例えば、公祐は義空によく白茶碗を贈ったようで、おそらく交易品としても白磁製品をもたらしていたはずである。唐代の白磁窯としては、日本でもその製品が出土する河北省の邢窯や定窯などが著名だが、これ以外にも河南省や山西省、江西省などの窯が知られている。(57)だが、徐兄弟が本拠とした杭州湾岸地域で生産された磁器は基本的に青磁であって白磁ではない。公祐のもたらす白磁製品は、唐国内流通によって長江以北の場所から調達されたものとすべきである。ここで水陸交通の拠点で最大の商品集散地となっていた揚州では邢窯・定窯を中心とする大量の白磁片が出土することに注目すれば、(58)長江を北に隔てた揚州からの入手ルートを考えるのが自然であろう。しかも前述のように公直は、書簡①において淮南節度使の崔鄲のことを記していて、揚州との関係も持っていたとみられる。

さらに、香類の多くは周知のように南海交易によって唐にもたらされたものである。公祐が官に収公された綾のかわりに義空へ用意した百和香とは、中国において百合香とも呼ばれ、沈水香・丁子香・鶏骨香・白檀香・蘇合香や、その他数多くの香を粉末にして合わせ固めたものである。(59)日本でも、九世紀後半以降、支配層の間に薫物合が広がるが、これが日本支配層の「唐物」交易や社会関係の形成に影響を与えたとの指摘があり、(60)九世紀半ばの公祐ら唐海商がもたらす香も、日本で開花しようとする新たな香文化に影響を与えていたであろう。『行記』開成四年（八三九）二月二十日条には、遣唐使一行の数人が揚州市街で密かに香薬を買おうとしていたことが記されていて、当該期はこれらを揚州で入手することもできたが、元来南海産を中心とする香薬は、主に市舶使の置かれた広州を経由し唐へ入ってくる[61]。しかも、浙東地域は大中年間ごろ、すでにその広州と接合していた[62]。また、『円珍入唐求法目録』（『平安遺文』九―四四八〇）によれば、先の円覚が、大中十年（八五六）六月に円珍を天台に送り、秋に広州に到ったことが記されている。前述のように徐公直は円珍・円覚の世話人となっていたから、こうした二人の動きにも徐公直がかかわっていた可能性は高い。揚州で売買される香薬も、広州から浙江地域を経由してもたらされていたとみるのが自然だから、公祐の運んだ香のなかにも、このルートで入手されたものが含まれていたはずである。

以上のことから、蘇州を居地とした徐公祐は、明州を母港とし、越州を中心とする江南の名産品に加え、その北方、南方産の品々も手に入れて日本との交易を行っていたことが判明する。また、公祐の兄徐公直も、唐で婺州衙前散将、蘇州衙前散将の官職を帯しながら、この交易に主導的な役割を果たしていた。彼らは、杭州塩官県にあった義空やその同僚らとも顔見知りであった。両浙地域を拠点に華北・南海にまでつらなる流通網を前提に対日交易に乗り出す中国海商の原型は、まさにこの時期に成立していたのである。

むすび

以上、本章では「唐人書簡」から窺われる、九世紀中葉の唐人の対日交易について検討を加えた。その結果は次のとおりである。

「唐人書簡」の宛先となった唐僧義空は、太后橘嘉智子とつながる日本僧恵蕚とともに、八四七年（唐の大中元年、日本の承和十四年）に来日した。その義空来日を支援したのが、「唐人書簡」の主な差出人となった徐公直・徐公祐兄弟で、彼らは、これを契機に対日交易を拡大していったとみられる。徐公祐が日本にもたらした交易品には、彼らが本拠とした江南地域産のものだけでなく、広く唐内外から集められた品々が含まれていた。一方、日本は、対唐交流で大きな役割を果たすようになった江南唐商の徐兄弟らを重視しつつ、八五二年（唐の大中六年、日本の仁寿二年）には中央から唐物使を派遣して、官司先買体制を強化した。その後、おそらくは八五四年（唐の大中八年、日本の斉衡元年）ごろ、日本仏教の現状に失望した義空は、唐へ帰国してしまった。

このように「唐人書簡」は、唐僧義空が日本で活躍した十年にも満たない期間の史料群であるが、そのなかには、平安期の特徴とされる、唐内外の様々な物品を「唐物」としてもたらす唐海商と、その官司先買強化をはかり大宰府へ唐物使を派遣した日本王権の姿が、その初現期において生々しく記録されている。

ところで、日本へも直接アクセスできる唐の東アジア交易の拠点は、九世紀半ばに長江以北から江南へと移動する。その背景に、新羅の張宝高（保皐）の死や唐の会昌の廃仏をめぐる混乱があったことを前章でみた。また、日本における唐物使の登場が、こうした国際情勢と結び付く皇位継承問題を契機としたことも第一部第三章で述べた。そして本章では、こうした変革期を担い、積極的に対日交易に繰り出した江南の海商が、その北の揚州、その南の広州ともつながりを持っていたことを確認した。徐兄弟が拠点とした両浙地域には、その後一〇世紀に入り呉越国が建国されるが、山崎覚士氏は、呉越国が九世紀の交易圏を前提に、東シナ海交易圏・南シナ海交易圏の結節点たる杭州湾の港湾整備によって東アジア海域の地位を飛躍的に高めたと指摘する(63)。その呉越国の史的前提も、「唐人書簡」に明瞭にあらわれているのである。要するに、九世紀半ばは、東アジアの海域が、次の時代を作り出す連鎖的な変革期に入った時代である。「唐人書簡」は、それがどのようなものであったかを具体的に伝える点でも、アジア史の貴重な史料群と評価できるのである。

註

（1）高木訷元「唐僧義空の来朝をめぐる諸問題」（『高野山大学論叢』一六号、一九八一年）。
（2）http://web.otani.ac.jp/museum/kurashina/syoseki_index.html。ただし残念ながら画像の解像度がやや低く、字の細部の確認には適さない。
（3）石山寺文化財綜合調査団編『石山寺資料叢書』文学篇第三（法蔵館、二〇〇八年）。
（4）以下、参照する高木訷元氏の研究は、すべて同氏著『空海思想の書誌的研究』（法蔵館、一九九〇年）所収の論文「唐僧義空の来朝をめぐる諸問題」による。
（5）『宋高僧伝』巻一一唐杭州塩官海昌院斉安伝。
（6）佐伯有清「円珍と円載と日本新院」（『智証大師伝の研究』吉川弘文館、一九八九年）。
（7）佐伯有清「円珍と円覚と唐僧義空」（『最澄とその門流』吉川弘文館、一九九三年）。
（8）『大日本仏教全書』（大法輪閣、ＯＤ版）第一五〇巻。
（9）『大日本仏教全書』（大法輪閣、ＯＤ版）第一〇八巻。
（10）『大日本仏教全書』（大法輪閣、ＯＤ版）第一〇二巻。
（11）佐伯有清前掲註（7）論文、大槻暢子「唐僧義空についての初歩的考察―唐商徐公祐から義空への書簡―」（『東アジア文化交渉研究』創刊号、二〇〇八年）。
（12）高木訷元前掲註（4）論文。
（13）『日本紀略』正暦元年（九九〇）八月二十八日条には「大風洪水」とあり、同十一月七日条には「大風天変」により天下に大赦し、年号を永祚二年から正暦元年に改めたとある。
（14）『大正新修大蔵経』二五五五号。
（15）「贈令儀蔵主序」の読点は、『宋濂全集』第二冊（浙江古籍出版社、一九九九年）に従う。
（16）読点に関し「橘妃遣慧蕚致金繒泛海来請斉安、国師卒、今義空比丘入東、」としたのは、前掲註（15）の浙江古籍出版社本による。なお、「橘妃遣慧蕚致金繒泛海来請斉安国師、卒今義空比丘入東」とし、「卒」を死没の意味ではなく「ついに」「にわかに」の意味でとることも可能であるが、それでは嘉智子に請われたのが斉安としながら、突然義空が来日したという文になり不自然である。

したがってここは、浙江古籍出版社本に従う。

(17) 飯田瑞穂「聖徳太子片岡飢者説話について」(『聖徳太子伝の研究』〈飯田瑞穂著作集一〉吉川弘文館、二〇〇〇年)。
(18) 田中嗣人『聖徳太子信仰の成立』(吉川弘文館、一九八三年)二六〜四一頁。
(19) 「唐人書簡」の文字は、拙稿「恵蕚史料」(『入唐僧恵蕚の求法活動に関する基礎的研究』〈二〇〇七年度〜二〇一〇年度科学研究費補助金基盤研究(C)「入唐僧慧蕚の求法活動に関する基礎的研究」成果報告書、研究代表者田中史生、二〇一一年三月〉)による。
(20) 渡辺孝「唐・五代における衙前の称について」(『東洋史論』六号、一九八八年)。
(21) 石井正敏「九世紀の日本・唐・新羅三国間貿易について」(『歴史と地理』三九四号、一九八八年)。
(22) 『園城寺蔵　智証大師自筆文字史資料集』(三弥井書店、二〇一一年)所収。
(23) 小野勝年『入唐求法行歴の研究—智證大師円珍篇—』下(法蔵館、一九八二年)三八七頁。
(24) 本書第二部第二章。
(25) 高木訷元前掲註(4)論文。
(26) 佐伯有清前掲註(7)論文。
(27) 呉廷燮『唐方鎮年表』(中華書局、一九八〇年)参照。
(28) 佐伯有清前掲註(7)論文。
(29) 山崎覚士『中国五代国家論』第五章(思文閣出版、二〇一〇年)。以下、山崎氏の説は特に註記しない限りこれに依る。
(30) 『日本文徳天皇実録』(以下『文徳実録』と記す)嘉祥三年五月辛巳条。
(31) なお、山崎氏は書簡中に恵蕚のみえる⑦・⑧も大中三年とする。しかし、⑦については高木氏が書簡中の「自従崑山一別、早逾数載」の「数載」を、書儀の用例から五、六年とし、大中六年の可能性が高いことを指摘している。この場合、⑦に「寧供奉至得書」「回寧供奉廻信」とあるから、大中三年以後、恵蕚はまた渡唐し、書簡⑦を持って大中六年の公祐船で帰国した可能性が高くなる。したがって⑧も大中三年とは断定できない。
(32) 本書第二部第二章も参照。
(33) 本書第二部第二章。

(34) 佐伯有清前掲註(7)論文。
(35) 佐伯有清前掲註(7)論文。
(36) 呉廷燮前掲註(27)書参照。
(37) 郁賢皓『唐刺史考全編』(安徽大学出版社、二〇〇〇年)。
(38) 呉廷燮前掲註(27)書参照。
(39) 山崎覚士前掲註(29)論文は、『円珍入唐求法目録』の「久住㆓五臺㆒」から、円覚と王宰との繋がりを五臺山巡礼時に求めるが、前述のように「久住㆓五臺㆒」は書簡①の後の出来事と解釈したい。ただし、佐伯有清前掲註(7)論文は円覚が恵蕚の渡唐に従い入唐した可能性を指摘しており、その場合、俗人の円覚が恵蕚に従って会昌元年(八四一)に五臺山訪問をすでに経験していた可能性はある。
(40) 『智証大師全集』巻四(OD版『大日本仏教全書』二八、大法輪閣、二〇〇七年)所収。
(41) 小野勝年前掲註(23)書三一〇〜三一一頁参照。
(42) 『行歴抄』(OD版『大日本仏教全書』二八)、「徐直書状」(『平安遺文』九―四四八九)。佐伯有清前掲註(6)書二六九〜二七〇頁参照。
(43) 劉慎言については本書第二部第二章参照。
(44) 本書第二部第二章。
(45) 石井正敏「一〇世紀の国際変動と日宋貿易」(田村晃一他編『新版 古代の日本』二、角川書店、一九九二年)。
(46) 山崎覚士前掲註(29)論文も、私見同様、この「京使」を唐物使とみる。なお唐物使については本書第一部第三章も参照。
(47) 松原弘宣「陳泰信の書状と唐物交易使の成立」(『続日本紀研究』三一七号、一九九八年)。
(48) 渡邊誠「日本古代の対外交易および渡海制について」(『東アジア世界史研究センター年報』三号、二〇〇九年)。
(49) 林呈蓉「大宰府貿易の再検討」(『海事史研究』四七号、一九九〇年)。
(50) 福岡市博物館『古代の博多 鴻臚館とその時代』(鴻臚館跡発掘二〇周年記念特別展図録、二〇〇七年)四〇頁・一四七頁参照。
(51) 叶喆民『隋唐宋元陶瓷通論』(紫禁城出版社、二〇〇三年)参照。
(52) 張剣光『唐五代江南工商業布局研究』第三章(江蘇古籍出版社、二〇〇三年)。

(53) 石見清裕「唐の国際秩序と交易」（『アジア遊学』二六号、二〇〇一年）、同「唐の絹貿易と貢献制」（『九州大学東洋史論集』三三号、二〇〇五年）。
(54) 張剣光前掲註(52)書第三章・第四章。
(55) 筆者は二〇〇五年十二月に中国杭州市の杭州歴史博物館を訪問したが、ここに杭州中東河工地から出土した唐代の銅匙が展示されていた。
(56) 韓生・王楽慶『法門寺地宮茶具与唐人飲茶芸術』（長城出版社、二〇〇四年）参照。
(57) 叶喆民前掲註(51)書第二章第三節・第四節。
(58) 叶喆民前掲註(51)書第二章第七節。
(59) 明代の『普済方』巻二六七、貝原益軒『大和本草』巻八草之四などを参照。
(60) 皆川雅樹「九～十世紀の「唐物」と東アジア—香料を中心として—」（『人民の歴史学』一六六号、二〇〇五年）。
(61) 関履権『宋代広州的海外貿易』二章（広東人民出版社、一九九四年）。
(62) 山崎覚士前掲註(29)書第七章。
(63) 山崎覚士前掲註(29)書第七章・八章。

第三部　島嶼地域と国際交易

第一章　南路（大洋路）の島嶼地域と古代の海商

はじめに

遣唐使の航路は、朝鮮半島西海岸海域を経由し山東半島へ到る北路、五島列島を経て長江河口部付近に達する南路、南西諸島伝いに江南を目指す南島路に分けられるとするのが通説である。しかし最近、南島路については、これを正式な航路とすることへの疑問が出されている(1)。筆者は、奄美以南の沖縄諸島を経由する航路についてはあったとしても、遣唐使船がこれを積極的に採用することはなかったと考える。日唐交流の担い手たちは、平安期に到っても、沖縄諸島以南地域に対する危険・恐怖・忌避意識を顕著に示し、入唐僧ばかりか海商ですら、当該島嶼地域の正確な知識や情報を持たないからである(2)。少なくとも日唐間の交通において、南島路はあまり用いられなかったとみるべきであろう。結局、国際交易の時代を迎える九世紀以後も、日唐間で用いられたのは主に北路か南路であった。

この北路と南路のうち、航海の安全性からみるならば、地理的には外洋航海の距離が短い北路の方が勝っている。しかし、航路の安全は地理的条件だけでは決まらない。八世紀の遣唐使船が北路から南路へ切り替えた背景に、日本と新羅の間の政治的なすきま風のあったことはよく指摘される。そして、九世紀半ばに日唐往来の民間商船がそれまで使ってきた北路を南路へと切り替えた背景にも、新羅・唐の政治・社会情勢の変化があった(3)。海上交通の安全性が、その海域と接する陸の政治や社会情勢に左右されるのは現在と変わらない。こうして九世紀以降の民間の交易者たちにも一般化した南路の中国側の拠点は、かつての遣唐使時代の南路と比べると、楊州のある長江河口部付近よりさらに南側の江南地域に重点が移っている。それは南宋代の『輿地図』に「大洋路」として記され、その後も長く日中交流の航路としての命脈を保つことになる。

ただしこの南路は、東シナ海を一気に横断するため、外洋航海が長い分、当海域に突き出す日本側の五島列島や中国側の舟山群島といった島嶼地帯が、長旅に備える船の準備地として、あるいは最初の寄港地として、海商にとって極めて重要な場所となっていた。本章では、この九世紀半ば以後の商船が頻繁に用いた南路（大洋路）上の島嶼地帯における、古代の海商たちの実態について考察する。

一 南路を目指して

民間の商船が南路（大洋路）を用いた初見は八四二年である。『入唐求法巡礼行記』（以下『行記』と記す）会昌二年（八四二）五月二十五日条、同五年七月五日条によれば、楚州の在唐新羅人劉慎言の船で帰国する予定の入唐日本僧恵萼は、李隣徳船で明州から直接帰国したいと慎言に申し出て、その宣言通り会昌二年に李隣徳船で帰国した。また『安祥寺資財帳』（『平安遺文』一―一六四）には、入唐僧恵雲が、同年八月に海商李処人の船で日本から唐へ向かい、六日で温州に到着したとある。これもその日数からみて、東シナ海を直接渡ったとみられる。(4) このように交易者たちが八四二年を境に南路を頻繁に用いるようになったのは、黄海海域の国際交易活動を支配してきた新羅の清海鎮大使張宝高（保皐）が八四一年冬に殺害され、北路上の海域情勢が急速に不安定化したことなどが影響している。(5)

ところで、この九世紀半ばの南路航行について、『入唐五家伝』の第四「真如親王入唐略記」付載「頭陀親王入唐略記」（以下「略記」と記す）は、その実態を伝える貴重な史料である。「略記」は、平城天皇皇子で弘仁元年（八一〇）の政変で廃太子後出家した真如（高丘）親王の、貞観四年（八六二）の入唐に関する記録で、親王の入唐に随行し、途中で親王と別れて帰国した伊勢興房が著した。それによると、貞観三年八月、難波から大宰府鴻臚館に入った親王は、大宰大弐らの手厚い対応に煩いを感じつつ、九月には壱岐嶋へ移動した。ところがそこでも嶋司らの迎接攻勢を受けて、肥前国の斑嶋（佐賀県唐津市馬渡島）に移ったという。さらに、同国の松浦郡柏嶋（唐津市神集島）に移った親王は、十月七日、唐商で大宰府の大唐通事でもあった張友（支）信に船一隻の造船を命じ、その船が翌貞観四年五月に完成して、再び鴻臚館に戻った。そして同年七月中旬、高丘真今（岑カ）が船頭を、張友信ら唐人三名が梅師を務める、僧俗六〇名の船が鴻臚館を離れ、八月十九日に肥前国遠値嘉嶋（五島列島）に到着した。さらにその遠値嘉嶋を九月三日に出て、四日後の同月七日、明州揚扇山に到着したという。

真如親王が、貞観三年九月に大宰府鴻臚館を出て、八ヵ月以上も島々を転々としたのは、「略記」が肥前国の斑嶋について「白水郎（海人）多くあり」と記し、斑嶋の次に移動した柏嶋では造船を行ったことを記すことから、渡唐用の船と船員を求めてのことであったとみられる。(6)『続日本紀』（以下『続紀』と記す）天平宝字五年（七六一）十一月丁酉条によれば、藤原仲麻呂政権下の新羅侵攻計画において、東海道節度使の集めた水手七五二〇人のうち、二六〇〇人が実は東国ではなく肥前国・対馬嶋の人々であったように、この地域は外洋船の船員の重要な供給源となっていた。『続紀』宝亀六年（七七五）四月壬申条には、遣唐使船の梅師として活躍した肥前国松浦郡の川部酒麻呂の名もみえる。

また真如親王が、柏嶋での造船後、再び鴻臚館に戻ってそこで二ヵ月ほど過ごしたのは、当地に滞在中の同道予定者を乗船させるとともに、正式な出国手続きを行ったからであろう。というのは、渡海の勅許を得た出国予定者は、便船を得るまで、大宰府・筑前国による安置供給がなされるとともに、唐土到着後、その来航理由を明らかにするための公験も大宰府によって発行されていたからである。(7) 真如と同時代の公験の実例としては、円珍入唐の際の、仁寿三年(八五三)二月十一日大宰府牒(『平安遺文』一―一〇二)、仁寿三年七月一日円珍牒奥外題(『平安遺文』一―一〇三)が知られ、それには、円珍の年齢や従者・随身物の情報、渡唐理由に加え、乗船する船が誰の船であるかといった情報が記されている。なお、「略記」によれば、真如親王は、唐に到着した七ヵ月後、この船や船員らを、同道者の一部とともに明州から帰国させている。

唐海商の肥前国海域における造船は、恵雲の『安祥寺資財帳』(『平安遺文』一―一六四)にもみえる。すなわち、唐に向かうため博多津を出発し肥前国松浦郡遠值嘉島那留浦に移動した李処人は、ここに三ヵ月も留まり、唐から乗ってきた旧船を棄てて、島の楠材で新船を造船した。五島列島の福江島を中心とする遠值嘉島は、以前から南路をとる遣唐使船がよく利用し、真如親王の船も東シナ海を横断する直前、この付近に十日以上も留まったから、遠值嘉島では、外洋に出る直前の水や食料などが補給できたとみられる。そして遠值嘉島のなかでも奈留島の那留浦は、島の楠材を用いての造船が可能であったらしい。『行記』承和五年(八三八)六月二十七日条は、遣唐使船に施した鉄の板が、南路をとって東シナ海を横断中、波の衝撃ですべて脱落したと記している。日本を離れた直後の遣唐使船がたちまちこのあり様だから、往還を繰り返す商船は、東シナ海を横断する直前、船を補修し、時には新造することを頻繁に行っていたはずである。『行歴抄』によれば、円珍の乗った商船も、渡唐直前、この浦にひと月近く停泊している。また後の遣明船もここを寄港地としたらしく、『策彦和尚初渡集』上は天文七年(一五三八)、入明使が奈留島に二十日間も滞在したことや、そこの海安寺での設斎、奈留明神社での祈禱の様子などを描いている。(8)

ところで、張友信の柏嶋における七ヵ月に及ぶ造船活動は、友信自身が大宰府の大唐通事の任にあること、友信や親王らが新造船で鴻臚館に戻っていることから、大宰府側も詳細に把握するものであったとみられる。けれども、李処人の場合、奈留島で新たに船を造った後、鴻臚館に戻ることなくそのまま唐へ向かっており、彼の造船が大宰府の管理下に行われたものかは疑わしい。というのは、『日本三代実録』（以下『三代実録』と記す）貞観十八年（八七六）三月九日条に次のようにあるからである。

其二事。請下合二肥前国松浦郡庇羅・値嘉両郷一更建二二郡一、号二上近・下近一、置中値嘉嶋上曰、「撿二案内一、元有二九国三嶋一、（中略）今件二郷、地勢曠遠、戸口殷阜。又土産所レ出、物多二奇異一。而徒委二郡司一、恣令二聚歛一、彼土之民、厭二私求之苛一、切欲レ貢二輸於公家一。惣是国司難二巡撿一、郷長少二権勢一之所レ致也。加之地居二海中一境隣二異俗一、大唐新羅人来者、本朝入唐使等、莫レ不レ経二歴此嶋一。府頭人民申云、『去貞観十一年、新羅人掠二奪貢船絹綿等一日、其賊同経二件嶋一来』、以レ此観レ之、此地是當国枢轄之地。宜下擇二令長一以慎中防禦上。又去年或人民等申云、『唐人等必先到二件嶋一、多採二香薬一以加二貨物一。不レ令下二此間人民一観中其物□上。又其海濱多二奇石一。或鍛練得レ銀、或琢磨似レ玉。唐人等好取二其石一、不レ暁二土人一』、以レ此言レ之、不三委以二其人一之弊、大都皆如レ此者也。望請、合二件二郷一、更建二二郡一、号二上近・下近一、便為二値嘉嶋一、新置二嶋司郡領一、任二土□貢一。但其俸料挙二定正税公廨之間一、令レ兼二任肥前国権官一。」

右は大宰権帥の在原行平の起請の一つで、肥前国松浦郡の庇羅・値嘉両郷を併せて新行政区の値嘉嶋を設け、そこに上近・下近の二郡を配すよう中央に求めたものである。ここは現在の長崎県の平戸島から五島列島にかけての島々にあたる。行平はそれを松浦郡の管轄から分離し、新たに行政区を設けて、肥前国の権官を兼務する嶋司・郡司を配し、当地の支配・管理強化をはかろうとした。彼はその理由として次の三点をあげている。

①広大な領域を持ち人口も多い当地は、奇異の土産も豊富だが、これを松浦郡司が当地の人々を使って私的に集める状態が放置されている。これは、当地が国司の巡検し難い地にあり、かつ郷長の力も弱いためである。

②当地は他国と境界を接し、唐人や新羅人、日本の入唐使らの船は皆この嶋を経由する。貞観十一年（八六九）の新羅人による海賊事件の際も、府頭の人民は彼らがここを経由したと言っており、当地は「当国枢轄之地」である。

③去年の人民らの報告によれば、唐人は必ずこの嶋にやってきて、島民らを遠ざけて、多くの香薬を採り貨物に加えたり、海浜の奇石を採り、鍛錬して銀を得たり、磨いて玉を作っているらしい。

要するに大宰権帥の行平は、平戸・五島列島地域における松浦郡司、唐・新羅海商らの独自の活動を、肥前国や大宰府が把握できない現実に危惧を抱いていたのである。特に③からは、唐海商がしばらく当地に滞在し、独自の生産活動まで行いながら、これを大宰府が十分把握できない実態が読み取れる。この記事に関し東野治之氏は、香薬が五島の産物とは考え難いことから、「香薬を採る」の実態は海商が持ち込んだ香薬を当地で密かに転売していたとみるべきこと、「奇石」も重要な交易品として海商らが当地で密かに入手していたことなどを指摘し、五島列島を中継貿易拠点とみなす。(9) この想定を明確に裏付ける考古資料は確認されてはいないが、少なくとも大宰府のチェックを受けて博多津を出航した海商が、途中の肥前国領内の島嶼地域で官の十分な管理を受けないまま交易品を新たに加え、鉱物加工までも行っていたとするなら、当地での造船も比較的自由に行えた可能性がある。

二　成尋の船出と唐津湾岸地域

李処人や張友信の時代から二〇〇年ほど経った延久四年（一〇七二）三月十五日、天台教団にあって京都岩倉大雲寺別当であった成尋は、天台山・五臺山巡礼を目指し、肥前国松浦郡壁島に渡り、そこで宋商の船に乗り込んだ。壁島は現在の佐賀県唐津市の加部島にあたり、唐津湾の西側、東松浦半島北端の呼子近くに浮かぶ。そのすぐ東には、張友信が船を造った柏嶋（神集島）がある。柏嶋には天慶八年（九四五）に唐商が、万寿四年（一〇二七）に宋商が、それぞれ来着した記録があり[10]、博多湾を出入りする海商たちが、海上交通上の停泊地としてもよく利用していたとみられる。渡海の勅許を待ちきれない成尋は、ここに停泊中の宋商船に密かに乗船したが、彼の『参天台五臺山記』（以下『参記』と記す）によると、その際に成尋が宋商に渡した物品は、米五〇斛、絹一〇〇疋、掛二重、沙金四小両、上紙一〇〇帖、鉄一〇〇挺、水銀一八〇両という膨大なものであった。

それらの現在値への換算は、換算率の解釈によって差違が生ずるが、齊藤圓眞氏の解釈に従うなら、絹一〇〇疋は宋制で換算すると長さ一二九〇《メートル》で、上紙一〇〇帖は四八〇〇枚、米五〇斛は宋制で三・二《キロリットル》、日本制で五・六《キロリットル》、鉄一〇〇挺は一・一《トン》にもなる[11]。『参記』によれば成尋は乗船直前まで一三人の従僧を連れていたが、その人数ではとても陸路で運べない。ほかに成尋が宋で活動するための持参品もあるから、それらすべてを松浦郡外から持ち込んだとするならば、その重量・容量に耐える船や船員を雇い、壁島に停泊中の宋船まで運搬したとみなければなるまい。

ところが『参記』延久四年三月十六日・十七日条には、停泊中の船に「海辺男女」が頻繁にやって来て「売買」を行うので、彼らに発見されることを恐れた成尋らは、ずっと息を潜めて船中に隠れ続けたと記している。それは彼が勅許を待たずに密航することになったためだが、そうであれば、成尋らが、松浦郡外から大量の物資を持ち込み、それを商船に運び込む姿はやや目立ちすぎるように思われる。

ここで『参記』から、当地停泊中の商船での密航にも厳しい取り締まりが及ぶ一方、その船の船員と当地の人々との交易は容認され、しかも比較的頻繁であったらしいことに注目したい。当地が商船の停泊地である以上、海商と食料などを交易するのは日常のことであったとみられる。成尋の贈った大量の米も、これら物資の流れとともに運び込まれたならば、不自然な動きではない。しかも唐津湾岸地域は、岩根遺跡や鶏ノ尾遺跡といった、九世紀以降の製鉄関連遺跡が知られる。一・一トンもの鉄も、わざわざ郡外から運び込んだのではなく、当地域周辺の生産品で、こうした交易の動きに紛れるように渡されたものではなかろうか。いずれにしても、これら大量の物品が当地で官の目を盗み海商に渡されたことが事実である以上、博多ほどではないにしても、商船が停泊する唐津湾付近の一一世紀は、比較的多くのモノを動かす交易があったとみなければなるまい。

この点で、先に触れた唐津湾鏡山南麓に位置する鶏ノ尾遺跡は注目されてよい。当遺跡では、九世紀中ごろから一〇世紀中ごろにかけての製炭・鍛冶行為に付随して一括破棄されたとみられる遺物のなかに、多くの貿易陶磁が含まれていた。そのなかには越州窯系青磁があり、Ⅰ類と呼ばれる質の良いものも含まれている。また、ここでは九州ではそれほど出土が目立たない京都洛西産緑釉陶器なども完形に近いかたちで数点出土している。発掘調査報告書はこれらについて、鉄滓・鞴羽口も包含することから製鉄行為に付帯した祭祀行為の痕跡とする理解と、耳皿や煮炊き具なども含まれることから饗宴の際に使用した器の一括あるいは数回に渡る破棄の痕跡とする理解の二つの解釈を示しつつ、後者の可能性が高いとみる[12]。しかもここからは、時期が明確でないものの、施釉大甕の破片が出土していて、これは日本産とは考えがたく、おそらくは渡来船が備えていた物品・液体などを保管するための容器と推測される。『参記』において、当地で大量の鉄が海商に渡されている事実をみても、饗宴の可能性も考えられる鶏ノ尾遺跡は、唐津湾に停泊する海商船との関係で捉えることのできる遺跡と考える。

唐商の張友信が、唐津湾の入り口の柏嶋で七ヵ月もの間造船を行えたのも、材木資源だけでなく、造船に必要な鉄、食料を含む多様な物資がここで入手できたからであろう。

なお、鶏ノ尾遺跡における完形の緑釉陶器の出土などから、筆者は唐津湾での交易に中央王臣家とのつながりも疑うが、それを直接示す史料はない。けれども『行記』承和十四年（八四七）九月十日、十一日条に、入唐僧円仁が商船で帰国した際、船が夜間に松浦郡北界の鹿嶋へ到着すると、明け方、「筑前国丹刺（判カ）官家人大和・武蔵」が「嶋長」とともにその船にやって来たと記すことは注目される。鹿嶋が松浦郡内のどの島を指すのかは不明だが、夜に到着した船を翌朝訪問した筑前国司の家人は、筑前国から来たのではなく、すでに鹿嶋近くにあったとみなければならず、「嶋長」の報告を受けて急ぎ商船を訪ねたのだろう。しかも筑前国司「家人」の訪問について、ここが肥前国松浦郡内であることや、姓を欠いたまま記される彼ら「家人」は律令賤民の家人とみられることから、筑前国による島嶼管理と結びつけて理解することは難しい。一方、王臣家とも結びついた筑前国司の旺盛な交易活動は同時代の文室宮田麻呂がよく知られ、その宮田麻呂の「謀反」を密告したのは彼の「従者」であった[13]。つまり、こうした国司層・貴族層の「従者」や「家人」が主人の私的交易活動の実務を担っていたとみられ、家人の大和・武蔵も、筑前国司の任にある主人の意を受け、松浦郡内島嶼地域の嶋長らと連絡をとりながら、商船到来などの情報を得ていたと考えられる。そして、鶏ノ尾遺跡が郡家近傍に位置するように、こうした松浦郡内の動きに、先の大宰権帥在原行平が警戒した、唐津湾岸に郡家を構える松浦郡司も関与していた可能性は高い。

三　舟山群島の交易者たち

成尋の乗る宋商船は、延久四年（一〇七二）三月十九日、順風を得て壁島を出発し、同月二十五日、蘇州の大七山に着いて、ここで久々に停泊した。大七山は今の浙江省舟山市嵊泗県の大戢山で[14]、銭塘江河口部に広がる杭州湾の北

図４　舟山群島と成尋の入宋路

側入り口付近に位置する小島である。

こうして六日で東シナ海を横断し、舟山群島の一島にたどりついた船は、そこから群島伝いに南下し、中国大陸を目指す。翌二十六日には明州の徐翁山の別島に、二十七日には同州黄石山を経由し小均山に到り、成尋らはここではじめて船を下り陸に登った。山頂に涌く清水を汲んで仏に献じるとともに、それを飲むためである。徐翁山は今の嵊泗県徐公島に、黄石山は今の岱山県黄沢山に、小均山は今の岱山県小衢山にそれぞれ比定されている[15]。その後、順風なく、船はしばらく小均山をうろつくが、四月一日、北風が吹いて袋山に、その翌日には東茹（茄）山に着いた。この時のことを『参記』は次のように記している。

四月一日庚戌辰時依二北風吹一出レ船。申時著二袋山一。有二随稍山西一山也。有二人家一。東南有二欄山一。有二人家一。（中略）二日辛亥辰時出レ船。依二潮満一以レ艫進レ船。午時到二著東茹（茄）山一。船頭等下レ陸参二泗州大師堂一。山頂有レ堂。以レ石為二四面壁一。僧伽和尚木像数体坐。往還船人常参拝処也。未時乗レ坏参仕了。山南面上下有二二井一。水極清浄也。沸レ湯行水了。向二東南一見二楊翁山一。有二人家一。翁山西見二馬務山一。無二人家一。有二三路港一。（中略）三日壬子依二西風吹一尚不レ出レ船。在二東茹山一。福州商人来出二茘子一。唐菓子。味如二干萊（棗カ）一。大似レ萊（棗カ）。離二去上皮一食レ之。七時行法修了。一船頭曽聚志二与縫物泗州大師影一鋪一。告云。有二日本志一者随喜千万。四日癸丑巳時依レ有二順風一出レ船向レ西行。上レ帆馳レ船。未時南見二烈港山金塘郷一。有二人家一。

以上によれば、東南に欄山を望める袋山島に着いた成尋らの船は、翌朝、そこを出発し、昼に東茄山に到着した。[16] 東茄山で、船頭や成尋らは山頂の泗州大師堂を参拝し、山の南面の井戸水を沸かして行水もした。こうして東茄山の泗州大師堂は、成尋が宋で最初に訪問した仏教施設となったのである。なお、泗州大師とは僧伽和尚のことで、『宋高僧伝』巻一八「唐泗州普光王寺僧伽伝」によると、僧伽はもと西域の何国の人で、若くして出家した後、六五七年ごろから唐で活動を始め、泗州に普光王寺を創建し、七一〇年、長安薦福寺において八十三歳で死去した。生前から観音の化身と称された僧伽は、死後、水難・盗賊・祈雨などに対する霊験で民間に広く信仰され、各地に僧伽和尚堂も造営されている。[17] 東茄山の泗州大師堂付近からは、東南に「楊翁山」がみえ、「翁山」の西に馬務山がみえた。また、彼らのもとには福州商人が訪れ、茘子がすすめられたという。東茄山を出港したのは四日午前。午後には烈港山金塘郷を南に望見できる所までたどり着いた。

明州（寧波）へとつながる甬江の河口部沖にあり、杭州湾の南側入り口付近に位置する舟山島は、舟山群島最大の島であるが、成尋の記す「袋山」は、舟山島の北に接する岱山島として、「列港山金塘郷」は舟山島の西南に接する金塘島の瀝港として、今もその名を残している。「袋山」の東南にある欄山は、岱山と舟山の間の秀山とみてよいだろう(18)。また「楊翁山」と「翁山」は同じ島を指すとみられるが、「翁山」が舟山島であることは、明代嘉靖年間の『寧波府志』巻九・舟山城条に「舟山屹立海中、旧邑翁山」とあることなどから確実である。「馬務山」は、今、舟山島の北西端部に陸続きとなっている「馬目山」のことであろう。

しかし、この海域を往還する船人の信仰を集めた泗州堂のある「東茄山」を、現在のどの島にあてるかは諸説ある。筆者は、二〇〇七年に行った現地踏査を踏まえ(19)、『参記』の「袋山」を東岱山とみて、「東茄山」を西岱山にあてるべきと考えるに到った。その根拠は以下のとおりである。

現在一島の岱山は、前近代、岱山北方の東沙鎮橋頭と南方の南浦の間に水道があり東西に分かれていたが、これに関しては、藤善眞澄氏の指摘がある。すなわち藤善氏は、『宝慶四明志』『大徳昌国図志』といった方志類により、かつての岱山普明寺が泗州堂を前身とすることが判明すること、東岱山の東端に「泗州岡」の存在が確認でき、ここが普明院の址とみられることなどから、「東茄山」は東岱山であるとし、その前に停泊した「袋山」を西岱山とみなした(20)。

しかし、その後成尋の船は、舟山群島を西南方向へ向かう航路をとるから、西岱山から東岱山行きを想定することは、この区間だけ、それを逆行するルートをとったことになる。また、藤善氏も触れた一三世紀成立の『宝慶四明志』巻二〇・昌国県志の「寺院」には、

普明院。縣西北海中。古泗洲堂也。窣堵波二。以レ鉄為レ之。世伝二阿育王所一レ鋳。銭氏忠懿王寘二之於此一。皇朝大中祥符中賜二院額一。紹興十八年僧曇解侈二大之一。高麗入貢、候二風於此一。

とあり、これによれば、高麗船なども風待ちの場所とした普明院は、昌国県の西北海中にある。ところが同昌国県志「叙山」によると、県の西北にあるのは西岱山で、東岱山は県の北とするから、これに従えば、普明院は東岱山よりも西岱山に求めた方がよいことになろう。さらに、東岱山の「泗州岡」とは、岱山島東方の洛沙湾水庫近くの泗洲岡墩刑馬覧にあたるとみられるが、現地で確認しても、ここからは舟山島がほとんど望めないという。

一方、最近中国では、民国時代編纂の『岱山鎮志』巻三「志水」に「泗州堂渡船。在㆓東沙角山渚頭㆒。往㆓来定城寧郡等㆒処」とあるのを普明院と結びつけ、これを東岱山北西端部にあたる現岱山島北岸東沙鎮に求めて、成尋の参拝した泗州大師堂もここにあったとする見解が示されている(21)。しかし実は、泗州堂渡の地名は、現在の東沙鎮ではなく、その少し西の東沙古鎮のものである。ここは、旧西岱山の東北部にあたり、ここに普明院を求めるならば、『宝慶四明志』に普明院と西岱山がともに県の西北にあるとすることと矛盾しない。しかも、この東沙古鎮の東には小高い宮後山が接し、そこからは舟山が明瞭に眺望でき、さらに山麓の西辺から南辺にかけて井戸が点在することも確認できた。これらは、『参記』の記事とまったく一致する。すなわち、泗州大師堂は東沙古鎮の宮後山にあったとみられるのである。当山は、旧西岱山東北隅に飛び出し、かつて西岱山と東岱山を隔てた湾入地帯の入り口にある。そして成尋の乗る宋商船が東岱山から西岱山へ移動したとするなら、その船が以後さらに西に向かって進むことも不自然ではなくなる。

ところで、以上のように東シナ海を渡ったばかりの成尋らが下船地とした島は、小均山にしろ東茄山にしろ、すべて清水が得られた。この点は『続紀』天平勝宝六年（七五四）二月丙戌条に、船の漂流に備えて天平七年（七三五）に南嶋に建てられた「着嶋名幷泊㆑船処、有㆑水処、及去就国行程、遥見嶋名」を記した立札を、この時修復する勅を大宰府に下したとあるのが参考となろう。『参記』の舟山群島に関する航海の記事も、「着嶋名・泊船処・有水処・去就国行程・遥見嶋名」を基本的な構成要素とする。つまり、『参記』の当地に関する記事の多くは、当海域を船で往来する海商たちが重視した情報であったに違いなく、それをここを初めて訪れた成尋が船員から聞いて記したものであろう。西岱山の、水のわき出る宮後山も、海商たちにとっては、北方から岱山を目指す船のランドマークとするのに適した地であったと推察され、先の『宝慶四明志』の記事によると、この地域では、高麗船なども風待ちの場所としていた。『参記』が記す福州商人とのささやかな交流も、ここに福州からの商船が寄港していたことを窺わせる。海での安全を祈願する泗州大師堂は、「往還船人常参拝処也」とあるように、ここを往来する船人たちすべてに開かれていたのである。

図5　岱山北方海上から東沙古鎮東方の宮後山を臨む.

図6　宮後山の麓に点在する井戸. 水がわき出るという.

以上の『参記』の描く一一世紀の舟山群島の様子は、「略記」によって、その原風景をさらに二〇〇年ほど遡らせることができそうである。それによると、前述のように親王らの船は貞観四年（八六二）九月三日に肥前国遠値嘉嶋を出て、同月七日、明州揚扇山に着いた。四日間で東シナ海を横断しきったのである。この前後のことについて、「略記」は次のように書き記している。

七日午尅遥見二雲山一。未尅著二大唐明州之揚扇山一。申尅到二彼山石丹奥一泊（石丹奥、明州地名也）。即落レ帆下レ矴。見二其涯上一有二人数十許一。喫レ酒皆脱レ被、坐二倚子一。乃看二船之来著一皆驚起。各衫群立二涯邊一。見二張支信一問二由縁一。支信答云「此日本国求法僧徒等。」於レ是彼群居者皆感歎。差レ使存問、兼献二送彼土梨・柿・甘蔗・沙糖・白蜜・茗茶等数搬一。親王問二支信一云「此何等人。」支信申云「此塩商人也。」親王歎曰「雖二是商人一、躰皃用麗（閑カ）如レ此也。」即謝答、贈以二本国立（土カ）物数種一。爰彼商人等辞退不レ肯。以更遺二友志一。于レ時彼商人等雖レ受二雑物一、謝還二金銀之類一云「異国珍物、遍命固厚、不レ見二此明州望海鎮一、登レ之遊宴。」此歳大唐咸通三年九月十三日。明州差レ使司馬李閑点二撿船上人物一、奏二聞京城一。

これによれば、揚扇山に到着した船は、そこの石丹奥（澳）で碇を下ろした。すると海岸で酒を飲んでいた数十人の塩商人との交流がはじまる。塩商人らは船まで使を送り、「梨・柿・甘蔗・沙糖・白蜜・茗茶」を献じ、親王はこれに応えて日本の物品を商人に渡したという。その後陸において両者の宴が始まったのであった。

塩商人が献じたもののうち、沙糖・蜜・茶などは、同時期の唐海商が日本にもたらす物品と重なり、特に茶は江南地域の名産品の一つであった[22]。ただ、甘蔗もみえることから、彼らは中国の南方と江南の間を往来していた商人たちなのかもしれない。一方、親王の渡した日本からの物品としてわかるものは、塩商人らが受け取らずに親王へ返却したという「金銀之類」だけだが、そこからかなり高価なものを渡していたことは類推できる。しかも、それを塩商人らは、明州望海鎮（寧波市鎮海区）あたりではみない「異国珍物」と評している。それは、明州を行き来する商船の集まる甬江河口部の海域ですらみられない珍しい貴重な品々という意味であろう。こうして、親王と塩商人らの宴へとつながる交流は、互酬的な交易が埋め込まれるかたちで繰り広げられたのである。明州から役人が来て、親王らのチェックを行ったのはその数日後であったから、それまでの間、彼らには当海域を行き交う商人たちと、私的な交流・交易を行う機会もあったことがわかる。

では、親王一行が塩商人たちと交わった「揚扇山」とはどこであろうか。「揚扇山」については、これまでその場所が具体的にはわかっていないが、ここは明州の甬江河口部へとつながる明州管内の島であるから、舟山群島の中に求めるべきである。しかも、数十人の塩商人に親王一行六〇名が加わり、陸上で宴が開かれたから、比較的安定した港と陸を擁した場所であったことが窺われる。ここで、先の『参記』に「揚翁山」とあることは注目されよう。字形上、「翁」を「扇」と誤写することは十分ありうるからである。つまり、「揚扇山」とは「揚翁山」、すなわち舟山群島中最大の舟山島を指すのではなかろうか。そうであれば、成尋の記した西岱山における他船の海商らとの交流は、そのすぐ南の舟山島でも、二〇〇年前から繰り広げられていたことになる。

四　クロスロードの観音信仰

ところで法華経の観世音菩薩普門品第二五（「観音経」）に「若三千大千国土、満㆓中怨賊㆒。有㆓一商主㆒。将㆓諸商人㆒、賫㆓持重宝㆒、経㆓過険路㆒。其中一人、作㆓是唱言㆒、諸善男子、勿㆑得㆓恐怖㆒。汝等応㆘当㆓一心㆒、称㆗観世音菩薩名号㆖、是菩薩能以㆓無畏㆒施㆓於衆生㆒。汝等若称名者、於此怨賊当得㆓解脱㆒」とあるように、商人たちにとって観音信仰は、遠距離移動の危険から免れるための信仰でもあった。その唐代の具体例として、この一節とともに盗賊に襲われるソグド商人を描いた敦煌莫高窟第四五窟の壁画が著名である。そしてこの信仰が、前近代のアジアの海商たちにも拡がっていた[23]。それは、「観音経」に「若有㆓百千万億衆生㆒、為㆑求㆓金・銀・瑠璃・碼碯・珊瑚・虎珀・真珠等宝㆒、入㆓於大海㆒、假使黒風吹㆓其船舫㆒、飄㆓堕羅刹鬼国㆒、其中若有㆓乃至一人㆒、称㆓観世音菩薩名㆒者、是諸人等皆得㆑解㆓脱羅刹之難㆒」とあることともかかわっている。先の敦煌莫高窟第四五窟のソグド商人の絵の下方には、この経文とともに、大海に乗り出した船人らが描かれている。上方のソグド商人の絵と対照させるなら、この船人たちも海商として良いであろう。しかも、「観音経」に登場する金・銀・虎珀・真珠などは一一世紀の『新猿楽記』において「本朝物」、すなわち平安期日本の代表的な対外交易品とも重なる。したがって、危険な大海を渡りこれらの品を目当てに対日交易を行う海商らに、この経文が現実と重なり意識されていたことは間違いなかろう。

　そして前掲『参記』には、宋海商で一の船頭の曽聚が、「東茄山」に停泊中、成尋に泗州大師僧伽の繍像一枚を志与するとともに、「日本の志ある者は随喜千万す」と語ったとある。成尋の時代、観音信仰につらなる泗州大師信仰は日本でも著名であった。しかも「略記」に「僧伽和尚入定寺」たる泗州普光王寺滞在が記されるように、日本における泗州大師信仰も真如親王の時代以前に遡る。この早い例は『行記』にみえ、唐の開成五年（八四〇）三月二日、山東半島の登州開元寺に入った円仁は、その三月七日条で、「僧伽和尚堂内北壁上」に西方浄土・補陀落浄土を描いた壁画があり、これが日本国使発願のものであることを記している。それは天平宝字三年（七五九）の遣唐使を指すとみられるが[24]、彼らが僧伽和尚堂に西方浄土と補陀落浄土を描いたことは、天平宝字の遣唐使らが泗州大師信仰を観音信仰とかかわらせて理解していたことを明確に示している[25]。すなわち、唐の泗州大師信仰は、観音信仰につらなる信仰として、少なくとも八世紀半ばには日本でも知られるようになっていたとみられる。また、『高野雑筆集』下巻所収「唐人書簡」の書簡⑪は、唐の大中三年（八四九）に来日した唐僧無々が京の義空に書き送った書簡だが[26]、そこにも徐州開元寺において「直㆓写観音・誌公・僧伽三楨㆒、彼像惣在㆓大宰府㆒」と記されている。このうち誌公は唐代に十一面観音の化身として信仰された五世紀の高僧であるから[27]、観音・誌公像とセットの僧伽像も、当然、観音信仰にかかわるものとして意識的に写され、日本へもたらされたと理解しなければならない。このように、観音信仰と結び付いた僧伽の姿が、唐代から断続的に日本へ伝えられていたのである。

さらに真如親王の時代になると、泗州大師信仰は確実に日本の王家も意識するものとなっていた。『日本文徳天皇実録』（以下『文徳実録』と記す）嘉祥三年（八五〇）五月壬午条の太皇太后橘嘉智子崩伝によれば、嘉智子が恵蕚を唐へ派遣した際、僧伽和上の祀堂への奉施も命じていたという。奉施場所となったのは、おそらく真如親王も訪れることになる泗州普光王寺であろう。「略記」によれば、後に恵蕚は真如親王の入唐にも同行している。

そしてこの恵蕚こそ、大洋路で日唐を頻繁に往還し、舟山群島の観音信仰にも大きな影響を与えた日本僧であった。すなわち南宋代以降の史料は、恵蕚が五臺山から舟山群島の普陀山に観音像をもたらしたと伝えている。それを伝える古いものは一三世紀前半の『宝慶四明志』巻一一・郡志開元寺条で、唐の大中十三年（八五九）、「日本国僧恵諤」が五臺山から梅岑山（普陀山）に観音像をもたらし、それが明州開元寺に移されたと記す。しかもこの内容について、「唐長史韋絢、嘗記二其事一」と明記するから、この話は唐代に遡る。韋絢とは恵蕚と同時代の文人で、恵蕚と交遊があった可能性も推測されている人物である[28]。

ただしこれには異伝があって、北宋の宣和六年（一一二四）成立の『宣和奉使高麗図経』は、五臺山から普陀山へ観音像をもたらしたのは「新羅賈人」としている。けれども、『宝慶四明志』にも恵蕚の「同行賈客」はみえていて、恵蕚は在唐新羅人たちを頼り日唐を往還した事実もあるから[29]、観音像を運んだ恵蕚の船と新羅賈人の船は同じ船を指す可能性が高い[30]。そもそも『宣和奉使高麗図経』は、北宋の使節として高麗を訪れた徐兢の見聞録なので、「新羅賈人」の方に重点を置いたこの伝承は、主に当海域を頻繁に往来する高麗の交易者たちが伝えていたものであろう。同じく一二世紀前半の『墨荘漫録』巻五には、宝陀山（普陀山）に関し「寺有二鐘磬銅物一。皆鶏林商賈所レ施者多、刻二彼国之年号一」とあり、当時、普陀観音が朝鮮半島の人々の篤い信仰を集めていたことも確かめられる。しかも乾道五年（一一六九）成立の『乾道四明図経』巻七・昌国県梅岑山条には「四面環レ海。高麗・日本・新羅・渤海諸国、皆由レ此取レ道、守ニ候風信一、謂ニ之放洋山一」とあって、普陀山は、日本列島や朝鮮半島へ向かう船の風待ちの場所であった。要するに普陀山における観音信仰の発達は、西岱山の泗州大師堂と同じ背景を持つのである。

またこの観点からは、『宝慶四明志』付載の「昌国県境図」に描かれた「泗州堂」も注目される。その位置は、東側に舟山島、北側に冊子山、西側に金塘山を望める場所に表現されていて、それを現在の地図と照合するならば、舟山島の西に近接する里釣山・中釣山・外釣山などを候補とするのが妥当である。それは、舟山島西海岸、岑港鎮付近から望みみることのできる場所で、実際、「昌国県境図」にも「泗州堂」から東に海を隔てた舟山島側に「岑江」の名がみえる。そして、元代の『昌国州図志』巻四・叙水によれば、ここに当時「岑江港」があり、以前から舟山群島を南北に行き交う多くの船の拠り所となっていたという。さらに二〇〇一年一月、岑港回峰寺の施工時、石像の断片が出土し、これが僧伽和尚（泗州大師）像であることが指摘された(31)。筆者は幸い舟山博物館においてそれを実見する機会を得たが、石像断片は首から上の頭部をほぼ残していて、その表現は確かに洛陽古代芸術館が所蔵する北宋泗州大聖像などとも類似するから、その可能性はある。多くの外洋船が集まる舟山島と里釣山・中釣山・外釣山との間の狭い海峡の両岸に、やはり観音信仰とつながる泗州大師信仰が発達していたことが知られるのである。

このように、東アジアの海上のクロスロードともいうべき舟山島の周囲は、観音信仰が発達し、ここを行き交う船人すべてに開かれていた。元代の『釋氏稽古略』巻三や『仏祖歴代通載』巻一六は、普陀山の観音院について「昌國誌云、梁貞明二年（九一六）始建レ寺」と記し、先の『宝慶四明志』は普明院の鉄製の窣堵波が呉越王によって置かれたとするように、当地の観音信仰は唐朝が崩壊した一〇世紀以後に大きく発展するとみられる。それは杭州を拠点とした五代呉越国による海上交通・海上秩序の整備と無関係ではあるまい。けれどもこれにつらなる両浙地域の交易拠点としての発展はすでに九世紀半ばにみえていた。[32] 実際、普陀山の観音信仰の開基も商船で大洋路を何度も往還した九世紀半ばの日本僧恵蕚に求めている。[33] したがって舟山群島での海商たちによる観音信仰も、九世紀半ばにその基礎がつくられた可能性が高いであろう。

ではそれより以前はどうであったかというと、九世紀前半代、東アジアの交易は長江以北に拠点を築いた新羅系の人々が牽引し、日唐羅を往来する商船はむしろ北路を使うのが一般的であったから、その様相は少し違っていたであろう。ただし、この時代は、日本列島・朝鮮半島と海路でつながる中国山東半島の突端部に、彼らの精神的支柱として赤山法花院が営まれていて、その「法花」は、前述の法華経観世音菩薩普門品を意識した名称であったとみられるから、[34] 東アジアの海商と観音信仰との結びつき自体は、さらに遡らせることができる。実際、赤山法花院では、薬師とともに観音の称名が行われていた。[35] この点からみれば、舟山群島の観音信仰関連施設に、それ以前の山東半島の赤山法花院の機能を引き継いだ面を指摘できるだろう。

けれども、赤山法花院の運用主体や儀礼はまずは「新羅」と強く結びついていた点で、[36] 多様な主体を包摂し多様に語られる舟山群島の観音信仰とはやや様相が異なる。唐の開成四年（八三九）に赤山法花院を訪れた円仁は、『行記』において、当寺が東アジアの交易世界をリードし新羅王権とも深くかかわった新羅清海鎮大使張宝高（保皐）創建の寺院で、[37] 十一月から翌一月まで続く法華経の講話や儀礼では、唐風と新羅風が組み合わされ、そこに集う僧俗・老若男女も円仁とその従僧を除き、すべて新羅人で、新羅語が飛び交っていたと記す。[38] また夏は、八月十五日から昼夜の三日間、新羅の対渤海（高句麗）戦への勝利と中秋節とを結びつけた新羅独特の祝いの行事が、飲食・歌舞を交えて行われ、寺の老僧は、円仁に対しその歴史的背景を説明した後、「今此山院、郷国を追慕し、今日節を作せり」

と語ったという。[39]赤山法花院は、明らかに新羅を強く意識した寺院であった。八四〇年代の唐の会昌の廃仏政策で廃寺となった後、再建をみなかったのも、宝高亡き後、赤山法花院を支えた長江以北の新羅人のネットワークが衰退したことと無関係ではなかろう。[40]

一方、赤山法花院に比べれば、明州の観音信仰は、成立も維持も、江南に集うあらゆる船人に等しく開かれている側面が目立つ。しかも、日唐羅の人々によって築かれたこの信仰が宋商・高麗商にも引き継がれたように、特定の政治勢力との結びつきが希薄である。そしておそらくここにも、明州が長く東アジア交易拠点としての命脈を保つ鍵があったように思われるのである。

むすび

最近、榎本渉氏は、船物・船員・行先について市舶司のチェックを受け明州・杭州を出航した宋・元代の商船が、申告した目的地以外の中国沿岸地域に寄港し、密貿易を行っていた実態を指摘している。[41]これは博多津を出航した唐商船の動きと重なるもので、同様のことは唐代まで遡る可能性が高い。つまり、南路（大洋路）をとる海商船は、国家によって定められた港に入り、国家管理の下で交易を行いながら、その往還の途中の島嶼・沿岸地域でも、国家管理の枠を越え、多様な活動を行っていたとみられるのである。しかも彼らは、国家管理・保護の外側で繰り広げられた交易関係を、現地役人・有力者との個別の結びつきや、交易当事者間の宴、さらには信仰の共有によって安定化・秩序化しようと努力していた。

このように前近代の国際交易は、レヴェルや規模の異なる様々な諸関係が多層的、重層的に組み合わされて機能していたとみられる。したがって今後、こうした観点からも、前近代の遠距離交易を総体的・構造的に分析する必要があるだろう。(42)

註

(1) 大日方克己「古代における国家と境界」(『歴史学研究』六一三号、一九九〇年)、杉山宏「遣唐使船の航路について」(石井謙治編『日本海事史の諸問題』対外関係編、文献出版、一九九五年)、東野治之『遣唐使』(岩波書店、二〇〇七年)、森公章『遣唐使の光芒』(角川学芸出版、二〇一〇年)など。
(2) 本書第三部第二章。
(3) 本書第二部第二章。
(4) 榎本渉『東アジア海域と日中交流—九～一四世紀—』第一部第一章(吉川弘文館、二〇〇七年)。
(5) 本書第二部第二章。
(6) 親王が鴻臚館から壱岐嶋へ向かったことについて、鴻臚館から唐へ向かった海商李延孝の船を求めたものとみる説もある(佐伯有清『高丘親王入唐記』吉川弘文館、二〇〇二年)。
(7) 渡邊誠「日本古代の対外交易および渡海制について」(『東アジア世界史研究センター年報』三号、二〇〇九年)。
(8) 牧田諦亮『策彦入明記の研究』上(仏教文化研究所、一九五五年)三九～四一頁。
(9) 東野治之「ありねよし　対馬の渡り—古代の対外交流における五島列島—」(『続日本紀の時代』塙書房、一九九四年)。
(10) 『本朝世紀』天慶八年七月二十六日条、『小右記』万寿四年八月二十五日・三十日条。
(11) 齊藤圓眞『参天台五臺山記』I(山喜房佛書林、一九九七年)三頁・一七～二〇頁参照。
(12) 草場誠司『鶏ノ尾遺跡(2)』(唐津市教育委員会、二〇〇三年)。
(13) 『続紀』承和十年十二月丙子条。
(14) 藤善眞澄『参天台五臺山記の研究』第二章第三節(関西大学出版部、二〇〇六年)。
(15) 藤善眞澄前掲註(14)論文。
(16) 東福寺(京都)本は「東茹山」とするが、三日条では「東茄山」とする。『大日本仏教全書』第一一五冊遊方伝叢書第三で示されているように、「東茄山」とする写本が多く、ここでは「東茄山」とする。
(17) 牧田諦亮『中国仏教史研究　第二』第三章甲篇（大東出版、一九八四年）参照。
(18) 齊藤圓眞前掲註(11)書三四頁。
(19) 踏査は二〇〇七年度〜二〇一〇年度科学研究費補助金基盤研究(C)「入唐僧慧蕚の求法活動に関する基礎的研究」(研究代表者田中史生)にかかる江南調査の一環で、二〇〇七年七月に浙江大学の王海燕氏、韓国国立扶余博物館の李鎔賢氏らの協力を得て行った。
(20) 藤善眞澄前掲註(14)書第二章第四節。
(21) 王自夫「北宋日僧眼中的東岱山」(『舟山郷音報』二〇〇四年十一月十日）など。
(22) 本書第二部第三章。
(23) 山内晋次「観音守護神としての観音信仰」（大阪大学文学部日本史研究室編『古代中世の社会と国家』清文堂、一九九八年）。
(24) 佐伯有清「入唐求法巡礼行記にみえる日本国使」（『日本古代の政治と社会』吉川弘文館、一九七〇年）。
(25) 牧田諦亮前掲註(17)論文。小野勝年『入唐求法巡礼行記の研究』第二巻（鈴木学術財団、一九六六年）二七七〜二八〇頁。
(26) 本書第二部第三章。
(27) 牧田諦亮前掲註(17)書第三章乙篇。
(28) 陳翀『白居易の文学と白氏文集の成立』第六章（勉誠出版、二〇一一年）。
(29) 本書第二部第二章。
(30) 朴現圭『中国佛教聖地普陀山与新羅礁』（『浙江大学学报』〈人文社会科学版〉三三―一期、二〇〇三年）、曹永禄「善妙与洛山二大聖―九世紀海洋仏教伝説的世界―」（『登州港与中韓交流国際学術討論会論文集』山東大学出版社、二〇〇五年）。
(31) 林斌「泗洲大聖信仰対中国文化的影響兼対舟山博物館蔵岑港出土石像的考証」（『舟山社会科学』二〇〇五年第三期）。
(32) 山崎覚士『中国五代国家論』第七章・第八章（思文閣出版、二〇一〇年）。
(33) 本書第二部第二章。
(34) 金文経「在唐新羅人社会と仏教」（『アジア遊学』二六号、二〇〇一年）。
(35) 『行記』開成四年十一月二十二日条。

(36) 中大輔「九世紀山東における在唐新羅人社会の構造と儀式・言語―『入唐求法巡礼行記』を中心に―」(『古代日本の異文化交流』勉誠出版、二〇〇八年)。
(37)『行記』開成四年六月七日条。
(38)『行記』開成四年十一月十六日・二十二日条。
(39)『行記』開成四年八月十五日条。
(40) 本書第Ⅱ編第二章。
(41) 榎本渉前掲註(4)書第一部第一章。
(42) この問題については本書終論で考察したい。

第二章　七～一一世紀の奄美・沖縄諸島と国際交易

はじめに

奄美・沖縄諸島史には近代国民国家に囚われた歴史空間を相対化する地域史の素材が豊富である。ただし「琉球王国」以前については、文字資料の乏しさもあって、長らくその具体像を描き出せないでいた。一般には、ある段階で城塞的なグスクを拠点とした支配者割拠の時代が訪れ、それが一四世紀の初めに沖縄本島の北山・中山・南山の各王国の成立をもたらし、一五世紀前半にはそれらを統合した琉球王権が登場したと捉えられるにとどまってきたのである。

ところが最近になって、グスク時代やそれをさらに遡る奄美・沖縄諸島の歴史について、注目すべき研究成果が次々と発表されるようになっている。これはもちろん、考古学の目覚ましい成果に依るところが大きい。しかしそれだけではなく、歴史学の、一国史を相対化しようとする試みもこれを強く後押しする。本章では、近年の考古学の調査・研究成果を踏まえつつ、文献史学の立場から、七世紀から一一世紀を中心とした奄美・沖縄諸島の歴史を、アジア史・日本列島史とかかわらせて位置付けることで、交易史と結びつき変容する地域社会の姿を具体的に捉えてみたいと思う。

一　倭国とヤク

1　「掖玖」とヤコウガイ

日本史料における琉球列島関連記事は、『日本書紀』（以下『書紀』と記す）推古二十四年（六一八）三月条に「掖玖人三口帰化」とあるのが初見である。次いで同年五月条にも「夜勾人七口来之」とあり、同年七月条には「掖玖人廿口」のさらなる渡来を伝えて、これら「先後」併せて三〇人を「朴井」に安置したが、帰還しないうちに皆死亡したとする。その後も『書紀』は、推古二十八年八月条に「掖玖人二口」の伊豆島漂着を記録し、舒明元年（六二九）四月には「掖玖」へ使者田部連を派遣して、その二年後の二月にまたも「掖玖人」の「帰化」があったとする。

『書紀』が掖玖人の渡来を「帰化」とすることについては、ひとまず『書紀』編纂当時の認識に基づく潤色を疑わねばならない。一般に『書紀』に登場する帰郷を前提とした「帰化」は、実際は「帰化」でなかったものを、編纂当時の中華的意識によって改めた可能性が高い(1)。推古二十四年の掖玖人「帰化」などは明らかにその類型に属する。しかし『書紀』が掖玖人の渡来をなぜ推古紀から伝えたかという問題は、潤色の議論とは別の検討が必要となる。倭国と琉球列島との交流がそれを遥かに遡ることは、考古学によって明らかだからである。

すでに指摘されているように、史料には、倭国支配層が六一八年の掖玖人来航以前から掖玖の風俗に関する知識を深めていた徴証がある。すなわち、『隋書』流求国伝によると、大業四年（六〇八）、隋の煬帝が流求に派遣した使者は、その慰撫に失敗し、「布甲」を取って戻ってきた。この時たまたま隋を訪問中の倭国使が、「布甲」をみて「此夷邪久国人所レ用」と言ったらしい。この倭国使が隋に滞在中の小野妹子一行を指すことは間違いない。倭国使の言葉を筆記したとみられる「夷邪久」は、倭国使のいう「ヤク」を隋側で「イヤク」と聞き取ったものか、それとも「夷のヤク」の意味なのか解釈が分かれるが、いずれにしても、推古期の遣隋使の中に掖玖の「布甲」に関する知識を持つ者がいたことは確実である。ここに、倭国の「掖玖」の風俗に対する認識が、『書紀』の掖玖人来航初見記事を遡り、少なくとも七世紀初頭にはあったことが確認される。

こうした史料から窺われる上記の七世紀以後の奄美・沖縄諸島の動向と関連し、近年、考古学が注目するものにヤコウガイ交易がある。弥生時代以降、主に九州の倭人たちはゴホウラガイやイモガイなどの貝殻を盛んに琉球列島に求めたが、従来、この「貝の道」は七世紀ごろに衰退するとみられてきた。しかし、七世紀にはゴホウラガイ・イモガイにかわってヤコウガイが「貝の道」の主役となっていった可能性が浮上してきたのである。特に、奄美諸島の兼久式土器の編年分析をすすめた高梨修氏が、当地のヤコウガイ大量出土遺跡を、七～九世紀ごろを主体とするものと指摘した意義は大きい(2)。加えて高梨氏は、ヤコウガイの消費が島嶼地域であまり認められない事実、八世紀の正倉院宝物にヤコウガイ貝殻を原材とする製品が存在する事実などを踏まえ、これが奄美地域などから交易品として本土にもたらされたと推定し、日本史料に琉球列島関連記事がみられるようになる時期とヤコウガイ大量出土遺跡の時期が一致することにも注目した(3)。

ただし最近は、このヤコウガイ交易を琉球列島と日本古代国家との間ではなく、むしろ唐との間で活発化したとみる説もある。木下尚子氏はこれまで遣唐使の航路との関連で理解されることの多かった琉球列島出土の唐の開元通宝について、その分布や出土状況の特徴、ヤコウガイ大量出土遺跡の分布傾向との類似性を整理し、これが唐とのヤコウガイ交易によってもたらされたとする新説を提示した(4)。木下氏の想定には、資史料からはヤコウガイ需要が七～九世紀の唐代に急増したとみられる一方、日本の八世紀段階まではそうした徴証が認められないことも根拠とされており、正倉院宝物に関する知見をもとに、琉球列島産ヤコウガイが八世紀の日本中央へもたらされた可能性は認めつつも、それらは唐経由で入手されたものとみる。(5)さらに、この木下氏の説を支持する安里進氏は、久米島の「大原ヤコウガイ加工場遺跡」が唐と沖縄諸島とのヤコウガイ交易の拠点的加工地であったと評価し、七〜一〇世紀の沖縄諸島には、各集落の採取したヤコウガイを集積・加工し、それを財に中国大陸から鉄器を入手し再分配する、「交易共同体」とも呼ぶべき首長制的社会システムが成立していたと推定する。(6)

一方、こうした見解に対し高梨氏は、木下・安里両氏の資料操作・方法論に疑問を呈しつつ、七〜九世紀のヤコウガイ大量出土遺跡が沖縄諸島ではなく奄美諸島に集中する事実をもっと積極的に評価すべきだとし、国産の可能性を持つ正倉院宝物の螺鈿資料や奄美諸島から出土する本土産土師器・須恵器などに注目して、ヤコウガイ大量出土遺跡を本土地域のヤコウガイ貝殻需要と関連付けて理解しようとしている。(7)

ところで、日本ではヤコウガイを「ヤクガイ」(夜久貝・夜句貝・益救貝・屋久貝)と称したが、確かにそうした史料が散見されるのは『貞観儀式』を初見とする九世紀以後である。しかし、近年の考古学的知見を前提にあらためてヤコウガイの古称「ヤクガイ」に注目するならば、以下に述べるように、琉球列島のヤコウガイが早くから直接列島中央部にもたらされていたことは、やはり認めるべきと考える。

すなわち、ヤコウガイの記述が登場する平安期の日本史料には、「ヤクガイ」を屋久島産による名称とするものがあるが、これらは生物学的・考古学的知見からみて正しくない。(8)「ヤク」が特定の島、すなわち屋久島を指すとみられる史料は、『書紀』天武十一年(六八二)七月丙辰条の「多禰人・掖玖人・阿麻彌人賜レ禄」が最初である。その後、七世紀末の日本古代国家は版図外の南の島々を「南島」と総称するようになるが、この「南島」は『続紀』文武三年

（六九九）七月辛未条が具体的な島名として列記する「多褹」「夜久」「菴美」「度感」などを含んでいた。その後『続紀』霊亀元年（七一五）正月朔条に「夜久」、同天平勝宝六年（七五四）正月癸丑条に「益久嶋」がみえるが、これらも屋久島のことを指すとみられる。八世紀後半以後は「南島」の語がみえなくなるが、九世紀末成立の『類聚国史』は風俗部に「多禰」「南嶋」「掖玖人」を区分して掲載するだけでなく、「掖玖人」の項にわざわざ「阿麻弥人附出」と注記し、「夜久」を「菴美」などとともに列記した先の天武十一年や文武三年の記事などを載せる。九世紀においても、「夜久」は「多禰」「南嶋」「阿麻弥」などと区別される具体的な島名として認識されていたようだ。平安期以後の諸史料が「ヤクガイ」と屋久島を誤って結びつけたように、以後も「ヤク」は一般的には屋久島を指していたとみなされるのである。

しかし上述のように「ヤクガイ」の「ヤク」がヤコウガイ生息適地ではない屋久島に由来するはずがない。「ヤクガイ」の名称は「ヤク」が屋久島を指すようになる七世紀後半以降の「ヤク」の概念とは結びつかないのである。したがって、「ヤクガイ」は、七世紀後半以前の「ヤク」概念によって成立した名称とみなければなるまい。すなわち、七世紀前半から日本の史料にみえる「ヤク」（掖玖）は、まずは奄美諸島を含む広域的な地域名称として登場したのであって、またその「ヤク」と日本本土とのヤコウガイの流通がなければ、「ヤクガイ」という名称成立の背景も、七世紀に始まる奄美を中心としたヤコウガイ大量出土遺跡の分布状況も、説明できないことになる。

なお、最近木下氏は、天平勝宝八歳（七五六）の「国家珍宝帳」も記載する正倉院の「斑貝鞊鞢御帯」が、ヤコウガイだけでなく、ヤコウガイと生息域が重なり琉球列島でもよくみられるチョウセンサザエ亜属の貝も用いて、日本で制作されたという重要な指摘を行っている(9)。ただし木下氏は、これらの貝も「南島」から日本へもたらされる可能性は小さく、遣唐使が唐からもたらしたものとする。しかしこの点に関し、養老期から天平年間前半代とみなされる大宰府木簡に「椬美嶋」（奄美大島）・「伊藍嶋」（沖永良部島か）と記された付札のあることが軽視できない。史料上、「南島」からの方物は赤木のみが知られ、これら物品名を欠く木簡も赤木の付札ではないかとされてきたが[10]、最近筆者は保存処理後の当該木簡を実見する機会を得て、このうち「伊藍嶋」の木簡は「伊藍嶋竹□」とすべきこと、「□」の部分は残画からみて数量を示す数値「五」の上半部の可能性が高いことを確認した[11]。つまり本木簡によって、八世紀の「南島」から竹も運ばれていたことが判明するとともに、八世紀に「南島」から日本へもたらされた特産品が赤木だけではないことも確実となった。「椬美嶋」と記された付札木簡もある以上、奄美で盛んに加工されたヤコウガイ貝殻が、こうしたルートに乗る可能性は考えておかねばならないのである。

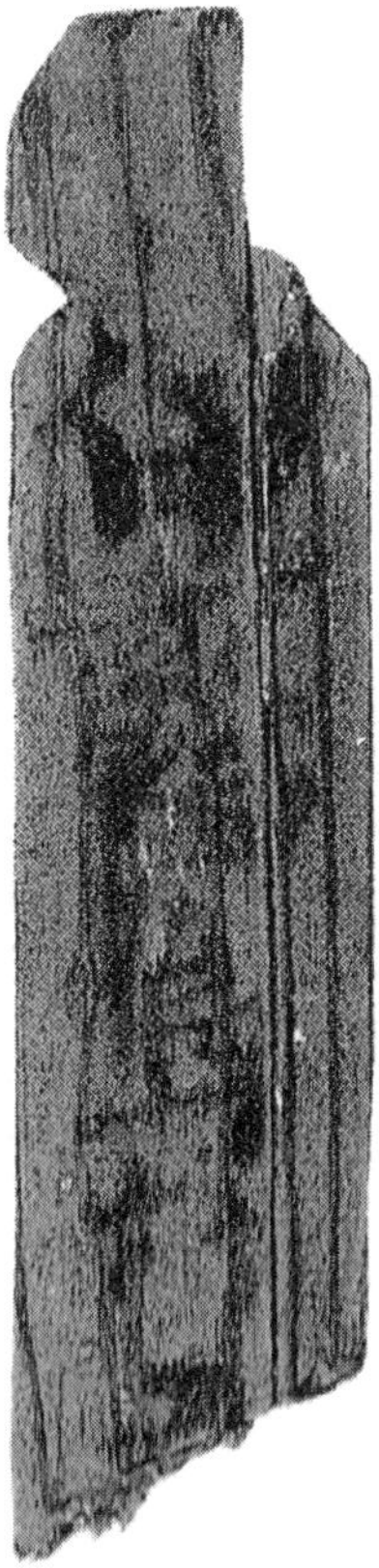

・「伊藍嶋竹□《(五カ)》×

図7　大宰府出土の伊藍嶋の木簡
（九州歴史資料館蔵）

さらに、木下氏の明らかにした、「斑貝鞊韄御帯」という名称の帯に使われた二種類の貝の存在は、少なくとも八世紀の日本において「斑貝」と呼ばれる貝が数種あったことを示すもので、仮に、これらが木下氏の推測するように唐からの請来品の貝で制作されたとすると、こうした名称も唐にならったものとすべきことになる。しかし、管見の限り、唐代史料に「斑貝」の用例が見当たらない。ただ、明代の楊慎の『異魚図賛』に基づく清代の胡世安撰『異魚図賛箋』[12]の巻四・貝には、錦貝や紫貝などと並んで、「南方記」を引きながら「班貝蠃、大者囲之得㆓六寸㆒、小者囲之得㆓五寸㆒」とある。この「斑貝」は、ヤコウガイよりは明らかに小振りで、しかも一種類の貝のみを指したようである。一方、日本の一〇世紀の『倭名類聚抄』巻八・巻一九には「夜久乃斑貝」とあって、この「〇〇の斑貝」という呼び方は、数種の貝を包含する「斑貝」のうち、「〇〇」を冠して称される特定の「斑貝」を指す呼び方とみなされる。それはヤコウガイとチョウセンサザエ亜属の貝をいずれも「斑貝」の名称で一括りにする正倉院宝物の「御帯」とも対応する。すなわち、正倉院宝物の「斑貝」の名称は唐よりも日本側の呼称に基づく可能性が高く、これらの貝にあえて唐経由を想定するのはやはり無理があろう。

つまり、日本中央で加工されていた数種類の「斑貝」のうち、奄美などから日本中央に運ばれ調達されたヤコウガイが、「夜久乃斑貝」と称され、それが後にヤクガイとも呼ばれるようになったと理解すべきと考えるのである。

2　「掖玖」と「流求」

けれども、九州の倭人とのゴホウラガイ・イモガイ交易に代表されるように、奄美・沖縄諸島と倭人との貝交易そのものはさらに古く遡るから、『隋書』や『書紀』の記事は、倭人と奄美・沖縄諸島の人々との交流の始まりを示すものではない。倭王権が奄美・沖縄諸島の人々をより直接把握するようになったことを示すものとすべきである。したがって、当該地域の倭王権との交流が七世紀初頭以降の史料から記録される背景は、ヤコウガイ交易とは別の次元からも検討されなければならない。その場合、倭王権と「掖玖」の関係を示す初見史料である『隋書』流求国伝の「流求」の比定地が、重要な問題となる。

周知のように、『隋書』の「流求」については、現在も台湾説・沖縄説を中心とした論争がある。その研究史と論点は、一九九九年以前のものについては山里純一氏の整理があり(13)、最近では小玉正任氏が「流求」に関する史料や研究を網羅的に紹介しているから、[14]詳細はそれらに委ねたい。ただ近年の日本の古代史研究者の議論は、どちらかというと沖縄説に立つものが多い。[15]それらは、『隋書』流求国伝に、隋使が「流求」から本国に持ち帰った「布甲」を隋滞在中の倭国使が「此夷邪久国人所レ用也」と発言したとあることを根拠に、「流求」＝「夷邪久」＝「掖玖」を導くことで共通している。

さてここでは、七世紀の「ヤク」が奄美を含む広域的地域名称とすべきことをすでに確認したから、「流求」＝「夷邪久」＝「掖玖」を前提に、これを沖縄に求める右の説は、むしろ沖縄に限定せず、奄美諸島を含む広域的な範囲のなかで捉えるべきである。しかも、倭国使が「流求」の「布甲」をヤク人所用のものと指摘したのは、ただ「布甲」の様態の一致・類似に基づく発言に過ぎないのだから、多くの台湾説が論じる台湾と琉球列島との風俗上の類似性の問題を否定しない限り、倭国使の言葉で「流求」と「夷邪久」の地理的一致まで導き出すことは難しいように思う。

したがって、『隋書』の「流求」を奄美・沖縄諸島史の史料とするには、『隋書』が記す「流求」の風俗や倭国使の言葉とは別の根拠も必要となるが、この点に関し、近年、田中聡氏が提起した沖縄説は、史料批判上の注目すべき新たな論点を備えている。すなわち田中氏は、中国史料の流求関連史料を整理し、台湾説が拠り所とする宋・元代の史料を根拠たり得ないと退けた上で、『隋書』が記す「流求」の地理情報のなかに「流求」＝沖縄島を示唆する新たな根拠をいくつか見出している。[16]そこで以下に、あらためてこの問題とかかわる『隋書』の記事を抜き出しておきたい。

〔史料32〕　流求国伝

流求国、居二海島之中一、当二建安郡東一、水行五日而至。（中略）大業元年、海師何蛮等、毎二春秋二時天清風静一、東望依レ希、似レ有二煙霧之気一、亦不レ知二幾千里一。三年、煬帝令三羽騎尉朱寛入レ海求二訪異俗一。何蛮言レ之、遂与レ蛮倶往、因到二流求国一。言不二相通一、掠二一人一而返。明年、帝復令三寛慰二撫之一、流求不レ従、寛取二其布甲一而還。時倭国使来朝、見レ之曰、「此夷邪久国人所レ用也。」帝遣二武賁郎将陳稜・朝請大夫張鎮州一、率レ兵自二義安一浮レ海撃レ之。至二高華嶼一、又東行二日至二鼅鼊嶼一、又一日便至二流求一。初稜将二南方諸国人一従レ軍。有三崑崙人頗解二其語一。遣レ人慰三諭之一、流求不レ従、拒二逆官軍一。稜撃走レ之、進至二其都一。頻戦皆敗、焚二其宮室一、虜二其男女數千人一、載二軍実一而還。自レ爾遂絶。

〔史料33〕　陳稜伝

陳稜字長威、廬江襄安人也。（中略）煬帝即位、授二驃騎将軍一。大業三年、拝二武賁郎将一。後三歳、与二朝請大夫張鎮周一、発二東陽兵万余人一、自二義安一汎レ海撃二流求国一。月余而至。

ここで、沖縄説に立つ田中氏が提示した『隋書』の「流求」に関する解釈は、史料32が「流求国」の位置を建安郡（福州）から東へ「水行五日」と記すにもかかわらず、「流求」へ侵攻する隋軍がその遥か南方の義安（潮州）を出発地としたこと、また史料33では隋軍の「流求」到達まで「月余」（一ヵ月余）も要したと読み取れることなどに関するものである。すなわち氏は、史料32で隋軍が「南方諸人」を徴用していることに着目し、隋軍の義安までの南下は「流求」と風土の類似する南方住民の徴発のためであったと解釈して、その義安から海路を用い兵を徴発しつつ福州沖まで北上したので、「流求」到達まで一ヵ月余りもの日数を要したと解釈する。このように隋軍が一旦義安まで南下後、わざわざ沿岸伝いに福州まで北上し、そこから「流求」へ渡海したとするならば、台湾西海岸と中国東海岸の位置関係からみて、侵攻対象は台湾とするよりも沖縄とする方が確かに良いだろう。

けれども田中氏の言うように、史料33の「月余而至」は陳稜率いる隋軍の流求へ到るまでの日数と解すべきとしても、それは義安からではなく、「兵万余人」を発した東陽（金華）からの行軍日数と解釈することも可能である。すなわち、田中氏も指摘するように、現安徽省の長江流域を基盤とした陳稜・張鎮州は郷兵を率いて東陽から行軍を開始したのだから、史料33の陳稜伝は、東陽より兵を発し義安に到り、そこから渡海して流求に達するまでの陳稜の旅程に関する概略が記されたと理解することができる。ならば、それに関して付された「月余」の表記は、東陽から流求までの行軍日数とみなしても文章上の矛盾がない。そしてこのように解釈するならば、史料にまったく記されない潮州→福州の移動をあえて推測し付加せずとも、「月余」は不自然な日数ではなくなるのである。

さらに、従来触れられてこなかったが、北宋代の李復の文集『潏水集』(17)巻五に収められた「與喬叔彦通判」に次のように記されている点も問題である。

某嘗見、張丞相士遜知邵武県日編集閩中異事云、泉州東至二大海一一百三十里、自二海岸一乗レ舟無二狂風巨浪一二日至二高華嶼一。嶼上之民作二鯗腊魿鮺一者千計。又二日至二鼅鼊嶼一。鼅鼊形如二玳瑁一。又一日至二流求国一。其国別置二館於海隅一、以待二中華之客一。毎秋、天無レ雲、海波澄静、登二高極一望有二三数点一、如レ覆レ釜。

『潏水集』の冒頭・巻末を参照すれば、李復は一一世紀末前後に活躍した人物であるが、右に引かれた張丞相士遜の「知邵武県日編集閩中異事」は、『宋史』巻三一一の張士遜伝に淳化(九九〇~九九四)ごろのこととして「為二秘書省著作佐郎・知邵武県一」とあることと関係しよう。つまり李復のみた「知邵武県日編集閩中異事」とは、福建邵武の知県となった張士遜が一〇世紀末に著したものと考えられる。そこに記された「流求」に到るまでの経由地高華嶼・鼅鼊嶼は『隋書』と一致し、高華嶼と鼅鼊嶼の間を二日、鼅鼊嶼と流求国までの間を一日とするのも『隋書』と重なるから、「二日至二高華嶼一」としたのは、『隋書』の「水行五日」を前提に、そこから高華嶼―鼅鼊嶼間の二日、鼅鼊嶼―流求国間の一日を差し引いただけかもしれない。しかし、各島について記すその風俗や島の形までは『隋書』にみえず、この記述には『隋書』とは別の、実際の見聞に基づく情報が組み込まれていると認めて良い。そして

「毎秋、天無レ雲、海波澄静、登二高極一望有二三数点一、如レ覆レ釜」とあるから、これらは条件次第では中国大陸からも望める場所である。ならばそれらを沖縄に求めるのは難しく、やはり台湾付近の島嶼に求めるのが妥当と思われる。

なお田中氏は、台湾と思われる「毘舎耶」の人々が一二世紀末に泉州を襲った事件を契機に、「流求」と「毘舎耶」の地理的混同が生じ、「流求」が泉州の東方に位置付けられて台湾と認識されるようになったと推測するが、「閩中異事」は流求を泉州の東から書き起こすから、流求を泉州東方とする地理観念も一〇世紀以前に存在したことを認めなければならない。この「閩中異事」の認識は、一一世紀半ば編纂の『新唐書』巻四一・地理志が、泉州清源郡に関して「自二州正東一海行二日至二高華嶼一、又二日至二黿鼊嶼一、又一日至二流求国一」と注記することにもつながるものだろう。

このように、『隋書』の「流求」を沖縄に求める最近の説も、その根拠は明確とはいえず、『涿水集』を踏まえるなら、むしろこれを台湾付近に求めるべきではないかとも思われる。そこでひとまずここでは、『隋書』の「流求」は、倭国使のいう「夷邪久」＝「掖玖」と地理的には重ならないと考えておきたい。

3　「掖玖」と倭国と隋

以上のようにみるならば、七世紀の「掖玖」と倭王権との交流の深まりを、隋の「流求」侵攻と直接かかわらせて考えることは控えねばなるまい。そもそも『隋書』によれば、隋が流求国と接触したのが六〇七年に始まること、この年隋に入貢の倭国使はすでに「夷邪久国」の風俗情報を持っていたことを記すのだから、倭王権の「掖玖」に関する情報は隋が流求国と接触する以前に収集されたものであって、倭国における「掖玖」関連史料の登場には、隋の流求国侵攻を遡る史的条件があったとしなければならない。

しかしだからといって、倭国と「掖玖」との交流に、隋の対外政策をめぐる動向が無関係であったというわけではないだろう。当該期は、隋が五八五年に突厥を臣従させ、五八九年には中国の南北対立も終わらせて、その力を東の高句麗へも振り向けることで、東アジアの緊張が一気に高まった時期である。そのなかにあって、同じころ、倭国では九州において沿岸警備の強化が開始されていた事実が留意される。

『書紀』推古九年（六〇一）九月戊子条によれば、この時新羅の「間諜」が対馬で捕らえられ、上野に流されている。さらに、同十七年四月庚子条によれば、筑紫大宰から、一〇人の百済僧と七五人の俗人が肥後葦北津に漂着したとの報告があり、それを調べる使者が中央から派遣されている。七世紀初頭、倭国の境界領域における国際的な人の移動は、対馬や有明沿岸部にまで及び監視されていたのである。なお、推古十七年条の筑紫大宰は九州の統括と対外的任務を負った後の大宰府の前身で、これが史料上の初見となる。

おそらく右とかかわるのが、『書紀』推古十六年（六〇八）条の「是歳、新羅人多化来」という極めて簡略な記事である。それ以前の『書紀』の渡来人記事には、ほとんどが氏族の「家記」などを参照し書かれたとみられる痕跡を確認できるが、この推古十六年条には氏族伝承との関連がまったく見出せない。前述の葦北津に漂着した百済人の処遇からは、当該期、九州沿岸に渡来者があると中央に報告がなされ、中央はそれを調査・記録・把握して、送還・安置などの措置をとっていたことが知られる。推古十六年条の新羅人渡来の記事では、こうして作成されていた政府の史料に系譜を持つものが参照されたのであろう。

当該期の東アジアを鳥瞰するならば、このころ、「東夷」の諸王権では激しいつばぜり合いがあった。例えば、六世紀半ば以来朝鮮半島南端部の加耶地域をほぼその領内に組み込んだ新羅に対し、六〇二年、百済は攻撃による加耶地奪還を狙い、倭国もこれに加担する姿勢をみせて軍を筑紫に駐留させていた(18)。さらに、六〇三年からは高句麗も度々新羅に侵攻し、窮した新羅は隋に救援を要請する。これによって隋は六一二年に大軍を動かすが、そこには新羅に敵対する百済の関与もあった。しかも『隋書』百済伝によれば、隋の対高句麗戦に協力を誓う百済が、密かに高句麗と通じていたという。その高句麗は五九五年に僧慧慈を倭国に派遣し、倭国の厩戸皇子とのパイプを形成した。この間、倭国は六〇〇年・六〇七年と隋に使者を送っている。これは倭王武以来実に一二〇年以上もの空白後の対中外交であった。これに対し高句麗との対決を準備する隋煬帝は、六〇八年、答礼使裴世清を倭国へ派遣する。それを送り届ける名目で、倭国は三度目の遣隋使を派遣した。

このように、強大な隋帝国が登場して七世紀初頭の東アジアは、その全域が複雑な国際関係に包まれていた。これに照らしてみるならば、新羅「間諜」事件は倭国が新羅への軍事行動を計画していた時期、筑紫大宰による百済僧俗漂着の報告は遣隋使が答礼使とともに帰国した翌年、すなわち第三次遣隋使が派遣された年ということになる。また、新羅からの渡来人が増えた六〇八年は、ちょうど高句麗の攻撃に新羅が苦しんでいた時期にあたる。筑紫大宰設置の契機については、答礼使裴世清の来倭に求める見解もある(19)。緊迫した東アジア情勢を受け、倭国が「国境」の交通監視を強化していたことは明らかであろう。それは、渡来人を九州の来着地で把握・記録する体制をともなっていた。遣隋使一行が隋で「夷邪久国」のものに似た「布甲」を指摘したのも、こうした緊迫した倭・隋両国の交渉の中においてである。この時期から、倭国は九州と接触する琉球列島の人々にも関心を向け、その情報収集と記録を開始していた可能性が高い。倭国支配層の「掖玖人」に関する知識・情報も、こうした体制を通して整えられていったとみられる。

ところでその後、『書紀』斉明三年（六五七）七月己丑条によると、「海見嶋」に漂泊し筑紫に到った都貨邏国の男女六人に、駅を利用した入京が命じられている。ここに人の送付をともなう筑紫大宰と奄美との間の連絡の存在が想定されるが[20]、これも、七世紀初頭に整備をはじめた交通監視体制の延長線上に位置付けられるものと考えられる。

二　奄美・沖縄諸島の南北交流

1　七・八世紀の奄美・沖縄諸島史をめぐって

以上のように、七世紀以後の奄美・沖縄諸島は、東アジアの広域的な歴史とつながる条件を明確に持つようになっていたが、それを受けた当該地域社会の変化や交流の実相をどのように評価するかは一つの大きな課題である。この課題に関し文献史学からは、日本律令国家の「南島」政策において奄美大島がその拠点として重視されていたこと、また律令国家に位階を与えられた「南島」人の朝貢の前提には、貢納物資の徴集や運搬を可能とする社会組織や身分階層の形成が想定されるとする指摘がある[21]。『新唐書』日本伝には「其東海嶼中又有二邪古・波邪・多尼三小王一」とあって、この「邪古」は「掖玖」、「波邪」は隼人、「多尼」は「多褹」（種子）とみられることからも、近畿の王権と直接交流を持つようになった当該地域に、ある程度の階層社会が形成されていたことは認めるべきである[22]。

一方、考古学においても、近年は、大規模なヤコウガイ集積・加工・遠距離交易を可能とする階層的な社会構造を具体化・モデル化して捉えようとする研究が盛んとなってきた[23]。ただし、この考古学の議論には、奄美諸島・沖縄諸島の社会段階の「差違」に関する評価をめぐって、見解に大きな開きがある。なかでも、現在、具体的な争点となっているのが、安里進氏が提起した、前述の久米島の「大原ヤコウガイ加工場遺跡」に関するものである。安里氏によれば、この遺跡は、発掘調査が行われないまま、ホテル建設でその中心部が失われてしまったが、七・八世紀の久米島に、奄美のヤコウガイ交易を上回る、対隋・唐を意識した大規模・専業的な「交易共同体」があったことを示すものという(24)。これに対し、奄美と近畿の王権とのヤコウガイ交易の実態解明によって、「沖縄本島中心史観」の相対化を目指す高梨修氏は、安里氏のいう「大原ヤコウガイ加工場遺跡」の規模や時期の根拠や議論の方法について厳しい批判を加えている(25)。

右の論争のうち、「大原ヤコウガイ加工場遺跡」については、筆者に考古資料の評価に立ち入る準備がない。しかし、本章ではすでに文献史学の立場から、七世紀に遡るヤコウガイ交易に近畿の王権とのつながりを認めるべきこと、また『隋書』の「流求」を沖縄に求める根拠は薄弱であることをみた。少なくとも文献からは、沖縄諸島が大規模な対中交易を行っていたことを導き出せないのである。

けれども筆者は、八世紀以前の奄美・沖縄諸島と中国大陸との交流の可能性をまったく否定することもできないと考える。開元通宝を含む七・八世紀前後の中国銭の出土状況などは、明らかに日本本土とは趣きを異にすることを認めねばならず、それを遣唐使船の寄港だけで説明するのは難しいだろう(26)。ここで、奄美・沖縄諸島と唐との交流の可能性を文献史料から捉えるならば、八世紀後半成立の『唐大和上東征伝』がまずは留意される。

周知のように、入唐日本僧栄叡らの要請を受け渡日を決意した揚州大明寺僧鑑真は、七四三年以来五度もの渡海失敗を重ねた後、七五三年にようやく日本到着の悲願を果たした。その伝記『唐大和上東征伝』によれば、揚州付近からの出港を計画し三度の失敗を経験していた鑑真は、天宝三年（七四四）、明州の阿育王寺にあって、弟子僧法進らを福州に派遣し日本行きの船を購入させている。そして自身は陸路台州黄巌県に入り、そこから海路で南の温州へ向かう直前で官に発見され南進を阻止された。おそらく鑑真は、温州到着後、さらに福州まで南下し、そこで法進の用意した船で日本へ向かうつもりだったのだろう。しかしこのルートは、遣唐使が用いたとされる、「南島」経由で長江河口地域と九州南部を結ぶ「南島路」とも明らかに異なる。この点に関し葛継勇氏は、『日本後紀』延暦十八年（七九九）七月是月条に崑崙人が小船で参河に漂着したとあること、先の『隋書』の史料32に崑崘人が「流求」語をよく解したとあること、さらには鑑真の弟子に昆崙人や胡国人のあった事実などから、鑑真の福州からの渡日計画に彼ら「外蕃人」の関与を想定している。(27)前述のように『隋書』の「流求」を沖縄に求める説は疑問とすべきだが、それにしても葛氏の指摘するように八世紀の唐において福建から九州へ到るルートが鑑真周辺に認知されていたとしなければ、渡日のために福州まで南下する鑑真の行動は理解し難いのである。

この点で、『書紀』白雉五年（六五四）四月条の吐火羅国の男二人女二人・舎衛の女一人の日向漂着記事、同斉明三年（六五七）七月己丑条の覩貨邏国男二人・女四人の海見漂着と筑紫への移送記事は注目されよう。通説はトカラ（吐火羅）をタイのドゥヴァーラヴァティー王国、シャエ（舎衛）をインドとみる。しかし最近、西本昌弘氏は、トカラ人を『大唐西域記』などにみえる西域トハーリスタンの吐火羅（覩貨邏）を出身とするソグド商人らとみる説を提示し、これまで南方から奄美・日向に漂着したと解釈されてきた当該史料を、近世の漂着事例などをもとに山東半島方面からの渡来ではないかとした。(28)しかし二例の漂着地がいずれも連続して南九州・奄美であること、インド人とみられるシャエ人を同伴していることなどから、これらはやはり南方からの漂着者とみるのが自然だろう。トカラ人がソグド系の可能性はあると考えるが、ソグド商人はインド方面へも進出していて、南海交易にかかわったとの仮説もあるようだから、(29)南海からの漂着者があっても不自然ではない。すなわちこれらは、七世紀初頭、南海海域で活動する人々が奄美・沖縄諸島を経由し南九州に到達する場合もあったことを物語るものなのである。しかも、『書紀』斉明六年七月乙卯条によれば、倭王権と交流を持ったトカラ人の一部は、以後の倭国との交流を約して帰国を許されるから、中国南部から奄美・沖縄諸島を経由した日本ルートは、この時南海地域へも伝えられた可能性がある。さらに、

『日本後紀』にみえる延暦十八年（七九九）七月の崑崙人の参河漂着も、琉球列島付近を航行する彼らの船が、漂流して九州南部への着岸にも失敗し、黒潮でさらに北方へ流された結果であろうから、「流求」語を解するとされた崑崙人が奄美・沖縄諸島と接触する機会も、七〜八世紀に確かにあったとすべきである。

そして以上のように理解するならば、唐の開元通宝が沖縄島・久米島を中心に、台湾から琉球列島に広く分布する史的背景も説明可能となろう。すなわち、八世紀前後の奄美・沖縄諸島には日本につらなる北方との交流に加え、中国福建へつらなる南方との交流の機会も存在した可能性である。

けれども、結局、七〜八世紀の奄美・沖縄諸島の中国へとつらなる交流は、日本へつらなる交流に比べれば、それほど明瞭ではない。前述のように、六国史・木簡を含め七〜八世紀の日本の史料からは「南島」関連記録をいくつか拾い出すことができる。しかし、中国からみた場合の七〜八世紀の奄美・沖縄諸島関連史料は、「流求」＝沖縄説をとらない限り、その交流を示唆するものは上記の程度にとどまる。少なくとも、七〜八世紀の奄美・沖縄諸島に対日交流を超える対中交流ルートが築かれた可能性は、以下に述べるその後の奄美・沖縄諸島と中国との関係からみても、極めて小さいといわざるを得ないだろう。

2　南北交流の濃淡

右の奄美・沖縄諸島における南北交流の濃淡の違いは、東アジアの国際交易が活況を迎える九世紀以降も暫く継続する。すなわち奄美諸島には、九世紀以後、日本へつらなる交流をさらに活発化させた徴証がある。最近注目を集める喜界島の城久遺跡群はそのことを端的に示す考古資料であるが、後述するように、文献史料からもその痕跡をしっかりと追うことができる。ところが、奄美・沖縄諸島—中国大陸の直接交渉については、それを明確に示す史料が極めて乏しい。

こうしたなか、『入唐五家伝』四「真如親王入唐略記」付載「頭陀親王入唐略記」に、唐の咸通六年（八六五）六月、宗叡・伊勢興房が福州から出港の海商李延孝船で肥前国値嘉島に到達したとあること、あるいは『日本紀略』延長五年（九二七）正月二十三日条に、華北五臺山の巡礼を目指す寛建らが南の福州からの入宋を計画して大宰府牒の発給を受けたとあることなどは、九州―福州ルートの存在を示唆していて、留意されるだろう。けれども、これが鑑真の場合のように、琉球列島海域を経た航路を前提としたものかは、以下に述べるように極めて疑わしい。

「頭陀親王入唐略記」は「宗叡和尚・興房等、同年六月、延孝舶、自㆓大唐福州㆒得㆓順風㆒、五日四夜、著㆓値嘉島㆒」と記す。このうち興房とは真如（高丘）親王の入唐に従い「頭陀親王入唐略記」を記した伊勢興房自身を指すから、興房が咸通六年六月に海商李延孝船で福州から日本へ向かったとすることは間違いなかろう。またこの李延孝船のことは、『三代実録』貞観七年（八六五）七月二十七日条にも「先㆑是、大宰府言。大唐商人李延孝等六十三人、駕㆓船一艘㆒来㆓著海岸㆒」とある。ところが『入唐五家伝』二「禅林寺僧伝」や『三代実録』元慶八年三月二十六日条によれば、興房とともに李延孝船で帰国した宗叡の乗船地が福州ではなく、明州望海鎮と記されていて、そこから「三日夜間」で帰国できたとしている。このため、興房と宗叡がともに李延孝船に乗り込んだとすると、「頭陀親王入唐略記」と「禅林寺僧伝」『三代実録』との間には乗船地、航海日数に異なりが生じてしまうことになる。けれども興房・宗叡が福州発の李延孝船に乗ったことと、両者の乗船地・航海日数の問題は切り離して解釈することが可能だろう。

「頭陀親王入唐略記」では、淮南にあった興房が長安から来た宗叡より親王の「広州へ向うべし」との命を受け、西天竺へ向かおうとする親王を追って広州へ赴く途中、今度は帰国を促す親王からの興房宛書簡を唐人任仲元から受け取って、宗叡とともに李延孝船で帰国したという筋書きになっている。したがって興房は、宗叡から親王の命を受けて淮南より南下し広州に向かう途中、任仲元から親王の書簡を受け取り、福州から李延孝船に乗船したとみられる。そしてその船が順風を得て唐沿岸沖を北上し一泊二日で明州望海鎮に到達し、そこで宗叡を乗せて三夜で日本に到着したとみれば、史料の矛盾は解消する。「禅林寺僧伝」や『三代実録』は、明州望海鎮に到った宗叡が、日本へ向う李延孝船に「適遇《たまたまあう》」とするから、望海鎮に着岸した延孝船は、そこにいた宗叡を偶然乗せることになったのだろう。

以上のように理解するならば、福州発の李延孝船は、どうやら明州望海鎮まで中国沿岸部を北上し、そこから一気に大海を渡って値嘉島に到る、いわゆる南路をとった可能性が高い。長江河口地域からわざわざ福州まで一旦南下して渡日しようとした鑑真とは、そのルートが異なるとすべきなのである。

なお李延孝には、この少し前に、九州から「流求」経由で福州に到った経験があった。すなわち、入唐僧円珍の記した「大師帰朝請弘伝官牒款状」（『平安遺文』九―四四九二）、「延暦寺僧円珍牒」（『平安遺文』一―一〇三～一〇九）などによると、円珍は李延孝・欽良暉らの船で、唐の大中七年（八五三）八月九日、肥前国松浦郡値嘉嶋を発し、同月十三日には「高山」を望見できる位置までたどり着いたが、途中で強い北風に吹かれて翌十四日には「流求国」に漂着し、その翌日福州へ到着している。この時の円珍の最初の巡礼目的地は天台山国清寺であったから、李延孝船はおそらく南路をとって台州付近を目指し、その途中のランドマークとなる「高山」を確認したところで、北からの強風に遭い、翌日「流求」へ漂着してしまったらしい。そしてここでの「流求国」は、福州まで一日で到着できる距離にあるから、台湾島付近の島を指すとして良かろう。

ここで注目されるのは、彼らの「流求」に対する認識である。円珍は「大師帰朝請弘伝官牒款状」において、この時漂着した「流求国」を「喫レ人之地」と記し、『日本高僧伝要文抄』所引『智証大師伝』は、「流求」漂着に関し「時欽良暉悲哭謂二和尚一曰、吾等当下為二流球一所上啖也」と記述する。『智証大師伝』の成立は延喜二年（九〇二）の

『天台宗延暦寺座主円珍伝』に先行する可能性があるから、[30]これらはいずれも当時の入唐僧・海商らの「流求」に対する認識を反映したものとして良い。それ以前、延暦二十三年（八〇四）の遣唐使船で福州に漂着した空海も、『性霊集』巻五「為三大使与二福州観察使一書一首」で「北気夕発、失二胆留求之虎性一」としていた。『隋書』流求国伝には食人の風習が描かれているが、こうした「恐怖」が海商の時代を迎えた九世紀でも払拭されていないところに、日唐を往来した人々の「流求」との没交渉の実態が垣間見える。したがって、李延孝船が福州を発しながら、中国沿岸部を明州沖まで北上し、その後「南路」で日本へ向かおうとしたことも、「流求」海域を忌避したためとみることができよう。

そしてどうやら、この「流求」に対する恐怖が中世にも引き継がれたらしい。寛元元年（一二四三）に渡宋した僧侶・船頭らの体験を僧慶政が聞き記したとされる著名な『漂到流球国記』にも、「流球」（流求）を野蛮・恐怖の対象とする観念が強く読み取れるからである。それによれば、寛元元年九月八日、肥前国小値賀島を出発した一行は、暴風に遭って、十七日にある一島に漂着した。彼らはここが貴賀国か南蛮国か流球国か議論したが、結局、流球国だろうということになった。そう判断した理由は記されないが、これにより「只仰レ天拭レ涙、挙レ声念仏」とあって、一行が恐怖に陥った様子がわかる。さらにその後、島内を探索し、ここを流球国と確信する事態に遭遇する。その十九日条は次のようにある。

又見二一仮屋一、以レ草葺レ之。其柱赤木。屋高六七尺。其内有二炭爐一、其中有二人骨一。諸人失レ魂。従レ此長知三既来二流球国一。即還二船裏一、告二此凶事一。

右によれば彼らがこの島を「琉球」と確信した根拠は、ただ炉内の「人骨」らしき骨だけであって、ここに一三世紀においても「喫レ人之地」＝「流球」（流求）意識が根強く継承されていたことを確認できる。したがってもちろん、ここが実際にその他の史料のいう「流求国」と同じ場所であるか否かは別の問題である。『漂到流球国記』の二十三日条〜二十九日条によれば、「好風」を得て「船火如レ飛」という状況でノンストップで疾走しても、この島の沖合から福州の龍盤嶼までは三泊四日を要したらしいから、そこが台湾島ではなく、琉球諸島のどこかであった可能性は高いと思う。山里氏は島人の赤頭巾や赤木などの記載、広大な土地を示す記述などから、沖縄本島であった可能性を指摘する[31]。

以上のように理解する時、『漂到流球国記』に漂着者と島人との間の散発的な戦闘の場面が記されている点は注目される。こうした戦闘の事実は、島嶼、あるいは浦単位の複数の世界が複合したまま政治的まとまりに欠けていた可能性の高い「流球」（流求）もしくは琉球列島に、突然の外来者たる交易者の安全を担保するシステムが欠乏していたことを示すものだからである。それは、出土資料の多くが「大宰府的」と評価される喜界島の城久遺跡群[32]の意義を考える上でも、重要な示唆を与えてくれる。すなわち、奄美・沖縄諸島の国際交流がまずは奄美諸島を軸にその北方の日本との関係のなかで発展し得たのは、両者の交流の接点たる奄美諸島に、交易に関する政治的管理が大宰府から持ち込まれたことが大きかったのではないかと思われるからである。したがって次の課題は、奄美・沖縄諸島と西海道との交流の実態である。

三　九世紀の奄美・沖縄諸島と西海道

1　入唐僧円仁の「大螺子」

延暦二十三年（八〇四）、日本天台宗の開祖最澄は、遣唐使とともに入唐し、天台山を目指してその年の九月、台州に入った。『顕戒論縁起』台州相送詩一首によれば、この時最澄は台州刺史陸淳に「金十五両、筑紫斐紙二百張、筑紫筆二管、筑紫墨四挺、刀子一加、班組二、火鉄二加、大石八〔火カ〕、蘭木九、水精珠一貫」を献じている。このうち金は陸淳から最澄に返され、これを最澄は書写用紙料に充てたというが、同史料には最澄が「黄金を賷して巨海を渉る」とあるから、この金は最澄の日本からの持参品であった。『叡山大師伝』では渡唐前の最澄が皇太子安殿親王から金銀数百両を賜ったとあり、その一部が使われたのだろう。このほか、陸淳に贈られた火鉄は、『延喜式』大蔵省式・賜蕃客条が日本朝廷から唐皇帝へ贈る物品の一つとする「出火鉄」と同じものであろう。水精珠はおそらく出雲産の水晶を用いたもの(33)、紙・筆・墨は筑紫産のものである。要するに、最澄は自らの巡礼活動の円滑化のために、唐地方官への贈与品を日本から持参したのである。

それから三十四年後の承和五年（八三八）、やはり天台山行きを目指して遣唐使とともに入唐した最澄の弟子円仁は、その年の十一月、滞在先の揚州で円仁を慰問した都督府長官李徳裕に「水精念珠両串、銀装刀子六柄、斑筆二十管、螺子三口」を贈った(34)。円仁が用意したこれら水精念珠・刀子・筆は、いずれも最澄が陸淳に贈った品と重なる。円仁も師に倣い、日本で唐地方官への贈与品を準備したのである。

ところで、これら入唐僧の唐地方官への贈与物には、例えば最澄の金のように、京からの持参品がある。しかし、八世紀以来、和紙が唐において高い評価を得ていたとはいえ(35)、最澄の用意した紙・筆・墨がすべて筑紫産でなければならない特別な理由はみあたらない。『叡山大師伝』によれば、最澄は渡海前、旅の安全を祈願し大宰府竈門山寺で白檀の薬師仏四体を彫っている。紙・筆・墨の筆記用具がいずれも筑紫産であるのは、これらが彼のしばらくの大宰府滞在によって入手された品であったことを示している。『慈覚大師伝』によれば、嵐のために数度渡海を失敗した円仁も、渡唐前の大宰府滞在が二年に及んだ。円仁も筑紫において物品を調達する時間を十分持っていたのである。班竹の筆などは、最澄と同じく筑紫産であったかもしれない。前述のように、大宰府木簡には「伊藍嶋竹□」と判読できる付札が出土していて（図7参照）、わざわざ唐の貴人らへの贈与品に選ばれた筆の軸には、この「南島」などからもたらされた珍しい竹が用いられていた可能性も考えられる。そしてこの観点からさらに注目されるのは、円仁が日本から持参したとみられる「螺子」の産出地とその入手先である。

円仁が李徳裕に贈った大小の「螺子」三口は、最澄の贈与品にはみえない。これらは、「小螺子」二口が予め尻を切ってあったように、法螺として用意されたものである。李徳裕は円仁からの贈与品のうち、尻を切った「小螺子」二口と、念珠・刀子・筆はすべて円仁へ返却し、ただ一つ、尻を切らない「大螺子」一口だけを手許に留めた(36)。当時、揚州は唐の流通の拠点で、内外から様々な品が集まっていた。しかしこの長官で唐の実力者でもある李徳裕をもってしても、円仁の「大螺子」は珍品であったとみられる。

日本古代においてほかに法螺を中国にもたらした例としては、奝然がある。すなわち『宋史』日本国伝によれば、奝然は永延二年（九八八）、宋朝へ法螺二口を献上した。木下尚子氏によれば、日本の法螺の素材には二種類のフジツガイ科の巻貝が用いられている。本州産のボウシュウボラ類と琉球列島産のホラガイである。前者は唐の法螺でもよく用いられたシャンクガイと同様の大きさを持つが、後者は大きさにおいて他を圧倒するらしい(37)。木下氏は、この皇帝に贈られた奝然の法螺については、大型で見栄えの良い琉球列島産ホラガイではなかったかとする(38)。

そうであれば、円仁のもたらした法螺においても、大小の二種類があったことが留意されるだろう。「大螺子」は尻を切らず法螺として成形される前のものであったにもかかわらず、李徳裕は唯一これだけを留めたから、「大螺子」は「小螺子」とは明らかに区別される質・大きさを誇っていたことが推察される。日本から持参される法螺でそれほどの「大螺子」は、琉球列島産のホラガイとみるのが妥当であろう。

なお、唐代の伝世仏教絵巻とされる『南詔中興二年画巻』の洱海図は、雲南の湖洱海内で交わる二匹の蛇に囲まれて対面する一魚・一螺を描く。当地ではこれらが神の化身とされ祥瑞とみなされていた[39]。その螺の形はシャンクガイ、もしくはホラガイ型である。剣南西川節度使として南詔から攻め入られる蜀の防衛に意を尽くした経験を持つ李徳裕も[40]、このことを知っていた可能性がある。

一方、日本の円仁がこの「大螺子」を手に入れた場所は、京周辺か、あるいは二年もの滞在となった大宰府周辺が想定される。ただ、これが法螺へ加工される前の貝殻の状態であったことに注目すると、流通経路上は加工された「小螺子」よりもより産地に近いところで入手されたことが予測できる。この観点からは、前述の「大宰府的」とされる城久遺跡群から多く出土している本土系の土器などが注目されることになろう[41]。また当遺跡群の発掘以前も、考古学では池畑耕一氏が、大宰府、その他西海道の役所・寺院と関係の深い九～一〇世紀の焼塩土器が、奄美大島を中心に奄美・沖縄諸島の海岸沿いで出土することを指摘していた[42]。こうした遺跡・遺物は、円仁が持参した貝殻のままの「大螺子」が、奄美諸島と交流を持つ大宰府周辺で入手された可能性を一層強めるものといえる。

2　大隅守春日宅成と国際交易

ところで前述のように、大宰府出土木簡には、奄美大島や伊良部島の名を示すとみられる八世紀前半の付札の一部が出土していて、これは当該期の「南島」人朝貢の際の貢納物を大宰府が整理保管した際のものとみられる。さらに一〇世紀の『延喜式』民部省式によれば、大宰府は「南島」の赤木を年料別貢雑物として中央へ貢進する義務を負っていた。九世紀以後も「南島」産品は間違いなく大宰府へもたらされ、これを中央へ貢進するシステムが機能していたのである。しかし一方で、九世紀は「南島」の朝貢が途絶えているから、九世紀以後の奄美諸島以南と西海道との交流は、八世紀の朝貢を介した関係とは異なる交流を想定しなければならない。

ここで注目したいのは南九州の役割である。九世紀においてそれを示唆するのが、『三代実録』元慶二年（八七八）四月二十二日条が記す、春日朝臣宅成の大隅守就任である。

史料における宅成の経歴は、九世紀の半ば、交易のために唐へ派遣された律令官人から出発する。(43)彼は入唐の際に男児宗健を伴い、日本にあっても唐商・入唐僧らと個人的な関係を維持するなど、彼の国際交易は人的ネットワークを駆使して行われ、その背後には中央貴族層との結びつきも想定される。(44)また宅成は数度渤海通事に任命されたが、大隅守就任の前年も、渤海通事として渤海使献上品に関し鑑識眼に秀でた面をみせている。(45)

その彼は、大隅守就任前にも一度、地方官を経験したことがある。すなわち貞観四年（八六二）に博多湾を訪れた唐商陳泰信は、この時博多で播磨少目の春日宅成と面会した。(46)要するに宅成は、播磨国司の地位にあった時も、大宰府を訪れて国際交易にかかわっていたのである。こうした彼の経歴をみるとき、その大隅守就任が、大宰府周辺で展開する国際交易と無関係であったとは思われない。

ここで再び考古学の成果を参照すると、奄美諸島北部、喜界島出土の外来系土器を分析した池田榮史氏が、南九州に出自の求められる当地の土師器甕形土器の検討などから、九世紀後半以降、南九州と奄美諸島との間に恒常的な交流があったことを指摘する点が留意されよう。(47)宅成の大隅守就任時期がまさにこれと重なるからである。これより先の天長元年（八二四）、多祢島司が廃止され大隅国に属すことになったから、(48)以後大隅と奄美諸島は、トカラ諸島を挟んでさらに近い関係となっていた。このことが両地域の交流の恒常化の前提となった可能性はあるだろう。しかも宅成の時代は、奄美大島で土盛マツノト遺跡や和野長浜金久遺跡などのヤコウガイ大量出土遺跡が登場した時代である。[49]「南島」産ヤコウガイは一一世紀の『新猿楽記』でも知られるように、著名な日本の国際交易品の一つであった。そして、喜界島の城久遺跡群からは、九世紀中葉ごろの越州青磁も出土する。[50]すなわち、中央とつながり唐や博多で国際交易とかかわった春日宅成の大隅守就任の背後にも、国際交易につらなる「南島」交易との関連が想定できるのである。

乏しい文献史料を繋ぎ合わせてみても、こうした九世紀の在り方が一一世紀に至ってさらに発展していることは間違いない。後述するように、一一世紀の南九州の有力層は、積極的に国際交易にかかわり、琉球列島の特産品や宋からの輸入品を盛んに中央貴族に献じていた。国際交易にもかかわる大隅守春日宅成は、こうした後の歴史にもつながる先駆的な存在であったといえるだろう。

四　城久遺跡群から考える

1　城久遺跡群とその周辺

以上の九世紀以降の奄美・沖縄諸島と西海道との関係史は、近年注目を集める喜界島の城久遺跡群によって、より具体的に把握できるようになってきた。永山修一氏が指摘するように、一〇世紀、キカイガシマ（「貴駕島」）は大宰府の下知を受ける行政単位的扱いを受けた個別の島であり、これに城久遺跡群の成果を重ね合わせるならば、喜界島がキカイガシマであった可能性が極めて濃厚である。[51]この隆起サンゴ礁の島の遺跡からは、大量の貿易陶磁なども出土し、ここが国際交易の渦中にあったことも疑いようがない。

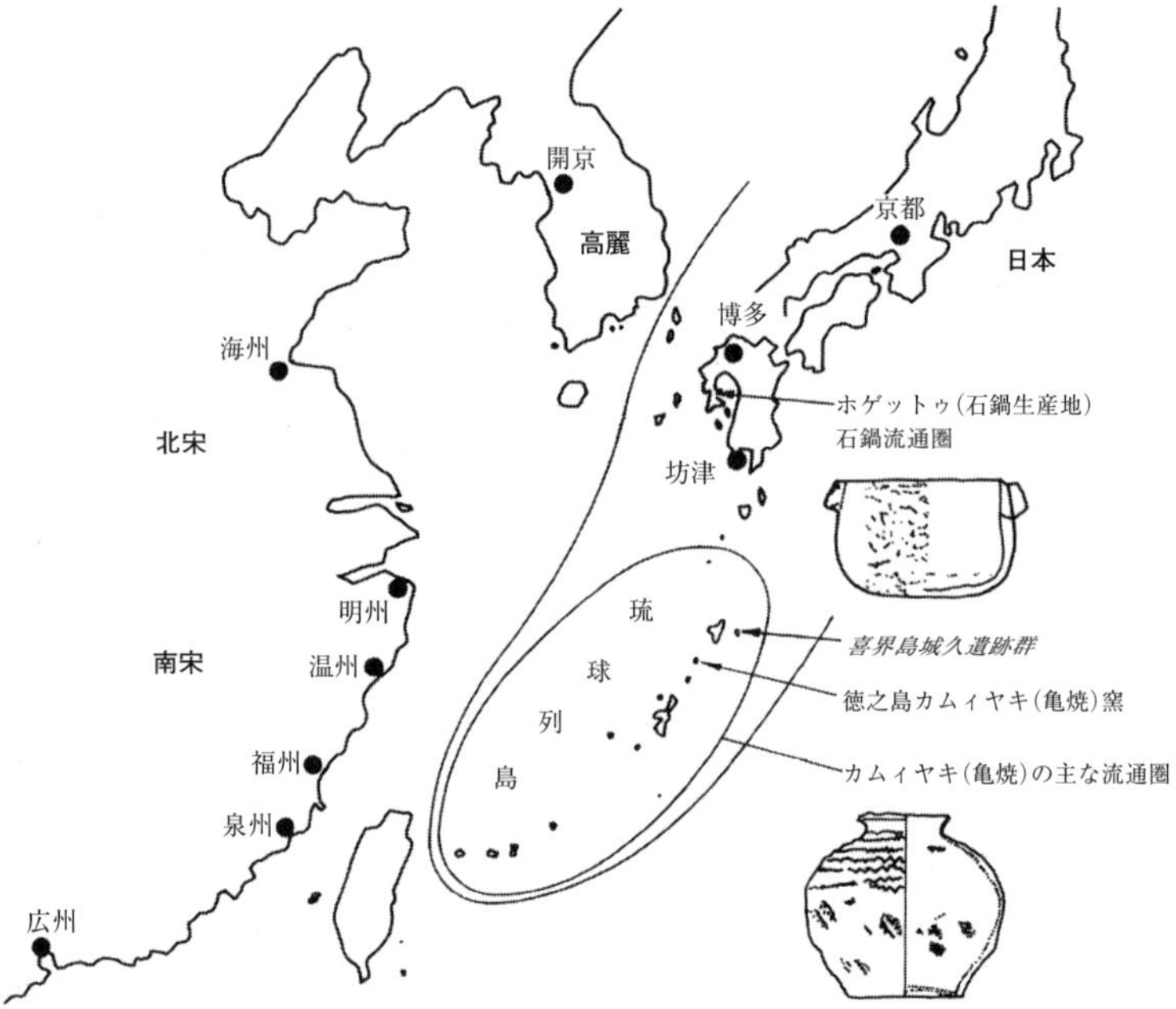

図8　11～12世紀の石鍋とカムィヤキの流通
(安里進「琉球王国の形成と東アジア」豊見山和行編『琉球・沖縄史の世界』〈『日本の時代史』18〉吉川弘文館, 2003年より一部改変)

城久遺跡群は、これまでの山田中西・山田半田・半田田口・小ハネ・前畑・大ウフの各遺跡の調査によって、九世紀・一〇世紀ごろ、一一世紀後半～一二世紀ごろ、一三世紀～一四世紀ごろの三時期にピークがあり、なかでも一一世紀後半～一二世紀ごろの遺物が圧倒的多数を占めること、ただし標高の低い範囲には一三・一四世紀ごろの遺物が多い傾向などが確認されている[52]。

そして、この城久遺跡群が最盛期を迎える一一世紀後半～一二世紀ごろ、琉球列島はその全域で、考古学的な様相を大きく変える。長崎産の縦耳付き石鍋や徳之島で焼かれた須恵質のカムィヤキ、中国産白磁が琉球列島一円に流通することが確認されるようになるからである[53]。このうち、カムィヤキ生産については肥後南辺の窯構造の影響とともに高麗系の技術の影響が確認されていて[54]、西彼杵半島で生産される石鍋については、宋商人の関与が指摘されている。(55)こうした遺物は城久遺跡群でも大量に確認されている。

ここで再び史料に立ち返るならば、博多を舞台に活況をみせる国際交易は、確かに南九州と琉球列島を巻き込んで展開していた。一一世紀後半に著された『新猿楽記』の八郎真人の段は、東は「俘囚之地」から西は「貴賀之嶋」までを駆けめぐり、本朝物・唐物交易にかかわる「商人主領」を描いていることでよく知られているが、ここでは当時の「日本」領域外で産出される「夜久貝」が本朝物とされていることが注目されよう。ヤコウガイは一一世紀ごろには列島内の交易ネットワークによって「貴賀之嶋」あたりで日本の商人の手に渡り、そこから「本朝物」として東アジアへ旅立っていったとみなされる。『新猿楽記』と同じ一一世紀ごろの南九州では、大隅・薩摩の国司や領主層が「夜久貝」「赤木」「檳榔」などの南方特産品、「唐硯」「茶垸」など宋からの輸入とみられる品々を盛んに中央有力貴族へ進上していたことが知られており、(56)この交易ネットワークに南九州の有力層も加わっていたことは間違いない。しかも、『高麗史』文宗三年（一〇八〇）閏九月庚子条には「日本国薩摩州、遣レ使献レ物」とあり、これは、府官や壱岐・対馬の在庁官人層、あるいは彼らにつながる交易者が遣使・献物を口実に高麗と交易を行う当該期の日麗交流の一端を示す事例とみられている。(57)高麗系の技術の影響も認められるカムィヤキ窯は、こうした南九州有力層の国際交流の実態とも対応している。

加えて、一一世紀以降日本産硫黄の輸出が急増したことも注目される。山内晋次氏が明らかにしたところによれば、主に硫黄島で産出する日本産硫黄は、一〇世紀末もしくは一一世紀初頭ごろから宋の軍事的需要（火薬原料）の高まりとともに盛んに輸出されるようになり、これは、硫黄島から九州西海岸をまわる国内交易ルートを船載されて博多津に集積され、そこから宋海商の手に渡っていた。(58)琉球列島におけるカムィヤキや石鍋の流通が始まる直前の一〇世紀末から一一世紀初頭、硫黄の国際的需要の伸展とともに博多と琉球列島の結節点となりうる薩南島嶼への注目が急速に高まっていたのである。ここに硫黄を運ぶ船の往来が頻繁となっていった状況が想定されるだろう。推定される硫黄の国内交易ルートが、長崎産石鍋の奄美・沖縄諸島への到達ルートと重なることも留意される。国際的な硫黄需要の増大に伴う博多と薩南島嶼地域間の交易ルートの成長も、ヤコウガイなどを産するその先の南の島々との交易を増やす機会となり得たであろう。

2　西海道乱入の「奄美嶋の者」

ところで、城久遺跡群が本格的に営まれるようになる九世紀については、前述の多祢島司の廃止との関連が注目されている。大宰府の「南島」経営の拠点が、多祢島司の廃止とともに喜界島に置かれた可能性である。(59) しかし、城久遺跡群が最盛期を迎える一一世紀後半〜一二世紀ごろになると、文献上はキカイガシマが大宰府のコントロールから外れ、「異国」と認識されるようになっていったことが指摘されている。(60) この点と関連して留意されるのは、一〇世紀末から一一世紀前半、西海道が「奄美嶋の者」の組織的な乱入を受けていた事実である。この関連史料は『日本紀略』長徳三年（九九七）十月一日条、同十三日条、同十一月二日条、『権記』同十月一日条、『小右記』同十月一日条などにあるが、なかでも以下の『小右記』の記事が最も詳しい。

一献之間、左近陣官高声之曰、大宰飛駅到来云、高麗国人虜㆓掠対馬・壱岐嶋㆒、又着㆓肥前国㆒欲㆓虜領㆒云々。上下驚駭、三丞相失㆑度、降㆑自㆓東階㆒問㆓案内㆒、兼披㆓読大弐書状㆒。上達部進㆓向丞相所㆒、太以周章。雖㆑云㆓非常事㆒、於㆓階下㆒披㆓読都督書㆒、不㆑足㆑言。下官不㆑起㆑座、丞相復㆑座云、菴美嶋者焼㆓亡海夫等宅㆒、奪㆓取財物㆒。又執㆓載男女於舟㆒将去、尚浮㆓海上㆒成㆑犯之由云々。（中略）亥時事了、左大臣以下着㆓陣座㆒、右大臣云、今日朔日、奏㆓凶事㆒無㆓便宜㆒歟者。余云、飛駅言上是至急大事也。不㆑可㆑隔㆑時者、何刻選㆓吉日㆒乎。諸卿応㆑之。仍左大臣召㆓

大外記致時一、召二飛駅解文一、々匣二合盛二覧筥一、奉二上卿一、一匣注レ奏、一匣者注二解文一、督令レ披レ筥。但至二于飛駅解文一不レ披レ封、至二例解文一披レ封見也。左大臣参上令レ奏。良久之後復レ座、下二給大宰府言上解文等一、令二諸卿定申一。奄美嶋者乗レ船帯二兵具一、掠二奪国嶋海夫等一、筑前・筑後・薩摩・壱岐・対馬、或殺害、或放火、奪二取人物一、多浮二海上一。又為下当国人於二処々一合戦上之間、奄美人中矢又有二其数一。但当国人多被二奪取一、已及二三百人一。府解文云、先年奄美嶋人来、奪二取大隅国人民四百人一、同以将去。其時不二言上一。今慣二彼例一、自致二斯犯一歟。仍徴二発人兵一、警二固要害一、令二追捕一也。若有二其勤一者、可レ被レ加二勧賞一者。又高麗国同艤兵船五百艘向二日本国一、欲レ致レ許〔奸カ〕者、誠雖二浮言一。依二云々一所二言上一也者。有二先日言上類文書等一。件飛駅、去月十四日出レ府云々。太懈怠。諸卿定申云、奄〔美〕嶋者等事、大宰府定行了。亦重警二固要害一、弥加二追討一、兼又可レ祈二禱仏神一。若追討使々殊有二勤節一、随二其状一追可二褒賞一之由、可レ被レ載二報符一。大宰以二飛駅一雖二言上一、事頗似レ軽、不レ可レ給二勅符一、只可レ賜二官符一。又高麗国浮言、不レ可レ不レ信。可レ被レ〔行〕二種々祈禱一。定詞甚多、只是大概了〔耳カ〕。

右によれば、長徳三年（九九七）十月一日、中央政府は大宰府から以下のような報告を受けた。兵具を備えた「奄美嶋の者」が、筑前・筑後・薩摩・壱岐・対馬を襲い殺人・放火を行って、三百人ほどが略奪されたこと、合戦では奄美人を多く射たがそれでもなお彼らは海上に浮かぶこと、また「高麗国同艤兵船」五百艘が日本に向かっているという浮言のあること、などである。しかも「先年」には、大隅において中央には報告されなかった「奄美嶋人」らによる四百人もの人民略奪事件が起こっていたという。なお、『権記』同日条によれば、これに加えて「南蛮賊徒」の被害が肥前・肥後にも及んだとするから、その襲撃は南九州から対馬に到る九州西海岸全域で起こっていたことになる。

長徳三年十月一日の大宰府からの報告後、その年の十一月二日には大宰府から「南蛮」四〇名余を討ち捕らえたとの報告があり、長保元年（九九九）八月十九日にはまたも大宰府から「南蛮賊」追討の件が言上されている（『日本紀略』）。また『左経記』寛仁四年（一〇二〇）閏十二月二十九日条によれば、この時も「南蛮賊徒」による薩摩国での人民略奪が起こったらしいから、こうした衝突は一一世紀前半まで続いたことが知られる。

ところで、右の事件を、貝交易などをめぐり結びついた奄美・沖縄諸島と薩摩・大隅を含む九州、さらには本州との関係のなかで生じた事件とする推測がある。(61) これは、事件が先の硫黄・長崎産石鍋運搬ルートに沿って発生しているという一面からみても、首肯しうるだろう。「奄美嶋の者」が船で大隅・薩摩から有明海を経由し筑前・対馬にまで到る襲撃のルートは、奄美・沖縄諸島と国際社会とを結ぶ主要な物流ルートでもある。

また、大量の人民を掠奪し西海道を脅かすほどの兵力が奄美諸島諸勢力の結集だけでまかない得るかとの当然の疑問から、「南蛮」を奄美諸島の住民を含みながらも、中国大陸沿岸部などで活躍した交易を目的とする海賊集団を主体とするものだったのではないかとする推測も、(62) やはり可能性として考えておくべきと思う。

こうした観点からはまず、「奄美嶋の者」が、兵具を備えて合戦をし、略奪した数百人を乗船させる、組織力と、武器・船のあったことに注目すべきである。捕虜だけで数百を船に乗せたとすると、彼らを刳り抜き船の船団とみなすことはできず、すでに構造船を持っていた可能性が高い。考古学は奄美が外部との交易において鉄を得ていたことなどを想定しているが、(63) 襲来事件は、それが彼らの武器や造船とも結びついていた可能性、もしくは武器や船が外来のものであった可能性を示唆する。さらに驚かされるのは、「奄美嶋の者」が、薩摩から有明沿岸沿いに肥後、筑後、肥前を襲い、そこから玄界灘へ回り込み筑前を襲って、さらには玄海灘を超えて壱岐・対馬にまで乱入したらしいことである。彼らが沿岸伝いに九州西海岸を襲うのはまだしも、海流・海風の強い玄海灘を横断して壱岐・対馬にまで達するその正確な地理認識と交通知識は、奄美嶋の在地の人々のものであり得ない。これは、硫黄の運搬ルートなどで想定される、交易者のものである。したがってこの事件の背後には、奄美諸島の外に協力者のあったことを考えなければなるまい。それは、奄美嶋と接する南九州にも活動の場を持ち、対馬までの海上交通と船を熟知する交易者たちであったとするほかないのである。

この点に関し、もう一つ注目されるのは、上掲『小右記』に、この事件が高麗と結び付いて記されていることである。『小右記』にはまず、大宰府からの一報が中央にもたらされた時、これを取り次いだ近衛官人は高麗国人の襲来と間違えて伝えたため、公卿らが慌てる場面がある。これについては石井正敏氏の詳細な検討がある(64)。すなわち石井氏は、当時、九州ないし長門付近の住民が高麗を襲い、日本には高麗がこの報復措置に出るのではないかとの警戒感があった上、日本側にとって極めて無礼とみなされる高麗国牒状までが届き、日本の高麗に対する緊張が激しく高まっていたことを明らかにした。そして、これが近衛官人に奄美からの襲来を高麗襲来と勘違いさせる背景となったと推察する。その可能性は高いとすべきだろう。ところが、西海道の人々は、中央の近衛官人の勘違いとは別に、この事件を高麗と結びつけていた。大宰府からの報告によれば、西海道では襲来者が奄美嶋からと知りながら、高麗兵船の接近を噂していたのである。したがって、西海道では「奄美嶋の者」襲来と高麗兵船接近とが関連して起こると理解されていたとみられる。

前述のように、奄美からの襲来者には、奄美から対馬までの海上交通と船を熟知する交易者たちが加わっていたとみられるが、この事件より少し下った一一世紀の史料からは、国際交易網自体が、出身地域や民族を超えた複雑な結びつきのなかで機能していたことを確認できる。例えば、『参記』延久四年(一〇七二)四月二十三日条、六月五日条などによれば、宋杭州には、日宋間を往来し硫黄交易などにかかわる宋海商の拠点があり、入宋日本僧がここで世話を受け、また日本語を知る高麗商もそこを訪れたという。同じころ、博多には中国系の王氏一族があって、大宰府の府官となりながら高麗との交易にかかわり、高麗政府の信任も得ていた(65)。また『高麗使』宣宗十年（一〇九三）七月癸未条によれば、この時高麗国に拿捕された海船は、宋人・倭人の混交船で、武器の弓箭・刀剣・甲冑と、交易品の水銀・真珠・硫黄・法螺などを積んでいた。このうち水銀・真珠・硫黄がいずれも『新猿楽記』が「本朝物」としたものであるから、残る法螺も日本の交易ネットワークを使って入手された、おそらくは琉球列島産のものであろう。史料が記録する海商船の「〇〇人」は、彼ら個々の本拠地や民族的区分によらず、船の派遣主の帰属先などを前提として記述される場合も少なくないが(66)、同一船で活動する交易者を宋人と倭人の二種に区分した当該史料は、日本の交易者が宋の交易者と連携しつつ船に同乗するなどして、南方から硫黄・貝などを入手・運搬し、あるいは海賊行為を働いていたことを示すものとしてよい。高麗はこれを「必ず是れ両国の海賊、共に我が辺鄙を侵さんと欲する者ならん」と断じているから、一一世紀、こうした民族混交の商船が琉球列島産品なども積み込み、時に高麗沿岸で海賊行為に及ぶこともあった実態が浮かび上がる。

こうした状況は、先の西海道に乱入した「奄美嶋の者」の実態を踏まえれば、一〇世紀末までは確実に遡るとすべきである。そしてちょうどこの直前、『小右記』長徳三年（九九七）六月十二日・十三日条、『権記』長徳三年十月一日条によれば、高麗は日本からの交易者とみられる一団から襲撃を受け、日本国・対馬嶋司・対馬嶋宛計三通の牒状を送って、日本に強い不満を示していた。一方、日本の中央政府は、この「日本国を恥ずかしむるの文」を持つ高麗牒状を宋の謀略と疑い、日本滞在の宋海商を警戒しながら、これをもたらした高麗使が日本の「大宰人」であったことにも不審の目を向け、対馬の防備を固めていた。

ならば、乱入した「奄美嶋の者」の背後に越境的交易者のあることを知る西海道の人々にとって、この騒乱が高麗と境界を接する対馬にまで達した時、日本方面から襲撃を受けて日本への警戒を強めていた高麗が必ず反応すると考えるのは当然のことであろう。そもそも高麗は、日本国だけでなく対馬嶋司・対馬嶋へも牒状を送っていた。「奄美嶋の者」乱入事件の最中、九州で「高麗国同艤兵船」の接近が囁かれた背景には、当該期の奄美諸島をも巻き込んだ交易世界の、東アジアをつなぐ広い裾野が横たわっていたと考えるのである。

そして、この西海道に乱入した「奄美嶋の者」の越境的性格は、九世紀以来の城久遺跡群の多様な外来遺物の様相ともほぼ重なるから、大宰府管するキカイガシマを結節点とした交易者たちの広域的結合の結節点となっていたことは間違いなかろう。ならば、西海道に乱入し大宰府との対立を決定的とした「奄美嶋の者」の事件は、大宰府管するキカイガシマが、自ら提供した場において広がる交易者たちの国際的・個別的つながりの矛盾を調整できなくなったことを示した出来事と解すことができる。大宰府が「貴駕島」に「南蛮」の「捕進」を命じたように[67]、キカイガシマは、こうした矛盾の最前線に立たされたとみるべきである。ならば以後のキカイガシマが大宰府のコントロールから外れていくこと、またそれと重なり城久遺跡群も最盛期を迎えるという事実は、こうした矛盾を契機に、キカイガシマが、大宰府の直接的な影響下から離れつつも、新たな交易拠点として再出発したことを意味するであろう。すなわち、一一世紀後半以降の城久遺跡群の盛況は、それ以前の「大宰府的」「中央的」と評されるような性格の単線的発展形・延長線上で捉えるべきではないと考えるのである。次にこの問題について検討したいと思う。

3　石鍋とカムィヤキの意味

『小右記』によって知られる万寿二年（一〇二五）からの大隅・薩摩国司・領主層による中央貴族への琉球列島特産品の献上[68]、『吾妻鏡』などで知られる一二世紀半ばの薩摩領主層平忠景と喜界島との関係[69]などをみるならば、城久遺跡群が発展期を迎える一一世紀以降、当海域では南九州有力層の影響力が増大していたとみられる。そしてこのころから、琉球列島ではカムィヤキ製品・滑石製石鍋・中国産白磁の大量流入が始まる。

こうした一一世紀を前後する時期の琉球列島の交易を考える上で、考古学では、近年の鈴木康之氏の滑石製石鍋をめぐる議論が注目されている。すなわち鈴木氏は、城久遺跡群から出土する石鍋は、一一～一二世紀、九州北部の特に博多・大宰府地域で集中的に出土するタイプであること、石鍋の生産地西彼杵半島は対外交易の中継地としても重要地であることに注目した。さらに『小右記』万寿四年（一〇二七）十二月八日条に肥前守惟宗貴重が麝香・蘇（蘇）芳・唐綾などの「唐物」とともに「温石鍋」を進上したとあることなどから、滑石製石鍋が南海交易にもかかわる宋商人らの煮炊き具を起源とするとみなして、出現期の石鍋が琉球列島にも分布する背景を、宋商人の琉球列島での活動範囲と重ねて理解した。また史料からは石鍋が饗宴の調理具として用いられたことも明らかなことから、饗宴は身分秩序と密接な関係を持ったゆえに、日本で拡散する石鍋には身分秩序に関する象徴性が与えられたのではないかとも指摘した(70)。

日本における石鍋は、すでに文献史料の分析などから、鴫肉を使った壺焼料理、煎密・甘葛煎、薯蕷＝山芋の芋粥などを作る煮炊き具であったこと、またこれらは上層階級の生活でよく用いられていたことなどが指摘されている(71)。また芋粥は、『今昔物語』巻二六―一七の「芋粥」において、摂関家、あるいは地方有力者の館での饗宴における、荘園制的社会関係を確認する重要な共同飲食の場面で登場し、例えば年頭の摂関家大饗における薯蕷粥は、主人の下物であった。保立道久氏は、ここに主従の扶持関係を新たにする象徴的意味だけでなく、芋粥が薬効を持つとされたゆえに、主人が従者の身体を賦活する意味も込められていたのではないかと推察する(72)。

一方これまでのところ、一一・一二世紀における中国の煮炊具には不明な点が多く、琉球列島の石鍋と類似の石鍋の出土例も指摘がない。しかし、『宋史』巻二八二・王旦伝には、一一世紀の初め、薬効を以て知られる薯蕷粥を宋帝自ら病床の寵臣に賜ったことが記されているから、『今昔物語』から推定されるような日本における薯蕷粥の社会的象徴性も、おそらくは中国にその淵源を求めることができよう。また、明代の医方書『普済方』には石鍋・銀石鍋を用いた処方が散見されるが、例えば「生地黄煎」は生地黄に山芋なども用い銀石鍋で煎じた粥であったらしい（巻九三）。したがっておそらく、薬効と結びついた芋粥などの煮炊き料理と石鍋の関係も、やはり中国を発祥とすると考えられる。しかも、元代の山東半島の地方志『斉乗』[73]巻一の「福禄山」の項に「萊州西五里。出㆓温石㆒。可㆑為㆑器」とあり、山東半島萊州の福禄山では「温石」が採取され、これが器とされていたらしい。さらに、宋末の文人・詩人の周密が撰した『癸辛雑職』[74]続集巻下「光禄寺御醴」に「炊米之器、皆以㆓温石㆒為㆓大釜㆒温石即菜（萊カ）石」とあるから、「温石」が中国において煮炊具として用いられていたことも知ることができる。こうしたことから、鈴木氏の指摘する出現期の石鍋の分布と宋海商の活動との関連性は、ある程度認められて良いのではないかと思う。西海道系の搬入品や貿易陶磁とともに出土する城久遺跡群の大量の滑石製石鍋には、確かに火を受けたものが多いから、これがまずは西海道の人々や宋商らの飲食の場で用いられるものであったことは確実である。

しかし、琉球列島の滑石製石鍋の広範な流通については、単に宋商人がそれらを運んだ結果だと考えるのは難しいように思う。前述のように、一一世紀においても中国海商が、積極的もしくは頻繁に琉球列島全域を活動範囲として往来していた状況を想定し難いからである。ここで、琉球列島においては滑石製石鍋が破片として広く流通し、これを砕いて胎土に混ぜた石鍋模倣土器が受容されていたことに留意したい[75]。確かに、城久遺跡群でも大量に出土した石鍋の多くは破片で、穿孔なども施されているし、石鍋模倣土器も確認されている[76]。琉球列島に特徴的なこの石鍋の変化が、宋海商側から生じるはずはなく、在地的・地域的な需要・受容にかかわる動きとしか考えられない。したがってこの点からまず、滑石製石鍋（特に破片）の流通に、宋海商だけでなく、在地の人々の関与が疑われることになる。

また滑石粉をわざわざ混ぜ込んだ〝模倣〟は、完形の滑石製石鍋を知った上でなければ起こらないから、当地に特徴的な〝模倣〟の動きは、在地の人々が、完形の石鍋の使用を〝見る〟機会があったことを示している。問題は、出現期の石鍋が九州以北では宋商人の消費とかかわる範囲をほとんど超えることがなかったにもかかわらず、琉球列島ではなぜこうした地域的な受容・拡散が生じたかである。

この観点からあらためて先の『漂到流球国記』をみると、漂着者と島人の間で始まった戦闘が一旦止んだ際、島人の要求にしたがい衣服・米を与えた漂着者に対し、喜んだ島人らが「煮芋幷紫苔」を送ってこれに応えたとする記述のあることが注目される。前述のようにこの島を琉球諸島に求めうるならば、当該地域では、交換の意も込められた外来者接待、共同飲食に「煮芋」が提供されていたことを知ることができよう。鈴木氏のいうように、出現期の石鍋が交易品ではなく宋商らの実用的な煮炊き具としてあったとするならば、琉球列島の人々が最初にそれを知るのも、まさに交易を機会とした宋海商参加の共同飲食の場であったとするのが妥当である。したがって、外来者との交換や接待に芋を用いる文化を持つ彼らにとって、宴の場でみた石鍋の意味を、自らの社会のうちに〝読み替える〟ことはそれほど難しいことではなかったように思われる。

ならば、こうした新たな文化融合の場は、石鍋も大量に出土する城久遺跡群のような場がふさわしい。個別の接触では衝突の危険を絶えず抱える琉球列島において、この地は唯一、「日本」の支配層が積極的に関与する「交易港」の側面を備えていたとみられるからである。事実、他の奄美諸島の遺跡と比しても圧倒的に本土的様相を示す出土遺物で注目された城久遺跡群において、一一世紀後半以降の様相は「本土的」側面だけが突出するわけではない。例えば、奄美・沖縄諸島の食器の組成などを検討した新里貴之氏は、城久遺跡群について、「特殊な外来系統の遺物が看取されるものの、生活様式は南島的要素が認められ、喜界島在来の集団が外来の文化に濃厚に接触した結果生じた、その受容形態の一類型と考えることができる」と評価する。[77]また、城久遺跡群で確認された一一～一二世紀の墳墓についても、地域的特性が確認されている。池畑耕一氏によれば、城久遺跡群では他の奄美諸島に先駆けて火葬が行われたことが確認できるが、その様相は、焼骨を壺に入れ埋葬する薩摩・大隅などと異なり、カムィヤキの壺が納骨用ではなく副葬・供献用として用いられ、その埋納のあり方も異なっているという。[78]また、こうした火葬墓を再葬の段階で火化した、日本の墓制にはみられない極めて珍しい葬法であることを確認した狭川真一氏は、この被葬者に当地の有力層の可能性を示唆している。[79]

したがって当然、城久遺跡群の土坑墓に埋納・供献されるなどしたカムィヤキ壺などについても、技術系譜の外来性だけでなく、受容のあり方の在地性・地域性が問われなければならない。そしてその観点からは、奄美・沖縄諸島に伝わる神歌などを一六～一七世紀に首里王府が採録・編集した歌謡集『おもろさうし』の土器の用途に関する記述が注目されよう。『おもろさうし』に採録された歌謡は、一二世紀以前のものから一五～一七世紀の王国時代のものまでと幅広く、ここでの分析対象は一四世紀までとされるカムィヤキの時期との関係から、外間守善氏の類別に従い比較的古い歌謡を収めるとされる「地方オモロ」「ゑさオモロ」に限定するが、[80]そこにおいて土器は、祭祀の場面において、しかも「酒」とかかわり頻出する。すなわち、「酒」は祖先霊、神への捧げものとして散見され（巻一〇―五四六、巻一一―五五九・五六〇、巻二一―一四一一など）、しかもそれらは「百甕」「八十甕」（巻一一―五六〇、巻二一―一五〇二など）、「酒甕」「神酒甕」（巻一〇―五四六）などとあるように、その容器「甕」の形態で意識されていた。要するに、琉球列島の祖先霊や神を崇める祭祀において、土器が「酒」の容器として頻繁に使用されていたらしい。

一方、須恵質のカムィヤキ壺も在来土器に比して液体保存に優れ、土坑墓への埋納・供献土器としてみえるし、奄美大島の瀧郷町で表採され、奄美博物館が所蔵する「天」と判読可能な篦画きを持つものも知られている。[81]したがって、が疑われて良い。

カムィヤキ壺にも、その使用される場に関し『おもろさうし』の「甕」との類似性が指摘でき、「酒」とのかかわり

もちろん、カムィヤキには器種・大きさにバリエーションがあり、広く貯蔵具・運搬具・食器などとして使用されたとみなされ、ほかに調理器としての使用もあったとみられるから[82]、「酒」と結びつく一面は、その用途の一部として想定されるに過ぎない。けれども『おもろさうし』における「酒」「酒甕」は、祭祀のみならず、神事、接客を含む飲食・宴において重要な役割を果たし（巻一一―六四五、巻一五―一一〇五、巻二一―一五〇二）、また按司、あるいは村落の富・権力を示す象徴的なものでもあったように（巻一一―六四三、巻一四―一〇四三・一〇四八、巻一五―一〇六九、巻一六―一一三四など）、階層的な社会関係の形成に重要な意味を持っていた。こうした様態もまた、考古学が確認するカムィヤキの様相と基本的に矛盾しない。すなわちカムィヤキには、前述のように飲食との関連が想定される石鍋の分布との重なりがあるだけでなく、白磁玉縁碗の出土とも重なって、その背後に有力層の存在も想定できるからである。しかも「地方オモロ」に分類される久米島のオモロには、「唐の船」「大和船」が「せに（酒）、金、持ち寄せる」とあって（巻一一―五八二、巻二一―一五〇七）、中国船・日本船が「酒」をもたらしていたらしい。これも、カムィヤキの生産・分布の背後に想定される、東アジア規模の人々の動きと重なってくる。要するに、宴・飲食、葬送・祭祀、富・権威の象徴、外来的要素の重なりからは、カムィヤキに、「酒」とも結びつき表現された社会関係と関連する側面が指摘できるのである[83]。

以上のことから、筆者は、「南蛮」襲来の動乱期を経た喜界島の一一～一二世紀を、外来の交易者や在地有力者が儀礼的なものも含む宴や共同飲食などを介し、当地域の交易関係を安定化・秩序化させる社会化・階層化が積極的にはかられた時代と推察する。その際に使用された石鍋などが破砕され、分配されるなどして、琉球列島に運ばれたの

であろう。そこでは大宰府だけでなく、国際商人や南九州の有力層なども関与し、琉球列島の有力層との交流が行われたとみなされる。そして、こうした交流のあり方が、当地の人々に、琉球列島内部の多様な社会を連結するためのものとしても読み替えられ、その文化が琉球列島全域へ運ばれていったと考えるのである。

むすび

以上、本章の検討結果を踏まえて、交易をキーワードに、あらためて奄美・沖縄諸島の七〜一一世紀史を追うならば、以下のように素描することができるだろう。

弥生期以来貝交易でつながってきた奄美・沖縄諸島の人々と倭人との関係は、七世紀初頭前後に新たな段階を迎える。中国隋の対外政策にともなう緊迫した東アジア情勢を受け、倭王権が九州の倭人と接触する琉球列島の人々に直接関心を向けるようになったからである。こうして、倭国やそれを引き継いだ日本律令国家と「南島」との間に朝貢関係が築かれていった。そのなかで、赤木や竹やヤコウガイなどが大宰府・近畿へと運ばれたとみられる。その後、唐の衰退が進む九世紀になると「南島」との朝貢関係もみえなくなるが、国際交易の活発化にともない、「南島」産品への注目はむしろ高まっていった。この時期も、「南島」産品は南九州を介し大宰府にもたらされ、これを中央へ貢進するシステムがしっかり機能したのである。八二四年の多祢島司の廃止にともない、大宰府の「南島」経営の拠点が喜界島に移った可能性もある。ところが、この喜界島などを結節点に国際的な結び付きを強化・個別化させた交易者たちは、一〇世紀末以降、西海道沿岸部で賊徒化するなど、大宰府との対立を強める。この段階の大宰府は、もはや交易拠点たる喜界島の管理によってその矛盾を調停することができなくなっていたのである。このため喜界島では、九州の有力者や国際交易を行う商人、在地有力層らによる宴や共同飲食などを介し、琉球列島を舞台とした交易と、それを安定化させる社会関係の構築が積極的にはかられることになった。この交流のなかで、在地社会を秩序化する階層化も進行し、喜界島は、琉球列島各地とその外の世界とを結ぶ、交易拠点としての機能を飛躍的に高めたとみられる。

以上のように、七〜一一世紀の奄美・沖縄諸島は、その北方の「倭国」「日本」との交流・交易を介した国際社会との結び付きを契機に、地域内部の社会的変容を加速させたとみられる。したがって次の問題は、後の琉球王国に示されるような琉球列島と中国本土との直接的な結び付きがいつごろ、どのようにして強まったか、それらが奄美・沖縄諸島史にどのような変化をもたらしたかである。この問題はおそらく、一三世紀以降の城久遺跡群の変化や沖縄本島の大型グスクの登場とも関連すると思うが、すべて今後の課題としたい。

ところで本章が取り上げた城久遺跡群は、もともと琉球列島のほかの同時期の遺跡と大きく異なる、「大宰府的」「中央的」「本土的」「外来的」様相を持つことで注目を集めた遺跡群である。けれどもこうした評価は、あくまで比較論的な相対評価であって、本章の検討結果を踏まえるなら、城久遺跡群も、やはり「外来性」と結び付いた「在地性」を捨象できない。そして、周囲から隔絶された特異性・先進性で「外来」と「在地」の二面性が混在する世界は、かつて石母田正氏が指摘した、対外的に共同体を代表する首長の性格と重なることが留意される。[84]奄美諸島を中心とした近年の考古学の成果は、歴史学が課題とする社会の階層化、権力の歴史的展開に関し、交易・交流、あるいは境界の問題から重要な問題提起を行っているると考えるのである。

註

（1）　拙著『日本古代国家の民族支配と渡来人』第二編第二章（校倉書房、一九九七年）。

（2）高梨修『ヤコウガイの考古学』第二章（同成社、二〇〇五年）。
（3）高梨修「ヤコウガイ交易の考古学―奈良～平安時代並行期の奄美諸島、沖縄諸島における島嶼社会―」（小川英文編『交流の考古学』朝倉書店、二〇〇〇年）。
（4）木下尚子「開元通宝と夜光貝―七～九世紀の琉・中交易試論―」（『琉球・東アジアの人と文化』上巻、高宮廣衞先生古稀記念論集刊行会、二〇〇〇年）。
（5）木下尚子「正倉院と夜光貝」（『文学部論叢』七八号、熊本大学文学部、二〇〇三年）。
（6）安里進「琉球王国の形成と東アジア」（豊見山和行編『琉球・沖縄史の世界』〈『日本の時代史』一八〉吉川弘文館、二〇〇三年）、同「考古学からみた七―一〇世紀の琉球列島」（上原真人他編『列島の古代史』一、岩波書店、二〇〇六年）。
（7）高梨修前掲註（2）書第五章・第六章。
（8）山里純一『古代日本と南島の交流』Ⅳ第二章（吉川弘文館、一九九九年）。
（9）木下尚子「正倉院伝来の貝製品と貝殻―ヤコウガイを中心に―」（『正倉院紀要』三一号、二〇〇九年）。
（10）鈴木靖民「南島人来朝をめぐる基礎的考察」（田村圓澄先生古稀記念会編『東アジアと日本』〈歴史編〉吉川弘文館、一九八七年）、山里純一前掲註（8）書Ⅳ第一章。
（11）科学研究補助金基盤研究（A）「古代における文字文化形成過程の総合的研究」（研究代表平川南）にかかる二〇一一年八月三十日の大宰府木簡調査（於九州歴史資料館）の成果による。
（12）台湾商務印書館本文淵閣四庫全書八四七・子部一五三・譜録類。
（13）山里純一前掲註（8）書Ⅰ第二章。
（14）小玉正任『琉球と沖縄の名称変遷』（琉球新報社、二〇〇七年）。
（15）田中聡「古代の南方世界―「南島」以前の琉球観―」（『歴史評論』五八六号、一九九九年）、中村明蔵「古代の沖縄と『隋書』流求伝―六～七世紀、沖縄への接近―」（鹿児島国際大学附置地域総合研究所編『沖縄対外文化交流史―考古学、歴史学、民俗学、人類学の視点から―』日本経済評論社、二〇〇四年）、山里純一前掲註（8）書Ⅰ第一章、同「文献史料史料からみた流求・南島」（上原真人他編前掲註6『列島の古代史』一）など。
（16）田中聡前掲註（15）論文。

(17)台湾商務印書館本文淵閣四庫全書一一二一・集部六〇・別集類。
(18)鈴木英夫『古代の倭国と朝鮮諸国』第九章（青木書店、一九九六年）。
(19)森公章『古代日本の対外認識と通交』第三部第二章（吉川弘文館、一九九八年）。
(20)鈴木靖民前掲註(10)論文。
(21)鈴木靖民前掲註(10)論文、山里純一前掲註(8)書Ⅱ第二章・Ⅴ。
(22)坂上康俊「八〜十一世紀日本の南方領域問題」（九州史学研究会編『境界からみた内と外』岩田書院、二〇〇八年）は、この『新唐書』の記述が七世紀中葉の情報にもとづくものの可能性が高いことを指摘している。
(23)高梨修前掲註(7)書第五章・第六章・第七章、安里進前掲註(6)論文など。
(24)安里進「ヤコウガイ交易二つの口と一つの口―争点の整理と検討―」（ヨーゼフ・クライナー他編『古代末期・日本の境界―城久遺跡群と石江遺跡群』森話社、二〇一〇年）。
(25)高梨修「列島南縁における境界領域の様相―古代・中世の奄美諸島をめぐる考古学的成果―」（前掲註24書）。
(26)上村俊雄「沖縄の先史・古代―交流・交易―」（前掲註15『沖縄対外文化交流史―考古学、歴史学、民俗学、人類学の視点から―』）。
(27)葛継勇「法進被派往福州之謎―兼論鑑真一行的赴日航綫―」（『《続日本紀》所載赴日唐人研究』第二章第三節〈葛継勇浙江大学人文学院提出博士学位論文〉二〇〇六年）。
(28)西本昌弘「飛鳥に来た西域の吐火羅人」（『関西大学東西学術研究紀要』四三輯、二〇一〇年）。
(29)吉田豊「ソグド語資料から見たソグド人の活動」（樺山紘一他編『岩波講座　世界歴史』一一、岩波書店、一九九七年）。
(30)佐伯有清『智証大師伝の研究』第五章（吉川弘文館、一九八九年）。
(31)山里純一前掲註(8)書付「漂到流球国記について」。
(32)中島恒次郎「大宰府から見た「喜界島」」（『東アジアの古代文化』一三〇号、二〇〇七年）。
(33)拙稿「奈良・平安時代の出雲の玉作」（『出雲古代史研究』一一号、二〇〇一年）。
(34)『行記』開成三年十一月十六日条。
(35)シャルロッテ・フォン・ヴェアシュア『モノが語る日本対外交易史　七―一六世紀』（藤原書店、二〇一一年）五六頁・一五二

〜一五三頁。

(36)『行記』開成三年十一月十七日条。

(37)木下尚子「七〜一三世紀の貝交易と南島―ホラガイを中心に―」(『復帰二五周年記念第三回「沖縄研究国際シンポジウム」:世界につなぐ沖縄研究』復帰二五周年記念第三回「沖縄研究国際シンポジウム」実行委員会、二〇〇一年)。

(38)木下尚子前掲註(37)論文、同「貝交易と国家形成―九世紀から一三世紀を対象に―」(『先史琉球の生業と交易―奄美・沖縄の発掘調査から―』一九九九年度〜二〇〇一年度科学研究費補助金基盤研究(B)研究成果報告書、二〇〇二年)。

(39)愛特化・謝弗(Edward Schafer)著、呉玉貴訳『唐代的外来文明』(陝西師範大学出版、二〇〇五年)三三四頁。

(40)『新唐書』巻一八〇・李徳裕伝。

(41)澄田直敏・野崎拓司「喜界島 城久遺跡群」(池田榮史編『古代中世の境界領域―キカイガシマの世界―』高志書院、二〇〇八年)。

(42)池畑耕一「鹿児島県・宮崎県・沖縄県」(近藤義郎編『日本土器製塩研究』青木書店、一九九四年)、同「考古資料から見た古代の奄美諸島と南九州」(『列島の考古学』渡辺誠先生還暦記念論集刊行会、一九九八年)。

(43)村上史郎「九世紀における日本律令国家の対外交通の諸様相―大唐通事・漂流民送還・「入唐交易使」をめぐって―」(『千葉史学』三三号、一九九八年)。

(44)本書第一部第三章。

(45)森公章前掲註(19)書第一部第五章。

(46)松原弘宣「陳泰信の書状と唐物交易使の成立」(『続日本紀研究』三一七号、一九九八年)。

(47)池田榮史「兼久式土器に伴出する外来土器の系譜と年代」(『小湊フワガネク遺跡群I』〈名瀬市文化財叢書七〉名瀬市教育委員会、二〇〇五年)。

(48)『類聚三代格』天長元年九月三日太政官奏。

(49)遺跡の性格・年代については高梨修前掲註(7)書第五章参照。

(50)亀井明徳「南島における喜界島の歴史的位置―〝五つのカメ〟伝説の実像―」(『東アジアの古代文化』一二九号、二〇〇六年)。

(51)永山修一「文献から見るキカイガシマと城久遺跡群」(『東アジアの古代文化』一三〇号、二〇〇七年)、同「文献から見たキカイジマ」（前掲註41書）。

(52) 澄田直敏・野崎拓司前掲註(41)論文、同「城久遺跡群の調査概要」（『城久遺跡群　前畑遺跡・小ハネ遺跡』喜界町教育委員会、二〇一一年）など参照。なお、澄田直敏「喜界島城久遺跡群の発掘調査」（前掲註24書）は、遺跡をピークで区分した場合、Ⅰ期を九〜一一世紀前半、Ⅱ期を一一後半〜一二世紀、Ⅲ期を一三〜一五世紀とし、城久遺跡群は出土遺物から九〜一五世紀まで営まれた遺跡とする。この時期区分は、一一世紀前半をも九世紀からの「ピーク」に含めた点と、一五世紀も一三世紀からの「ピーク」に加えられた点で、これまで示されてきた見解と若干異なるが、本章ではひとまず、報告書に従った時期を示しておく。

(53) 安里進前掲註(6)論文、池田榮史「古代・中世の日本と琉球列島」（『東アジアの古代文化』一三〇号、二〇〇七年）。

(54) 吉岡康暢「南島の中世須恵器」（『国立歴史民俗博物館研究報告』九四集、二〇〇二年）。

(55) 鈴木康之「滑石製石鍋の流通と消費」（小野正敏他編『鎌倉時代の考古学』高志書院、二〇〇六年）。

(56) 永山修一「『小右記』に見える大隅・薩摩からの進物記事の周辺」（『鹿児島中世史研究会報』五〇号、一九九五年）。

(57) 山内晋次『奈良平安期の日本とアジア』第一部第三章（吉川弘文館、二〇〇三年）。

(58) 山内晋次前掲註(57)書第二部第四章。

(59) 亀井明徳前掲註(50)論文。

(60) 永山修一「古代・中世のリュウキュウ・キカイガシマ」（竹田和夫編『古代・中世の境界意識と文化交流』勉誠出版、二〇一一年）。

(61) 永山修一「古代・中世における薩摩・南島の交流—夜久貝の道と十二島—」（村井章介他編『境界の日本史』山川出版社、一九九七年）など。

(62) 中村明蔵「古代東アジアと奄美・沖縄諸島—南島論・交易論への接近—」（前掲註15『沖縄対外文化交流史—考古学、歴史学、民俗学、人類学の視点から—』）。

(63) 高梨修前掲註(7)書第五章。

(64) 石井正敏「日本・高麗関係に関する一考察—長徳三年（九九七）の高麗来襲説をめぐって—」（中央大学人文科学研究所編『アジア史における法と国家』中央大学出版部、二〇〇〇年）。

(65) 棚橋光男「『参天台五台山記』の研究—日宋交流史の一断面—」（高沢裕一編『北陸社会の歴史的展開』能登印刷、一九九二年）。

(66)榎本渉『東アジア海域と日中交流―九～一四世紀―』第一部第二章(吉川弘文館、二〇〇七年)。
(67)『日本紀略』長徳四年九月十五日条。
(68)永山修一前掲註(56)論文、加藤友康「平安時代の大隅・薩摩―人の交流と交易・情報伝達を媒介にして考える―」(『黎明館調査研究報告』一七集、二〇〇四年)。
(69)江平望「阿多忠景について」(『古代文化』五五―三号、二〇〇三年)、鈴木靖民「古代喜界島の社会と歴史的展開」(『東アジアの古代文化』一三〇号、二〇〇七年)。
(70)鈴木康之前掲註(55)論文、同「滑石製石鍋のたどった道」(『東アジアの古代文化』一三〇号、二〇〇七年)、同「滑石製石鍋の流通と琉球列島―石鍋の運ばれた道をたどって―」(前掲註41書)。
(71)下川達彌「西北九州の石鍋とその伝播」(『東シナ海と西海文化』〈海と列島文化〉小学館、一九九二年)、同「生活を変えた職人たち　石鍋」(網野善彦他編『東シナ海を囲む中世世界』〈中世の風景を読む七〉新人物往来社、一九九五年)。
(72)保立道久「説話「芋粥」と荘園制支配―贈与と客人歓待―」(『物語の中世―神話・説話・民話の歴史学―』東京大学出版会、一九九八年)。
(73)『宋元珍稀地方志叢刊　甲編』四(四川大学出版社、二〇〇七年)所収。
(74)台湾商務印書館本文淵閣四庫全書一〇四〇・子部三四六・小説家類。
(75)池田榮史「穿孔を有する滑石製石鍋破片について」(『南島出土類須恵器の出自と分布に関する研究』二〇〇二年度～二〇〇四年度科学研究費補助金基盤研究(B)(2)研究成果報告書、二〇〇五年)。
(76)『城久遺跡群　山田半田遺跡』(喜界町教育委員会、二〇〇九年)、『城久遺跡群　前畑遺跡・小ハネ遺跡』(喜界町教育委員会、二〇一一年)。
(77)新里貴之「南西諸島の様相からみた喜界島」(前掲註24書)。
(78)池畑耕一「古代・中世の鹿児島と喜界島」(『東アジアの古代文化』一三〇号、二〇〇七年)。
(79)狭川真一「城久遺跡群の中世墓」(前掲註41書)。
(80)外間守善『おもろさうし』〈外間守善校注本〉上・下(岩波書店、二〇〇〇年)参照。
(81)鈴木靖民「奄美徳之島カムィ焼の調査」(國學院大學ホームページ、「21世紀COEプログラム『日本の宗教・儀礼文化の形成発展と異文化間交流』に関する調査研究報告」http://21coe.kokugakuin.ac.jp/modules/wfsection/article.php?articleid=35、二〇〇三年）。

（82）吉岡康暢前掲註（54）論文。

（83）福寛美「『おもろさうし』の甕」（前掲註24書）は、『おもろさうし』の「酒」「酒甕」とカムィヤキを結びつける私見の可能性を、『おもろさうし』の分析からさらに詳細に検証する。参照されたい。

（84）石母田正『日本の古代国家』第一章（岩波書店、一九七一年）。

終論　平安期の国家と国際交易者
――遠距離交易の安全性・信頼性を担保するもの――

一　国際交易と国家管理

現在、平安期の日本の国際交易は、博多を舞台に概ね国家管理の下で展開したという見方が有力である。この点を文献史学から明確に論じた早いものとして、山内晋次の荘園内密貿易説批判がある。山内は、森克己の荘園内密貿易盛行説の史料的根拠を逐一批判しながら、一〇～一一世紀の列島の国際交易の実際は「大宰府という政府権力を背景とした、より安全な場所である博多での交易」が主流とした[1]。最近では、同様の観点から渡邊誠が平安期の日本における国際交易の管理実態を実証的かつ網羅的に論じ、注目される[2]。こうした研究によって、平安期には政府管理を受けない私貿易・密貿易が盛行したとする従来の想定は、大きく修正されつつある。

さて、本書第一部でみたように、日本律令国家が国際交易を管理下に置こうとする背景には、列島外から流入する財の保有と分配の優位性が権威・権力の優位性と結び付く倭国以来の権力構造がかかわっている。この構造を中央集権的に体制化した律令国家において、外来品の入手は、天皇中心の同心円的な官僚制的身分社会と結びついていた。したがって、海商時代の到来で列島における外来品入手の機会が増大すると、支配層がそれらの確保に熱心となるのは当然であったし、律令国家も右の構造を持つ限り、交易の管理体制を放棄しない。平安期における支配層への国際交易の広がりと、これに対する日本の官司先買制を軸とする国家的関与の強化は、いずれもこうした古代の「日本」王権の権力構造と密接な関係がある。

しかしもちろん、様々な国・地域を往来し、寄港地の選択も可能な海商が、交易に一定の規制を受ける国家管理下の港に積極的に入港した事実は、一国の構造的・制度的問題とは別に、海商側の問題からもその背景が説明されなければならない。この問いに対する有効な説明とされているものの一つに、山内も注目した[3]経済人類学者カール・ポランニーの「交易港」の理論モデルがある。[4]周知のようにこのモデルは、国際市場成立以前の遠距離交易は一般に政治的に設けられた「交易港」の制度によって安全性が確保され、そこでは競争と市場の論理よりも政治的管理の方が優勢であったとするものである。

本書のこれまでの検討からも、ポランニーの「交易港」モデルが、列島の古代史に一定の有効性を持ちうることは認められよう。例えば、大宰府によって喜界島へ持ち込まれた政治的管理を契機に、奄美・沖縄諸島を取り巻く国際交易関係が拡大した事実は、「交易港」によって政治的に提供される秩序や安全が、遠距離交易の発展に重要な役割を果たした実例とすることができる（本書第三部第二章）。しかしその「交易港」で結ばれた諸関係が、「奄美嶋の者」の西海道乱入事件へとつながるように、「交易港」での交易活動が、政府の期待する秩序・管理の枠内で発展するとは限らない。これと似た矛盾は、やはり大宰府管理下の博多でも起こっていた。貞観十一年（八六九）に博多津で発生した新羅「海賊」による官船襲撃事件に、西海道有力層とのつながりも想定できる大宰府管内居住の新羅人たちがかかわっていたのは（本書第一部第二章）、その一例である。亀井明徳が、考古学の立場から、荘園内密貿易説批判を支持しつつ、「一二世紀中葉以前の日宋貿易の形態を考えるとき、政府管理貿易か荘園内密貿易かと二者択一的に考え、あるいは出入国管理と貿易管理を同一視する残存史料への過度の依存は、交易の実態を豊かに認識しようとする際むしろ妨げになる」と述べ、地方官と海商の個別の結びつきに注目するのは、この点ともかかわろう。[5]

そして何よりも、「交易港」たる博多での交易に、国家の管理体制が相対化されかねない諸関係が含まれていたことを、国家自身が認め、何度も禁令を出している。国際交易が大宰府管轄下の博多に集中するからといって、国家による交易の管理・統制がうまくいっていたというわけではない。「交易港」は、中央の王臣家と現地で管理を担うべき地方官、そして来航する海商たちが個別に結び付く場ともなっており、これが時に、国家の管理体制を揺さぶったのである（本書第一部第一章）。

当該期の交易実態を考える上で、もう一つ論点となるのは、「交易港」外で行われる交易をどう評価するかであろう。当該期の国際交易に国家管理の側面を積極的に評価する近年の研究の多くは、荘園内密貿易盛行説を否定する立場から、「交易港」たる博多以外で行われる私交易を、もしあったとしても海商と沿岸民の間で酒食や生活雑貨を商う細々とした売買、あるいは臨時的で小規模なものなどと評価し[6]、その史的意義を低く見積もる傾向にある。

しかし、これに対し宋元代の海商の実態を分析した榎本渉は、市舶司に申告した目的地以外で、必ずしも「小規模」といえない密貿易が行われていたことを指摘しつつ、海商は管理貿易と密貿易の両方に携わるのが一般的であったとし、「交易港」モデルに依拠することの限界に触れながら、海商が国家・王権の政治管理下にある港に積極的に寄港したのは、この港を利用する官民の購買力の高さゆえではないかと述べている[7]。榎本の理解は、国家管理の「交易港」には経済的にも優位性があるとするものだから、荘園内密貿易盛行説はやはり否定される。けれども海商の交易の全体像を、管理貿易と密貿易の組み合わせとして理解する点で、「規模」の比較を前提にどちらが歴史の本質かを問うような議論からは抜け出している。さらに、ポランニーの「交易港」モデルを当該期の海域史に適用することの限界を指摘した点も注目される。実際、日中を往還する海商船が「交易港」で管理交易を行いながら、その往還の途中の島嶼・沿岸地域でも、国家の明確な管理を受けずに多様な交流・交易を行う様態は、九世紀の唐代にまで遡るものである（本書第三部第一章）。

そして、こうした議論につながる問題提起が、海域史研究にも影響を与えたフィリップ・カーティンによって一九八〇年代になされていた(8)。カーティンは、遠距離交易が厳しい国家管理の下にあって国家目的に従属し、国家は交易条件や価格を設定して市場による価格決定の動きも排されたとみなす「交易港」モデル支持者と、むしろ市場の諸力の作用を重視する伝統的西欧経済学主流派の論争について、「こうした論争はあまり実りあるものではない」とし、「問題は、具体的な状況に即して、双方の影響を計測すること」にあると述べる。そして例えば古アッシリア時代でさえ、アナトリアに入ったアッシリア商人が、地方権力たる「王宮」に対し「保護料」を支払いながらも、そこでの交易には需給の関係が明確に作用し、その作用から「王宮」主催の交易も逃れられなかったこと、またアッシリア商人にとって「王宮」が大口購入先であったことなどを指摘している。確かに、日本政府の宋海商との交易でも、海商側の要求するレートは尊重されている(9)。

加えてカーティンは、交易の安全性に関しても興味深い指摘を行っている。それによれば、異文化間交易・コミュニケーションでは相手の生活・行動様式が予測不能で危険をともなうため、異文化間交易そのものが常に相互の安全を保障するための特別の制度的取り決めを必要とする。ここでカーティンが注目したのは、各地の都市に拡がり異文化間を仲介する役割を担った商人の居留地と、それらが複雑につながり形成された交易ネットワーク、すなわち「交易離散共同体（trade diasporas）」である。九世紀に黄海海域を網羅するように築かれた新羅人の居留地区を含んだ交易ネットワークなどはこれにあてはまる。

さらにこの問題と関連し、カーティンの「交易離散共同体」論より前の一九六〇年代末に、著名な経済学者ジョン・リチャード・ヒックスが、「交易港」と異なるモデルを提示していたことにも触れておきたい(10)。ヒックスは、前近代の市場では、喧噪・騒動などに対する秩序維持を政府が提供したが、それは市場における人の集まりが政治にとって潜在的危険を孕む一種の集会であったことに起因するとし、「商取引が（もともと喧噪になりがちな）集会の場で行われる必要はない。取引が恒常的になればなるほど、この側面の重要性はますます小さくなる傾向がある」と指摘する。さらに、商人的経済にとって特に必要なことは、財産・契約の保護であるが、これらは、商人たちの結束と、商人間の規則の確立によって、ある点までは十分に与えられるとも述べている。前述のように、古代社会の国際交易には、交易のあり方と交易品に政治的中心性が示される場合があるから、交易の場に政治が関与する目的を、「集会」一般の政治的危険性だけで説明するのは適切ではない。けれども、先の「交易港」における交易者間の個別的な関係の発展、「交易港」外で繰り広げられる国際交易、さらには「交易離散共同体」の存在も考慮するならば、平安期の「日本」を取り巻く国際交易の安全性や信頼性が、国家だけでなく、交易者自身の多様なネットワーク、結びつきからも提供されていたことの歴史的意味を、より積極的に捉え直してみる必要があるだろう。

二　交易の安全性・信頼性を保障するもの

そこで以下では、先行研究とこれまでの本書の分析を踏まえて、国際交易者が交易の安全性や安定性、信頼性を確保するために行った様々な努力を確認しておきたいと思う。

その一つは、多様な形態での公権力への接近である。すでにみたように、海商が政府管理の「交易港」に入港した理由の一つに、政治権力によって提供される安全保障を求めたことがある。ただし、海商がこの目的を果たすために「交易港」で接近を図った対象は、国家・王権に収斂されない。いくつかの研究が指摘するように、「交易港」に一定の政治的影響力を持つ官人層との関係も重要であった[11]。一方、管理する官人の側にも、その公的立場を利用し海商と接近したい理由があった。皇位継承をめぐる競争を有利とするため、「唐国貨物」の大量購入を目論んだ筑前国守の文室宮田麻呂はその一例である（本書第一部第三章）。要するに、官吏もまた交易者としての一面を持つのであって、「交易港」で実際に交易者の求める安全性を政治的に提供・保障する権限を持つ官吏が、その上位にある王権・国家の統合的意志に基づき、そこから付与された権限を忠実に行使するとは限らない。「交易港」において、海商たちが、中央の王臣家、現地で管理を担うべき地方官らと個別に結び付き、国家の期待する交易管理の体制を動揺させたのはこの問題とかかわる。中央から「交易港」へ臨時に派遣された唐代の広州市舶使、あるいは日本の唐物使も、こうした課題に対処するためのものであった（本書第一部第三章）。王権・国家が支配層に付与した公的権限が、交易の場において、彼らの個別的な交易関係の推進にも活用されていたことに留意すべきである。

そして、こうした海商と官人・貴族との個別的な関係の締結のために、海商らは彼らへ頻繁に贈与を行っていた。これに関しては、古くは森克己の指摘がある。すなわち森は、「大陸商人等は、自国政府の公認と庇護を得て海外市場に赴いたのであるが、しかし、これだけでは未だ貿易の安全を保障されたものとはいへない。蓋し彼等が海外市場に赴いた場合、意志疎通の不充分、取引上の意見の相違、その他の原因により、相手方の官吏・住民等と紛争を惹き起こす可能性が非常に多かつた」とし、平安期、彼らが日本に来着すると、「貿易の公認と、政府の庇護と便宜を獲得しようとの意図」から、「先づ朝廷・皇族・摂関左右大臣以下要路の大官・大宰府権帥・大弐等に対し、孔雀・鸚鵡・羊・書籍・仏像等々、貴族の好奇心を唆るやうな海外珍貨を贈呈してゐる事例を、頻繁に見受ける」と述べている[12]。最近では榎本渉も、宋元代の海商が貿易管理を担当した市舶司官吏と贈与関係を介して個別に結託し、その保護を期待するだけでなく、脱税や違禁物持ち出しを黙認してもらっていたことを指摘している[13]。官人層との贈与関係は、彼らの持つ交易管理の権限を、交易者の個別の利益に寄り添わせるのにも役立った。

さらに、交易者自身、公的な地位を得ることが、交易ネットワークの組織化を助け、かつ交易相手への信頼を勝ち取る有効な手段となり得た。その最も大規模なものは、国家・王権を主体として行われる組織的な交易だが、商人自身が公権力に接近し官人化されることで、自らの交易関係を有利に導こうとすることも行われていた。例えば、新羅沿岸部で奴隷貿易などに携わった群小海上勢力は、新羅王権が八二八年に張宝高(保皐)に清海鎮大使を公的に認めて以後、宝高の海上勢力下に統合・編成され、新羅南西海岸一帯に安定が訪れたとされる[14]。日本王権が八三一年、新羅海商のもたらす交易品を官司先買対象に加え、彼らとの間に管理交易体制を整えたのは、新羅における宝高勢力のこうした位置付けの変化を捉えてのことであった[15]。また同じころ、唐商も、節度使らと結びつき、「衙前」の公的肩書きを利用して国際交易活動の円滑化をはかっていた(本書第二部第三章)。

ただし、国家・王権の権力、あるいはそこから付与された官人の権力は、その強制力・制度を行使できる法的範囲に限界がある。この点は、九世紀末ごろに成立したとみられる『竹取物語』が描いた唐商と右大臣との取引の顚末が極めて示唆的である。それは、右大臣阿倍御主人が唐にある商人王慶のもとへ使者を派遣し金を渡して、かぐや姫へ贈る「火鼠の皮衣」の入手を依頼したという話である。後日、唐の王慶から依頼品とともに書簡が送られてきたが、そこには、唐朝の協力を得てようやく「火鼠の皮衣」を入手したが、唐の地方役人に渡すべき資金が不足してしまったのでその補塡が必要と書かれてあった。そこで御主人は不足分の金五〇両を送ることにしたが、その「火鼠の皮衣」は偽物であった。

この御主人の物語に関し、保立道久は、貴族の中でも最大級の勢家たる阿倍右大臣が結局のところ唐商によって偽物をつかまされ黄金を騙し取られたという、『竹取物語』に通底する、九世紀当時の実態を踏まえた世俗の「イキホヒ」を批判する挿話の一つと指摘する。[16] 確かに、この話に登場する自国の公的機関との関係を利用して交易活動を展開する唐商王慶の姿は、「務州衙前散将」「蘇州衙前散将」などの肩書きを有する徐公直などを連想させるし、商人へ資金を先に渡して「唐物」入手を依頼した右大臣の御主人の姿は、文室宮田麻呂とも重なる。しかも王慶は、御主人の依頼に対し、当初、「天竺」にある「長者」などからならば依頼品は入手できるだろうと返答していた。この「火鼠の皮衣」は中国で「火浣布」と呼ばれた、実はアスベスト製衣で、シルクロードの珍品とされていた。[17] そして九世紀は確かに、インド・東南アジアを経由する海の道を使ったムスリム商人と唐商人の交易も活況であった。[18] この物語の交易像が九世紀の国際交易の実像の一端を反映して語られていることは明らかであろう。一方、騙された御主人は、その後、イスラム世界とも通じ、しかも唐に在住する商人王慶に対し、日本の高位高官の立場を利用してどのような対抗措置がとれるであろうか。越境的な交易世界の場では、一国の権威者たる右大臣の地位を以てしても、その安全性・信頼性を確保することは容易でない。すなわち、国際交易の安全性・安定性・信頼性は、一定域内での影響力にとどまる公権力や有力官人への接近だけでは果たされない。「権力」による安全保障には限界がある。

したがって、取引物品の不確実性を克服するためには、交易参加者自身が、取引物品の不確実性を見極める眼を持つか、そうした技能を持つ者を活用することも必要となる。渡唐の経験を持ち、九世紀の国際交易の場で頻繁に活躍した日本官人春日宅成は、渤海通事に起用された際、渤海使献上の酒盃を「昔往二大唐一、多観二珍宝一、未レ有二若レ此之奇恠一」[19] と評し、外来品の知識に秀でた面をみせている。[20] 国際交流の場での宅成の活躍は、偽物すら出回る交易の最前線においてこうした技能者が求められていたことを示している。

けれども、御主人の商人王慶への依頼は、そもそも王慶らがそうした技能者につらなると見込んでのことであろうし、御主人や宮田麻呂の交易関係は、後日約束の品が渡されることを前提に先に代価を渡して結ばれているから、取引物品の真偽を確かめる前に、すでに両者の信用に基づく取引として始まっていた。宮田麻呂や御主人の取引失敗も結局は、「日本」を越えて取引関係を結んだはずの片方の人格が死亡または裏切りを行ったことによる。すなわち、国際的な交易関係の安定化には、交易関係を結ぶ人格間の関係をいかに信頼ある、また確実なものとするかが重要な課題とならざるを得ない。例えば、『扶桑略記』寛平二年（八九〇）十二月二十六日条で引用された『宇多天皇御記』の部分の円珍の奏上には「爰為レ求二加其巻数一。差二従僧一令レ向二彼天台山一。即便書二件経一可レ送之状。嘱二送楊州人所一。彼人信二其言一。送二五十巻一。歓喜贈二沙金一。以答二其意一」とある。これは『天台宗延暦寺座主円珍伝』の元慶六年（八八二）の記事とも対応していて(21)、唐商とみられる「楊州人」は日本で不足する経典の入手を依頼する円珍の「言」を「信」じて、代価を受け取る前に経典五〇巻を日本へ送ったらしい。それに「歓喜」した円珍は、砂金を「贈」ってその「意」に答えた。ここでの交換の成功は、明らかに人格的関係の信頼性に基づく。

三　人格的関係と交易関係

確かに、法的制度だけに頼れない越境的な交易者たちは、人格的な信頼関係の構築に余念がない。国家の官吏に対し、彼らの政治的権限を海商のために行使するように促す前述の贈与は、そのための手段の一つといえる。しかも、人格的関係と結び付く贈与関係は、それ自体、交易関係としての機能を果たし得た。「唐人書簡」からは、商船の往還を利用し行われる義空と唐商・唐僧との間の贈与と返礼によって、日唐間で実に様々な物品が交換されたことを知ることができる（本書第二部第三章）。張宝高と文室宮田麻呂の交易も、交易船の往還を利用し、「贈」と「報」の応酬として行われる贈与関係に埋め込まれた交易であったとみられる（本書第一部第三章）。貞観四年（八六二）、舟山群島に到った真如親王一行は、唐側のチェックを受ける前に、ここに停泊中の塩商人らから献上品を受け、その返礼を行うという形で互酬的な交易を開始している（本書第三部第一章）。

また真如親王一行の場合、この儀礼的な交易の後、「遊宴」が行われたことも留意される。奄美・沖縄諸島を取り巻く交易世界でも、宴は重要な役割を果たしていたからである。一〇世紀末以降、個別の交易関係の拡大と大宰府の影響力の後退で大きく混乱した奄美・沖縄諸島の交易世界は、喜界島において、九州の有力層、国際商人、在地の有力層らによる宴や共同飲食などを介し、交易関係を安定化させる社会関係の構築が積極的にはかられることになった（本書第三部第二章）。海商船が一時停泊する唐津湾でも、中国海商と王臣家につらなる人々との間で宴が開かれていた可能性がある（本書第三部第一章）。歴史的に社会関係の形成や維持に重要な役割を果たした宴は、交易の世界でも、人格的関係の維持・形成や秩序化に一定の役割を果たしていたとみられる。

さらに、宗教の役割も重要である。「頭陀親王入唐略記」によれば、真如親王一行と塩商人との交流は、塩商人らが真如らを「日本国求法僧徒等」と知り、それに「感歎」して使者を差し向け慰問したことから始まる。仏教が海商らの倫理的・精神的支柱となったことはすでに指摘があるが[22]、『入唐求法巡礼行記』や「唐人書簡」に示された国際交流からも、国家・民族が交差する空間にあって、仏教の共有が彼らの信頼と連帯を支えていた様子をみることができる。また新羅系交易者が集う唐の赤山法花院では、それを称名一行すれば善人・悪人、有情・無情、祖先・子孫に関わりなく広く他者をも往生させるといわれた法華経が重視された[23]。それは、越境的・広域的な交流世界に生きる彼らの様態に適合的である。様々な地域の交易船が行き交う江南の舟山群島で発達した観音信仰も、すべての交易者たちに開かれ、これがそれぞれの立場から読み込まれて共有されていた（本書第三部第一章）。宗教は、それを共有する人々に、国境や異文化を越えた共通の倫理観・信頼感を与えたとみられる。

また海商は、宗教以外にも高度な教養・文化を身につけており、これも来着地・寄港地の交易管理者や支配層らとの交流に重要な役割を果たしていた。渡邊誠は、平安期、大宰府長官や越前国守と来着した宋海商との間に「見参」儀礼などを介し主従的な人格関係が結ばれたことを指摘しているが、そこでは漢詩の贈答なども行われている(24)。こうした中国海商と日本官人の漢詩を用いた交流は、唐海商が対日交易を始めたころからあったらしく、『日本文徳天皇実録』仁寿二年（八五二）十二月癸未条の小野篁薨伝には、承和五年（八三八）のこととして、「大宰鴻臚館、有二唐人沈道古者一、聞三篁有二才思一、数以二詩賦一唱レ之。毎レ視二其和一、常美二艶藻一」とある。そして、この唐海商の持つ高度な教養の背景には、彼らの出自も深く関係していたらしい。『円仁三蔵供奉入唐請益往返伝記』(25)は、入唐僧円仁が帰国時に便乗した新羅人・唐人混交商船の乗組員の一人、「大唐郷貢進士楽部」が、鴻臚館に入館後の承和十四年十一月に撰上したものであるが、そこには、自らが官吏を輩出する家柄にあること、幼いころから常に学を好み科挙に応じたが失敗して日本を訪れたことなどが記されている。しかも同乗の「大唐数客」についても「或有三志在二琴書一、或則好レ遊二山水一。其有二簪纓鼎族一、或是累世衣冠。或則術比二扁奏一、或有三義同二管鮑一。文能備レ體、武勇絶倫」とあり、やはり官吏を輩出する家柄、あるいは貴族出身者が多く、琴書や医学に通じ、文書能力にも長けた知識人ばかりであるという。唐海商が節度使と結び付き「衙前」の肩書きなどを持ち得たのも、以上のような彼らの出自と無関係ではあるまい。海商は、出自・階層・経歴などに基づく高度な教養・技能を持つ人々を構成員に加えることで、交易地の官人・支配層との交流を容易にする条件・環境を整えていたのである。

しかも、遠距離交易にも有用なこうした教養や技能、あるいは人格的諸関係が、血縁関係などを介し、次の世代の交易者へと伝えられていたとみられる。近年、特に宋商を中心に、交易者たちが交易関係の維持に血縁関係を利用していたことが明らかにされつつあり、例えば、一〇世紀末に活躍した宋商周文徳には、周文裔という子はあるいは兄弟がいて、彼らはともに九八六年ごろ来日していた可能性がある。この文裔はさらに滞日中に日本人女性との間に周良史をもうけ、良史もまた父文裔とともに府官や摂関家と結び付いて、一一世紀の対日交易で活躍した。[26]一方、山内晋次が明らかにしたところによれば、その周親子らと同じころ、彼らの活動を管理する側にあった大宰府の権帥にも、源道方・経信・基綱の親子三代が就任して、世代をまたいで宋海商と交流を行った。しかも、中国海商たちとの交流においても有用な琵琶の優れた作法までが、父経信から子の基経に直伝されたらしい。[27]このことは交易者たちが、血縁関係によって、人格的な信頼関係だけでなく、その関係をつなぐために必要な教養や知識までも伝えていたことを示している。一〇世紀後半成立の『うつほ物語』の「藤原の君」の巻に、唐土船の検査のため筑紫に下る父良岑四位に従った十歳の行政の話がみえるが、おそらくこれは唐物使とかかわる話で、[28]唐物使ですら、交易に必要な諸関係や知識・技能を次世代へ伝えていた可能性がある。

しかもこの血縁関係を利用した国際交流も九世紀に遡ることは、「唐人書簡」の徐公祐・徐公直・胡婆の例から確実である（本書第二部第三章）。唐商で大宰府の大唐通事ともなった張友信と、肥前守粟田飽田麻呂に引率されて入京した張継明、あるいは同じころ日唐間を往来した李処人と李延孝も、同姓であることなどから、血縁関係が想定されている。[29]また『入唐求法巡礼行記』大中元年（八四七）六月九日条が載せる円仁が唐・新羅の海商から得た書状には、日本の「春太郎」が子の「宗健」とともに海商らと通じて日唐を往来していたことが記されている。「春太郎」とは先の国際交易に深くかかわり、交易品の知識に秀でた律令官人春日宅成のことで、宅成も、自らの交易ネットワークと交易に必要な技能・知識を、子に相伝しようとしていたことが窺われる。『続日本後紀』承和九年正月乙巳条には

「去年廻易使李忠揚円等所㆑賫貨物、乃是部下官吏及故張宝高子弟所㆑遺」とあり、張宝高の国際交易活動も、子弟への継承がはかられようとしていたとみられる。

さらに交易者は、血縁だけでなく地縁も利用した。宋商が同郷を基礎に仲間関係を築き情報をやりとりしていたらしいことは原美和子の指摘があるが(30)、九世紀に日本に来航する唐商の出身地にも偏りがあるから(31)、これもおそらく唐代に遡るだろう。

こうした遠距離交易を信頼あるものとするための様々な方法は、複合的かつ連鎖的に用いられたが、『入唐求法巡礼行記』が記す唐沿岸部に集住した在唐新羅人たちにその具体像をみることができる。彼らが唐社会に組み込まれて運営した拠点は「新羅坊」などと呼ばれ、彼らが集う登州赤山法花院も「赤山新羅院」と呼ばれたように、出身地「新羅」は彼らにとって重要なキーワードであった。法華経の広い世界観のもと、日本僧円仁をも受け入れたこの赤山院は、その仏教儀礼自体が、唐風と新羅風を組み合わせたもので（開成四年十一月二十二日条）、仏教によって唐・新羅・日本をつなぎながら、彼らの「新羅」アイデンティティが再確認される場としても機能したのである。しかも赤山院は、新羅王権によって認められた清海鎮大使張宝高（保皐）によって創建され（開成四年六月七日条）、新羅王を冊立する唐使が宝高の使に伴われて来院し（開成四年六月二十八日条）、ここで新羅の対渤海（高句麗）戦への勝利を祝う行事も行われたように（開成四年八月十五日条）、その「新羅」アイデンティティが新羅本国の政治権力とも結び付き意識されていたとみられる。加えて、赤山院での法華経の講経には「男女道俗」「老少・尊卑」の新羅人が集まり（開成四年十一月十六日条）、山東半島北岸の新羅人集住地区乳山では多くの「娘子」の姿がみられたように（開成四年四月二十六日条）、こうした在唐新羅人の集住とネットワーク化が、彼らの家族形成、次世代育成と一体化した形で進行していた様子も窺える。

けれども、「新羅」を強く意識し唐社会に生活基盤を築いた彼らが、単に新羅―唐の仲介者としてだけでなく日本―唐の仲介者となり得たのは、彼らの広域ネットワークと唐社会との結び付きを、新羅人に対してだけでなく、日本王権の下で在唐活動を行う日本の官人・僧侶に対しても惜しみなく提供し、日本王権の信頼を得ていたからにほかならない。彼らは、対唐交流を望む日本人・日本王権に、往還船の提供、唐における滞在・移動手続きの支援、書簡や活動資金の伝送、情報提供、貴重品の一時保管など様々な支援を行ったが、これらはいずれも唐社会の事情を熟知し、唐の地方官などともつながりを持つことで可能となったものである。[32] しかもこの日本と在唐新羅人のつながりには、「帰化」を称して九州北部に留住する新羅人らの役割が無視できない。『入唐求法巡礼行記』によれば、承和の遣唐使と在唐新羅人らを仲介したのは、遣唐使船に新羅訳語として乗り込む新羅人たちで、彼らは在唐経験も持つ、大宰府周辺に居留する新羅人らであったとみられる。[33] 赤山院に住む新羅人の李信恵が、それ以前に日本の筑前に住み国司との関係を深めた人物であったように（本書第一部第二章）、九州北部に在留する新羅人は在唐新羅人らとも連携し、対日ネットワークを新羅系の交易者たちに供給していたとみられる。

このように「新羅人」「新羅系」が結ぶ広域の交易関係は、信頼ある諸関係として結ばれたいくつもの結節点・場が、連鎖的につながることで機能していた。したがって九世紀半ば以降の、張宝高の死をめぐる交易者間の対立、会昌の廃仏による赤山院の消失、あるいは日本の行った大宰府管内居留新羅人の陸奥移配などは、こうした結節点・場を解体・崩壊させるから、「新羅人」「新羅系」の交易活動が衰弱するのは避けられない（本書第一部第二章、第二部第二章）。その一方で江南の交易者は、こうした混乱を避けて南下する在唐新羅人や、彼らに従い南下する日本官人・僧侶を取り込みながら、彼らとの信頼関係を着々と築き、新たな複合的ネットワークを形成した（本書第二部第二章）。こうして、江南に日本へ直接アクセスできる結節点・場が新たに登場すると、日本の国際交易関係にとって唐江南地域との関係は極めて重要なものとなっていったのである。

以上のように、国際交易者は贈与、血縁、地縁、文化、宗教などを駆使して相互関係を深め、かつ複数の政治権力と多元的に結びつき、交易の場における人格と取引物品を信頼あるものに転換させていた。こうして多くの結節点・場を幾重にも結び築かれた人格的関係の連鎖が、モノだけでなく情報をも国家を超えて広域的に流通させた。したがって、こうした諸関係を内包する国際交易は、一国支配を目論む公権力を相対化する性格を持ちうることになる。けれども、そこからこのネットワークを「開放的」と評価しても、それは国家や民族という枠組みを基準とした場合の人・モノ・情報の越境性に着目した一つの評価に過ぎないだろう。交易者がその前線で駆使した人格的関係と経験・知識は、それ自体必ずしも開放的ではない。それは、血縁や地縁、高度化・抽象化された文化・教養によって囲い込まれ、共有・相伝されていたからである。国際交易の現場に立つ人は、結局のところ交易に必要な人格的関係としての「社会関係資本」と、交易に有用な知識・教養・技能といった「文化資本」を、その特殊な出自・環境・時間によって身体に蓄えた者たちであった(34)。したがって、越境的に荷を運ぶ海商は他者には閉ざされる専門性を持ち得たはずである。交易の多様化・活発化にもかかわらず、特定の交易者だけが集中して史料に登場するのも、いわば当然のことであったといえる。商人の専業化は、こうしたところからも進行する史的条件を得ていたと考えられる。

註

(1) 山内晋次『奈良平安期の日本とアジア』第二部第一章(吉川弘文館、二〇〇三年、初出は一九八九年)。

(2) 渡邊誠「日本古代の対外交易および渡海制について」(『東アジア世界史研究センター年報』〈専修大学社会知性開発研究センター〉三号、二〇〇九年)、同「鴻臚館の盛衰」(荒野泰典他編『通交・通商圏の拡大』〈『日本の対外関係』三〉吉川弘文館、二〇一〇年)は、氏のこれまでの研究成果を盛り込んで、日本古代国家の国際交易管理体制を総論的に論じている。

(3) 山内晋次前掲註(1)書第二部第三章、初出は一九九六年。

(4) K・ポランニー『人間の経済』Ⅱ補論1（玉野井芳郎・中野忠訳、岩波書店、一九八〇年）。
(5) 亀井明徳「日宋貿易関係の展開」（『岩波講座　日本通史』六、岩波書店、一九九五年）。
(6) 山内晋次前掲註(1)書第二部第一章、大庭康時「大宰府鴻臚館・博多」（『続日宋貿易の研究』〈新編　森克己著作集二〉解説、勉誠出版、二〇〇九年）など。
(7) 榎本渉『東アジア海域と日中交流—九～一四世紀—』第一部第一章（吉川弘文館、二〇〇七年、初出は二〇〇一年）。
(8) フィリップ・カーティン『異文化間交易の世界史』（田村愛理・中堂幸政・山影進訳、NTT出版、二〇〇二年、初出は一九八四年）。なお、その海域史研究への影響については、家島彦一『海域から見た歴史—インド洋と地中海を結ぶ交流史—』序章（名古屋大学出版会、二〇〇六年）参照。
(9) 山内晋次前掲註(1)書第二部一章、河内春人「宋商曾令文と唐物使」（『古代史研究』一七号、二〇〇〇年）、渡邊誠「平安中期、公貿易下の取引形態と唐物使」（『史学研究』二三七号、二〇〇二年）。
(10) J・R・ヒックス『経済史の理論』（新保博・渡辺文夫訳、講談社、一九九五年）。
(11) 最近の研究として、榎本渉「宋代市舶司貿易にたずさわる人々」（歴史学研究会編『港町に生きる』〈シリーズ港町の歴史三〉青木書店、二〇〇六年）、渡邊誠「年紀制と中国海商—平安時代貿易管理制度再考—」（『歴史学研究』八五六号、二〇〇九年）をあげておく。
(12) 森克己『新訂日宋貿易の研究』第四編第二章（勉誠出版、二〇〇八年、初出は一九四八年）。
(13) 榎本渉前掲註(11)論文。
(14) 李炳魯「九世紀初期における「環シナ海貿易圏」の考察」（『神戸大学史学年報』八号、一九九三年）、李基東「張保皐とその海上王国（上）」（『アジア遊学』二六号、二〇〇一年）。
(15) 拙著『日本古代国家の民族支配と渡来人』第二編第三章（校倉書房、一九九七年）。
(16) 保立道久『かぐや姫と王権神話—『竹取物語』・天皇・火山神話—』第四章（洋泉社、二〇一〇年）。
(17) 山口博『平安貴族のシルクロード』（角川学芸出版、二〇〇六年）三四～四六頁。
(18) 宮崎正勝『イスラムネットワーク—アッパース朝がつなげた世界—』（講談社、一九九四年）。
(19) 『日本三代実録』元慶元年六月二十五日条。本書第一部第三章・第三部第二章参照。

(20) 森公章『古代日本の対外認識と通交』第一部第五章（吉川弘文館、一九九八年）。
(21) 佐伯有清『智証大師伝の研究』第六章五（吉川弘文館、一九八九年）。
(22) 山内晋次前掲註(1)書第二部第四章、金文経「在唐新羅人社会と仏教」（『アジア遊学』二六号、二〇〇一年）など。
(23) 金文経前掲註(22)論文。
(24) 渡邊誠前掲註(11)論文。山内晋次前掲註(1)書第二部第四章も参照。
(25) 当該史料については小野勝年「『圓仁三蔵供奉入唐請益往返傳記』について」（『東方宗教』四〇号、一九七二年）、王勇「『圓仁三蔵供奉入唐請益往返傳記』諸本雑考及び註釈」（『日本漢文学研究』二号、二〇〇七年）参照。
(26) 周文裔らの血縁関係については亀井明徳前掲註(5)論文参照。
(27) 山内晋次前掲註(1)書第二部第四章。
(28) 森克己前掲註(12)書第一編第四章。
(29) 森公章前掲註(20)書第一部第五章。
(30) 原美和子「宋代東アジアにおける海商の仲間関係と情報網」（『歴史評論』五九二号、一九九九年）。
(31) 松原弘宣「九世紀代における対外交易とその流通」（『愛媛大学法文学部論集』〈人文学科編〉六号、一九九九年）。
(32) 在唐新羅人の日本人・日本僧に対する支援は、本書第二部第二章、及び金文経「円仁と在唐新羅人」（鈴木靖民編『円仁とその時代』高志書院、二〇〇九年）参照。
(33) 榎本淳一『唐王朝と古代日本』第二部第一章（吉川弘文館、二〇〇八年）、森公章『遣唐使と古代日本の対外政策』第二部第三章（吉川弘文館、二〇〇八年）。
(34) 「社会関係資本」「文化資本」については、ピエール・ブルデュー『ディスタンクシオン』Ⅰ・Ⅱ（石井洋二郎訳、藤原書店、一九九〇年）参照。

あとがき

アジア地域の国際交易に関する近年の研究は進展が目覚ましい。「海域アジア史」「東部ユーラシア史」といった、「東アジア史」をも相対化する新たな広域史の分野でも、重要な研究テーマとなっている。こうした観点からすると、広がりのあるアジア海域の国際交易を、古代「日本」の国家・社会の展開とかかわらせて捉える本書は、まだ狭い領域・空間にとどまっているということになるのかもしれない。

しかし、歴史研究が取り上げる史的空間は、どのようなものであれ、分析対象や時間・場面・主体の設定の仕方によって形を変える、いわば可変的・便宜的なもののはずである。だから、設定空間の「広い」「狭い」が重要というわけではなかろう。一点の小さな断片資料が、あるいは一村落の歴史が、広域史に見直しを迫ることもあるように、結局、ある一定の大きな時間幅で設定された歴史的空間は、「広い」「狭い」にかかわらず、さらにその外の歴史へと様々につながる双方向的・多元的な関係史のなかにある。しかもその内側でも重層的・複合的な諸関係が連鎖的につながっているのだから、広域史であろうが地方史であろうが、そこに見出された新たな史的発見は、その内外の歴史を見つめ直すことに通じているはずである。歴史学は、こうした広狭様々な歴史についての実証研究を進めながら、それら相互の複雑な史的連関を解き明かすための努力を、今後も続けていかねばならない。ただ、自戒を込めていうのだが、歴史世界としての「東アジア世界」がそうであったように、こうした魅力的な枠組みを前に我々研究者の陥りがちな落とし穴は、ある現代的課題、もしくは研究上の問題意識から便宜的に設定された歴史的空間・枠組みの有効性をひとたび認めると、今度はそれが無前提にそこに「ある」もののように扱ってしまい、徐々にその枠組み自体に無自覚となっていくことではなかろうか。

そこで、「日本古代史」を専攻する私がなぜ国際交易にも関心を持つようになったかを自覚的に振り返ってみると、それは私が最初に手がけた渡来人研究がきっかけである。「日本」を血統的・民族的にではなく歴史的にみるというのならば、人の移動史から「日本」を問い直そうとする渡来人研究も、国民史的な移民史研究から一歩踏み出して、海上を舞台とする人の国際的な移動とその列島史への影響に、研究の射程を広げるべきと考えるようになった。一九九七年に発表した前著『日本古代国家の民族支配と渡来人』（校倉書房）に、「「帰化」と「流来」と「商賈之輩」―律令国家における国際交易の変遷過程―」と題する論考を収め、国際交易者たちの動向を追ったのも、そうした思いからである。その後、対外関係史や渡来人の研究史から「戦後歴史学」について学ぶ機会が何度かあり、これらが「日本」の史的前提を批判的に捉える研究姿勢と結びつくものでありながら、その議論に近代「日本」を無前提に取り込んだ部分が少なくないことをあらためて知った。「日本」を問い直そうと、東アジア史や渡来人に目配りをしていたはずの「日本古代史」も、列島にあって「日本」に収まらない諸関係は随分捨象していたのである。本書につながる視点も、こうした私なりの日本古代史研究に対する課題意識とリンクしている。

ところで、前著『日本古代国家の民族支配と渡来人』後、日本史学界での国際交易に関する研究は、主に平安期以降の実証研究において大きく前進した。また私自身も、海商らと深くかかわった円仁や恵蕚といった九世紀の入唐僧について研究する機会に恵まれ、前著の時よりも国際交易者についての実態を具体的につかめるようになった。近著『越境の古代史』（筑摩書房、二〇〇九年）では、そうした新たな成果を踏まえ、倭国の時代から日本律令国家の時代までの列島を取り巻く国際的・越境的な人の移動、ネットワークを描いてみたが、新書であったことと、目新しいものを色々と混ぜ込んだせいか、歴史学以外の研究者の方や、研究者以外の方から貴重なご意見・ご感想をいただいた。このテーマの可能性を、学界の外で実感できたのは幸いであった。ただ、これは扱った時間幅が大きかったことと、一般書という性格上、実証的な部分への言及がほとんどできていない。これを補うために、参考文献に根拠とした拙稿もあげてはいるが、特に八世紀以降の国際交易に関する論考は、海外で公表したものや、科研の報告書など実際には参照が難しいものも含まれている。私が読者だったらきっと戸惑うだろうなとも思った次第である。ちょうどそんな時に、ありがたくも『越境の古代史』を読まれた吉川弘文館の石津輝真氏より、国際交易で論文集をというお話をいただいた。もちろんすぐにお引き受けしたのだが、研究の進展が速い当該テーマでは、最近の論考でも、それ以前の論考とつなげて一書にするつもりで読み返すと、ズレがあったりして、色々と付け加えたい点や修正したい点ばかりが目につく。予測していたこととはいえ、どこから手を付けようか迷ってしまった。しかし、研究者にとって論文集は、既発表論文に手直しを加え再編・再論できるまたとない機会なのだと考え直し、むしろ積極的に手直しを加えることにした。お陰で、既発表論文に基づく論文集とはいいながら、その原稿を全て整えるのに前著の論文集とは比較にならぬ時間と手間がかかってしまった。

それからもう一つ、本書をなすにあたっての私の困難は、その作業のための時間がなかなか取れないことにあった。特にここ数年は、研究・教育以外の業務に多くの時間が割かれるようになった。とはいっても、不可避の変革を内外から強く求められている今の日本の大学は、どこも同じような課題を抱えていて、私だけでなく、多くの大学人がその対応に右往左往しているのをみる。結局、研究から遠ざかりがちなことを、当事者たる研究者自身が「改革」の慌ただしさのせいにしてみても、状況は全く好転しないのだと、やはりここでも考え直し、今はむしろ踏ん張りどころかなと思ったら、それがかえって本書をまとめるモチベーションにつながった。

しかし何よりも私がここまでたどりつけたのは、日常的な業務にかまける私を、厳しい研究の現場へと連れ出してくれる諸先生方や諸先輩方、さらには議論をぶつけ合うことのできる国内外の研究仲間があるからこそである。特に、私などとは比較にならぬ多忙を極めながら、研究室を飛び出して次々と新たな資料と向き合い、学界の最前線を牽引しておられる恩師の鈴木靖民先生や平川南先生と接していると、その身の引き締まるような迫力にやはり圧倒されるし、自分の「忙しい」が単なる怠け者の勘違いだと思い知らされる。また経済学部に属して、様々な学問分野の研究者に囲まれた私には、同僚や学生との交流・会話も、学界の議論では味わえない新鮮な刺激となっている。例えば第三部第二章に収めた奄美・沖縄諸島に関する研究は、八年ほど前に本務校である関東学院大学の同僚らで行った、まさに学際的なメンバーによる沖縄調査が出発点である。ここにそれぞれのお名前をあげることはできないが、いつも私を引き上げてくれる諸先生・諸先輩・畏友・同僚の方々に心より御礼申し上げたい。

最後に、本書の出版をお勧めくださった石津輝真氏、原稿の不備な点等をご指摘いただき、また適切なアドバイスもいただいた藤井薫氏をはじめ、私に貴重な出版の機会を与えてくださった吉川弘文館の関係者の皆様にあらためて謝意を表したい。

二〇一二年一月

田中史生

田中史生著

倭国と渡来人

交錯する「内」と「外」

四六判・並製・カバー装・二二四頁

一七八五円

古代日本の「外」からやって来て、列島に大きな影響を与えたといわれる渡来人。われわれは今、その「内」なる「日本」をどう捉えるべきか。倭国と国際社会の関係を人・モノの移動から眺めれば、「古代のわが国」というイメージとは全く別の、社会や境界が浮かび上がる。民族・国境を超えて、知識や技術が伝来し受容されるさまに、東アジアの交流史を知る。(歴史文化ライブラリー)

(価格は5％税込)

吉川弘文館

著者略歴

一九六七年　福岡県に生まれる

一九九一年　早稲田大学第一文学部史学科卒業

一九九六年　國學院大學大学院文学研究科日本史学専攻博士課程後期修了

現在　関東学院大学経済学部教授、博士（歴史学）

〔主要著書〕

『日本古代国家の民族支配と渡来人』（校倉書房、一九九七年）、『倭国と渡来人―交錯する「内」と「外」』（吉川弘文館、二〇〇五年）、『越境の古代史―倭と日本をめぐるアジアンネットワーク』（筑摩書房、二〇〇九年）

国際交易と古代日本

二〇一二年（平成二十四）五月十日　第一刷発行

著者　田《た》中《なか》史《ふみ》生《お》

発行者　前田求恭

発行所　株式会社　吉川弘文館

郵便番号一一三―〇〇三三

東京都文京区本郷七丁目二番八号

電話〇三―三八一三―九一五一〈代〉

振替口座〇〇一〇〇―五―二四四番

http://www.yoshikawa-k.co.jp/

印刷＝株式会社　三秀舎

製本＝株式会社　ブックアート

装幀＝山崎　登

ISBN978-4-642-02495-2

索　　引

I 人　　名

あ 行

か 行

さ 行

た　行

な　行

は　行

ま　行

や　行

ら　行

Ⅱ　地名・国名・遺跡名・寺院名

あ　行

か　行

さ　行

た　行

な　行

は　行

ま　行

や　行

ら・わ 行

Ⅲ 事　　項

あ 行

か 行

さ　行

た　行

な　行

は　行

ま　行

や・ら・わ　行

Ⅳ 史料名

あ　行

か　行

さ 行

た 行

な 行

は 行

V 研究者名

さ 行

た 行

な 行

は 行

ま 行

や 行

ら 行

わ 行